ジェンダーで学ぶ政治社会学入門
男女平等の未来のために

大海篤子

世織書房

はじめに

　本書は、2000年以降、法政大学、立教大学、放送大学、武蔵大学、東京都市大学（武蔵工業大学）で行ってきた、「ジェンダー論」、「女性政策論」、「ジェンダーと日本政治」、「生活経営と政治参加」、「社会運動論」、「ジェンダーと社会」、アメリカ合衆国ユタ州のブリガム・ヤング大学で行った「日本政治論」「女性と社会運動」などの授業、また年に数回各地の男女共同参画センター（ところによっては「女性センター」）などで行った講座・講演を基に書き下した。

　「ジェンダー」の視点を持って、改めて日本の政治や社会の仕組や現象のさまざまな問題を見ていくと、そこに現在の日本に大きな壁のように立ちはだかっている格差社会といわれる構造が、歴史的に社会的に蓄積されてきたものであることに気づく。歴史は「ジェンダー」（つまり性差）だけでなく、「クラス」（階級＝資本家か労働者か＝お金があるかないか）、「エスニシティ」（民族＝肌の色＝内と外）などによって人々を分断し、差別化し、価値づけしてきた。したがって、本書は間口が広く、必ずしもすべての問題を取り扱っているわけではなく、あくまでも初心者を対象としたもので、専門的な知識への入り口と考えてほしい。

　本書の執筆に当たり、上記各大学の受講生、男女共同参画をめざしてがんばっている女性たち、そしてこれまでご指導を頂いた先生・先駆者たちの支えがあった。個別にお名前をあげられないが、お一人お一人には、心から御礼申し上げたい。

　本書を手にする方々には、政治、法律、経済の制度や仕組みの理解を深め、生きる力をつけてほしい。そして、「自分一人が苦しいのではない。必

ず自分の努力や気持ちを理解してくれる人が現われ、楽しく生きられる日が来る」と、勇気と確信を持って、自分の抱えている問題を共有できる友や指導者を見つけ、希望に満ちた人生を送ってほしいと願っている。

　尚、各々の章末に〈参照・参考文献〉を付しているので、役立てて欲しい。

　　　2010年2月1日

　　　　　　　　　　　　　　　　　　　　　　　　　　　　　　大海篤子

目　次

はじめに …………………………………………… i

1章　社会や政治をジェンダーの視点で学ぼう ………… 3

　1　はじめに ………………………………… 3
　2　社会の変化を表わすキーワード、「国際化」
　　　「情報化」「少子高齢化」 ………………… 4
　3　ジェンダー ……………………………… 13
　4　まとめ …………………………………… 16

2章　性役割とは──歴史と現状 …………………… 18

　1　はじめに ………………………………… 18
　2　性役割の歴史的背景 …………………… 18
　3　明治時代の家族 ………………………… 24
　4　大正時代から戦前の家族 ……………… 29
　5　戦後の家族──「近代家族」または「核家族」
　　　……………………………………………… 30
　6　現代家族、そしてこれから …………… 33
　7　まとめ …………………………………… 34

3章　戦後復興から高度経済成長
　　　——主婦の大量出現の背景　　　36

　1　はじめに　36
　2　戦後・復興期——1945年9月～1950年　37
　3　高度経済成長期——1955年～1974年　39
　4　高度経済成長の特徴——日本型雇用慣行　47
　5　女性の主婦化　49
　6　まとめ　50

4章　リブからフェミニズムへ
　　　——性差別の根源を探る実践と理論　　　52

　1　はじめに　52
　2　女性解放運動からフェミニズムへ　53
　3　ジェンダーとは　62
　4　まとめ　64

5章　女性と労働
　　　——男女雇用機会均等法制定までとその後　　　66

　1　はじめに　66
　2　雇用の急速な悪化と就業構造の変化　66
　3　女性の働き方は非正規雇用　68
　4　雇用機会均等法と女性の働き方　72
　5　派遣労働者法と女性の働き方　78
　6　社会保障制度——セーフティー・ネット
　　　の穴が大きくなった　80
　7　まとめ——働くことと生きること　82

6章　教育とジェンダー──性差別は隠れたところから …… 84

 1　はじめに ………………………………… 84
 2　学校教育におけるジェンダー・バイアス ‥ 85
 3　学校が性差をつくり出してきた歴史 ……… 91
 4　まとめ …………………………………… 97

7章　地球環境とジェンダー──人口問題と貧困 ………… 100

 1　はじめに ………………………………… 100
 2　公害の歴史とその対応 ………………… 101
 3　環境破壊の加害者は誰なのか？ ……… 103
 4　環境破壊とは …………………………… 104
 5　国際社会の動き ………………………… 106
 6　世界の人口の急速な増加と持続可能性 … 109
 7　環境と女性 ……………………………… 113
 8　まとめ …………………………………… 115

8章　メディアとジェンダー──情報の海の中の性差別 …… 116

 1　はじめに ………………………………… 116
 2　メディアは第四の権力 ………………… 117
 3　メディアの要素 ………………………… 118
 4　メディアとジェンダー ………………… 128
 5　まとめ …………………………………… 130

9章　女性への暴力
  ──ドメスティック・バイオレンスとデートDV …… 131

 1　ドメスティック・バイオレンスとは──定義と現状
  ………………………………………………… 131

2　DVの種類 …………………… 133
　　3　DVの背景 …………………… 135
　　4　DV防止法の成立過程と特徴 ……… 137
　　5　DVの問題点 ………………… 140
　　6　DV被害を受けたら ……………… 141
　　7　デートDV …………………… 143
　　8　まとめ ……………………… 143

10章　リプロダクティブ・ヘルス／ライツ
　　　　――産む権利の保障と少子化対策 ……………… 146

　　1　はじめに ……………………… 146
　　2　リプロダクティブ・ヘルス／ライツ ……… 146
　　3　少子化とリプロダクティブ・ヘルス／ライツ
　　　　……………………………… 148
　　4　日本の人口政策の歴史と優生保護法 ……… 153
　　5　アメリカの人工妊娠中絶をめぐる論争 …… 159
　　6　まとめ ……………………… 160

11章　世界の女性の政治参加
　　　　――女性参政権・権利獲得運動 ……………… 162

　　1　女性の政治活動 ……………… 162
　　2　世界の女性の政治活動の事例 ……… 162
　　3　日本の女性の政治活動――黎明期 ……… 169
　　4　日本の女性の政治活動――参政権運動へ
　　　　……………………………… 172
　　5　まとめ ……………………… 179

12章　女性への差別解消と女性の政治進出
　――女性政策へのまなざし ………………………………… 181

　1　はじめに ……………………………………… 181
　2　女性への差別の政治化 ……………………… 181
　3　女性への差別の是正 ………………………… 185
　4　男女は平等か――政策決定の場への参画とは
　　　…………………………………………………… 191
　5　どうして日本では女性国会議員が少ないのか
　　　…………………………………………………… 194
　6　まとめ ………………………………………… 199

13章　私たちの暮らしと政治――政治への参加を ……… 201

　1　はじめに ……………………………………… 201
　2　政治はわかりやすくない …………………… 202
　3　政治と暮らしの結びつき …………………… 207
　4　日本の社会保障制度――年金を中心に …… 210
　5　貧困とジェンダー …………………………… 214
　6　日本の経済・政治の仕組みとその基本的な考え方
　　　…………………………………………………… 220
　7　政治と関わっていこう ……………………… 223

　資料1　歴代内閣総理大臣一覧　227
　資料2　女性政策関係年表　230
　資料3　世界の女性ナショナル・リーダー　234
　資料4　日本の女性閣僚一覧　236

ジェンダーで学ぶ政治社会学入門

1章　社会や政治をジェンダーの視点で学ぼう

1　はじめに

　今私たちを取りまく社会全体が急速に変化している。政治や社会の変化は諸個人の生き方に大きな影響を与えている。

　社会の大きな変化を表わすキーワードはいくつかあるが、ここでは三つ取り上げてジェンダーという新しい視点で見直したい。

　その三つとは、「国際化」、「情報化」、「少子高齢化」である。

　第一の「国際化」は、グローバリゼーション（globalization）、あるいはグローバル化ともいう。物資・資金・情報が瞬時に国境を越え、世界の国々は互いに依存・共生を深めている。

　第二の「情報化」、あるいはIT（information technology）による大きな変化は「情報革命」といわれ、技術の変化が情報の質・量に影響している。

　第三は、「少子高齢化」である。高齢者人口が増加し、子どもの人口が減少しているという日本の人口動態（demography）の大きな変化を意味する。2010年12月の厚生労働省発表によると、前年より1万人の「自然減」[1]が起き、日本の人口は明治5（1872）年第1回の人口調査[2]を行って以来の人口減少期に入った。

　時代の変化はこの三つのキーワードだけで表わされるわけではない。他に

1　2008年の日本の総人口は男性6225万人、女性6544万人、計1億2769万人。2007年比0.06％減で女性は1950年以降初めて減じた（総務省統計局〈http://www.stat.go.jp/data/chouki/zuhyou/02-01.xls〉）。
2　明治5（1872）年は、男性1766万6千人、女性1714万人、計3480万6千人（総務省2009年3月発表〈http://www.stat.go.jp.jinsui/pdf.2008.pdf〉）。

も、メディアで頻繁に現われる言葉に「経済の悪化」、「格差社会」、「地球温暖化」などがある。とはいえ、この章で取り上げる、「国際化」「情報化」「少子高齢化」は、互いに、また他の言葉ともどこかでつながっている。これらのキーワードをジェンダーから見るとどんな問題があるのかを知ることで、現代の私たちの生き方、働き方、社会の見方の認識を大きく変える可能性があることを学んでいきたい。

2 社会の変化を表わすキーワード、「国際化」「情報化」「少子高齢化」

1 国際化＝グローバリゼーション、グローバル化

　国際化、すなわち「グローバリゼーション」または「グローバル化」は、物資（モノ）、資金（カネ）、人（ヒト）が国境を越えて動くということである。特に相当量の「カネ」が瞬時に移動し、経済の動きが活発になると考えられてきた。しかし、2008年10月に起きた「100年に一度」といわれる世界同時不況は、グローバリゼーションが経済の力を強めるだけでなく、弱める作用も持っていることを明らかにした。

（1）モノの国際化

　モノが国境を越えて移動しているというのは、見えるのでわかりやすい（図1参照）。たとえば、昭和30年代に始まった日本の高度成長期には鉄鉱石、石油などの原材料を輸入し、鋼鉄や自動車、電気製品などを大量に輸出して経済を発展させてきた。1970年の大阪万博は日本の経済発展の一つの象徴として開かれた万博であった。ところが、日本が豊かになり[3]、個人所得が増加したことは、賃金の上昇があったことを意味し、製品をつくる工場のコストが上がった。そのために、製造業は日本から脱出して、人件費の安い東南アジアや中国に移転してしまった。いわゆる製造業における「空洞

---

3 「豊かさ」に関しては、暉峻淑子『豊かさとは何か』岩波新書、1989年を一読してほしい。

図1　モノの移動
―― 輸出総額に占める主要輸出品の長期推移と構成比（1868～2005年）

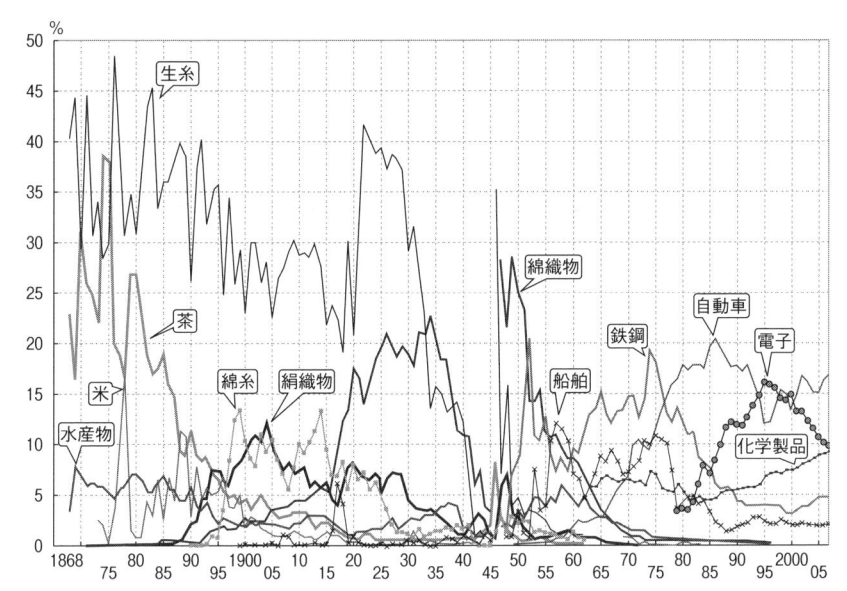

注1：電子は事務用機器＋半導体等電子部品、水産物（1908-45）は塩蔵・乾燥魚介類＋缶・壜詰魚介類、水産物（1947-）は生鮮魚介類＋魚介類調整品の合計である。
注2：日本長期統計総覧、日本の長期統計系列・総合月次統計データベース（HP）、外国貿易概況平成5年6月号、明治以降本邦主要経済統計より作成。
出典：「社会実情データ図録」〈http://www2.ttcn.ne.jp/honkawa/4750.html〉

化」とよばれる時代がきた。日本の市場ばかりではなく、先進国の安い衣料品や雑貨などはほとんどが中国でつくられている。東南アジアのどこかの国でつくった「日本製」の電化製品や自動車が輸出され、日本は大量の衣料品・雑貨などを中国から輸入しているのが現状で、モノは明らかに世界をめぐっている。モノの移動が国境を越えて移動することにより、日本経済が興隆したり、衰退したりする。

　モノの移動の中でも特に私たちの生活にとって重要なのは食料である。1960（昭和35）年ころには日本は食料自給率はほぼ80％であった。つまり、食糧をほとんど自給自足していたのである。もちろん、チョコレートやコーヒーなど日本で産出できない原材料は輸入しなければならなかったし、高級

な輸入スコッチウィスキーが尊ばれた時代であった。これらは嗜好品で、必需品ではなかった。しかし、現在は食料自給率をカロリーベースで計算すると約40％で、米だけが自給率を満たしているものの、他の食料品は自給できていない。穀物となると28％（平成19年度）[4]である。スーパーで扱っている生活にかかせない野菜のねぎや白菜、ブロッコリー、にんじんなども輸入されているし、多くの魚貝類も輸入されており、また肉は国産と輸入モノでは値段が大きく違っている。つまり、日本人は日常の食料品を輸入に頼っているのだ。どうしてそうなったのか、そしてそれが私たちの暮らしとどのように関係しているのか、ジェンダーの視点で見るとどのような問題があるのかについては、7章で学ぶ。ここではモノのグローバリゼーションは私たちにとっての大きな課題であることを知っておこう。

（2）カネの移動（図2参照）

　グローバル化の象徴のように資金が大きく動く例で忘れられないのは、2008年9月にアメリカの大手証券会社「リーマン・ブラザース」が経営破綻して、世界経済の悪化の引き金になったことである。近年の金融商品は複雑に組み合わさっているうえに、個人年金、生命保険、企業年金、投資信託などを運営する政府機関や民間会社が、リーマン・ブラザースの関連会社に投資していたために日本経済に大きな影響が起きた。その原因は、アメリカの低額所得者向けの住宅ローン（サブプライムローン）が回収できなくなったことにある。アメリカの住宅ローンはリスクがあったが、うまくいけば儲かるので多くの投資家が投資していた。その結果、破綻したリーマンだけでなく、アメリカ経済全体に大きな影響を与えたと同時に、世界経済が急速に冷えこんだのである。投資に失敗したことで余裕資金がなくなり、コストの切り下げが行われ、世界一の企業であったアメリカのジェネラル・モーターズ（General Motors ＝ GM）は2009年9月に破産した。このような世界経済の急速な変化が引き金となって、日本の若者の就職口も極端に減少している傾向は止まっていない。その結果、日本は失業率が上昇（2009年12月5.1％、総務

4　資料は農林水産省「食料需給表」（〈http://www.maff.go.jp/j/zyukyu/fbs/index.html〉）。

図2　カネの移動──海外直接投資の国際比較（1977〜2008年）

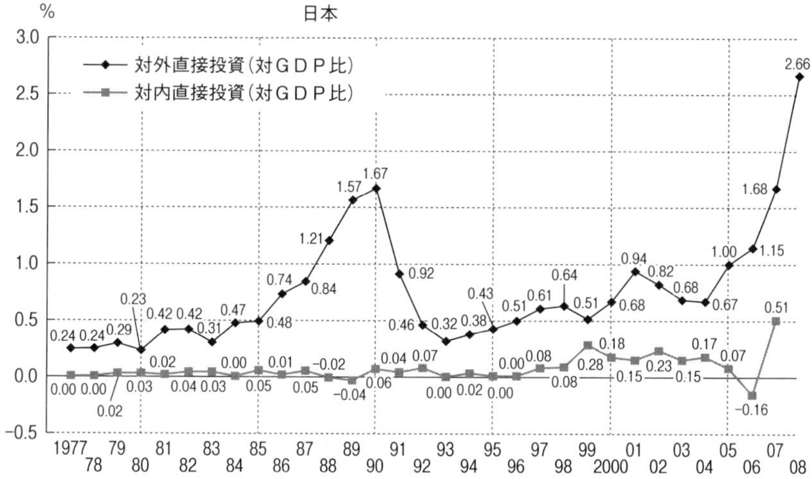

注1：海外直接投資は、投資家とは異なる国で営業している企業に対する継続的な経営権の獲得（議決権付き株式の10％以上）をめざした投資（純流入）をいい、国際収支上のエクイティ資本、稼得の再投資、その他長短資本の合計である。ここでは各国への純流入と各国からの純流出の対GDP比をグラフ化している。
注2：世銀、WDI Online（2009.11.13）より作成。
出典：「社会実情データ図録」〈http://www2.ttcn.ne.jp/honkawa/5055.html〉

省「労働力調査」）、若年労働者の雇用環境が非常に厳しくなっている。一瞬にして大量のカネが動くようになった世界の経済は、予測が難しくなっている（働き方に関しては、5章、13章で扱う）。

　1971年まで日本は対米ドル360円の固定相場制で、為替レートは常に360円に固定されていた。当時は日本経済の基盤が弱く、通貨レートを変動制にしてしまうと、わずかな経済変動で為替レートが大きく動くことで、為替が日本経済の不安定要因になることを防いでいたのである。現在は為替は変動相場制であり、通貨レートは市場原理に任せて日々自由に変動する。

　現在では、ドルを基軸通貨として、ユーロ、円など、世界の主要通貨はみな変動相場制となっているが、中国の元だけはドルに対して固定相場制になっている。原油・穀物などの値段とともに為替レートを予測しながら、輸出入を行うことがグローバル化した世界経済の中で重要な企業戦略となっている。

図3 日本国内に居住する外国人（1986〜2007年）

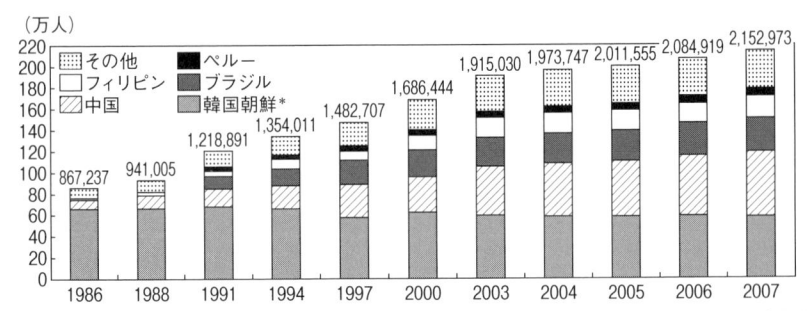

注：＊「朝鮮」は、朝鮮半島から来日した朝鮮人又はその子孫を示す用語であって、国籍を表示するものではなく、外国人登録上その国籍欄に「韓国」と記載しないものを示す。
出典：「在留外国人統計平成20年版」（法務省入国管理局）

　これまで述べたような大量のカネの動きは、個人の生活では日常的にはあまり起きない。旅行などで外国の多くの国々をめぐると、国によって通貨が違うことを知らされる。両替する場合に、ホテル、銀行、一般商店でレートが違うので注意が必要だ。日本人は一般に高級ホテルに泊ったり、一流レストランで食事をするなどしてお金を使うので、「金持ち」と見なされ、スリや泥棒のターゲットになりやすい。現在は旅行に持っていくお金は無制限になったが、30年ほど前までは、日本の外貨準備が足りないために個人が使えるカネは1日20ドル程度という厳しい制限があった。そういう制限があれば、日本の女性が大好きといわれるショッピングは自由にできない。今日では、たくさんの日本人女性がパリやミラノでブランド品を買いあさる姿が見られるようになったのは、カネのグローバリゼーションの結果ということができるのだ。

（3）ヒトの移動
　在留外国人登録者数の推移を見てみよう（図3参照）。
　観光客や商用で来日する外国人は増加しているが、最近では中国人がもっとも多く来日している。とはいえ、中国人の来日目的は必ずしも観光・商用に限らない。日本に来る人は国別、来日目的別にビザ（入国査証）を必要とする。たとえば、2005年3月15日から日本政府は興行ビザの取得を厳しくし

た。興行ビザは年間13万件取得されるが、そのうちの6割以上の8万件をフィリピン人が取得している。しかし、実際には興行ビザで入国するのはダンサーやミュージシャンだけではなく、ホステスだったり売春が目的であったりするので、日本政府が条件を厳しくしたのである。しかも、入国した外国人は非常に過酷な労働条件やそのもとで搾取が行われているという問題や人権問題があり、犯罪と結びつきやすい。

ビザ取得の条件が厳しくなったことに対して、フィリピン政府から日本政府に抗議があった。その理由は、フィリピンは国内の産業基盤が弱く、国民の多くが外国に出稼ぎに行き、本国に送る外貨が重要な産業になっているからである。フィリピン政府は国民が海外に出稼ぎに出掛けることを奨励している。出稼ぎにいったフィリピン人は、海外に移住するのではなく、数年間海外で稼ぎ、故郷に送金する。だから日本が興行ビザを厳しく制限すると、フィリピン政府は外貨が入りにくくなるために反対したと思われる。しかし、フィリピン内外の売春禁止を求める人権団体・女性団体や教会からは歓迎されているという。

日本人がアメリカ・オーストラリア・ヨーロッパに観光で行くときは3ヵ月までビザは必要ないが、2008年からアメリカでは、インターネットで申請するESTAという渡航認証が必要になり、オーストラリアからも求められるようになった。ヒトのグローバリゼーションは、2001年の9・11事件(アメリカへの直接的なテロ事件)以降、規制されるようになり、空港での指紋提出、写真撮影など、チェックが厳しくなった。

ヒトの移動で注目したいのは、国際結婚である。日本でも国際結婚は増加傾向にあり、2005年には4万組をこえた。そのうちの大部分は男性が日本人で、中国、韓国などから花嫁が来るパターンである。結婚によるビザ取得が可能になることで偽装結婚も少なくないが、その背景には地方の農業経営者たちの後継者には嫁不足という問題があったのである。もちろん国際結婚によって幸せな家庭を持ったという事例も少なくない。

一方、日本人女性が外国人男性と結婚する例も増えている。結婚によるヒトのグローバリゼーションは次世代を生きる子どもの国籍をどちらの国に選択するか、父母のどちらの国で教育するかなどの課題が残る。また日本で

は、珍しい集団訴訟が提訴され（2005年4月12日）日本人の父とフィリピン人の母を持つ子ども9人が「親が結婚していないために日本国籍を取得できないのは法の下の平等を定めた憲法に違反する」と日本国籍を求める訴えを起こした。日本人の父と外国人の母の間で生まれた子どもは、法律婚であれば日本国籍を取得できる。しかし、婚姻届を提出していない（法律婚ではない）婚外子の場合、母親の体内にいる間に胎児認知がなされていないと出生以後に父親が認知しても日本国籍は取得できない。「これだけ家族のあり方が多様化しているのに、家族形態が子どもの国籍取得を左右するのは不合理な差別」というのが原告側の主張である。

さて、問題は外国人労働者である。日本は人口減少時代に入り、危険、汚い、キツイ職場、いわゆる3K職場で働くヒトが不足している。そのために、外国人労働者を受け入れなければならない現実がある。しかし、日本は他国に比べ、正規に外国人労働者として雇用する数が少ない。外国人労働者受け入れに関しては以下のようなさまざまな意見がある[5]。

賛成派（条件付）
- 今後の労働力不足に対応して、受け入れをしていくべきだ。
- 日本の競争力を向上させるために有能な外国人を積極的に呼び込むべき。
- モノづくり、看護、介護などで外国人で有資格者を受け入れる必要がある（日本語による資格試験の合格が必須となり、受け入れの障壁となっている）。
- グローバル時代の中で外国人と共に働くのはよい。

反対派
- 外国人を受け入れる前に、女性や高齢者の労働力率を上げて、労働力不足に対応するべき。

5　2008年7月、自民党国家戦略本部の外国人労働者問題プロジェクトチーム（長勢甚遠座長）は将来の労働力不足への対応として、「外国人労働者短期就労制度」を創設し、外国人単純労働者の受け入れ制度を提言する方針を固めた（「日経新聞」2008年7月23日）。

- 外国人との共生の仕組みがない中で、差別や偏見が起きる。
- 外国人を日本の労働市場に紹介する確実な機関を設立しないと組織犯罪が起きる。
- 生活習慣の違いなどで、日本の労働環境や地域になじめない惧れがある。
- 長期にわたって、外国人が日本に滞在することで社会保障、子どもの教育などの課題が起きてくる、などがいわれている。

　大企業を代表する日本経済団体連合会（日本経団連）、地域企業・中小企業を代表する日本商工会議所（日商）、労働者を代表する日本労働組合総連合会（連合）は、外国人問題に対する基本方針はほぼ同じで、「技術・頭脳受入促進」、「単純労働者受入慎重」、「移民の導入は時期尚早」などが主張されている。地域の中小製造業などでは、苦しい経営状況と３Ｋ職場に若者が集まらないことから、外国人労働者なしでは経営を存続できない企業が多くなっているのが現状である。

　モノ・カネ・ヒトの「国際化」について、簡単な例をいくつか取り上げたが、グローバリゼーションは何か遠い世界の中のことで自分のこととは関係がないように感じているかもしれないが、実は日々の生活の中の身近な課題である。

2　情報化

　さて、第二のキーワードは情報化である。情報化時代になったと感じるのはなんといっても携帯電話の高い普及率、インターネットの便利な機能を利用するときであろう。ケータイは子どもから老人まで、使用量や使い方は多様であるが、必須アイテムとなった。高齢者世代は町の公衆電話が撤廃されているという事情からやむなく持つ人が増えているが、自身の安全確認にも利用できる。

　最近はケータイは第三世代といわれたデジタル携帯電話が普及し、第四世代の時代に入ってきたという。高速通信、テレビ電話、ワンセグというテレビと一体化したり、電子マネーとしても使えるようになり、多機能な情報機

器となってきた。一人で何台も持つ人も出てくるなど、100％に近い普及率になっている。どこにいても日本国内はもとより世界中の情報を手に入れることができるのは、やはり驚異的な情報の革命といわなければならない。ところが、若者の中にはケータイを通してしかコミュニケーションができなくなってしまったり、ケータイやテレビゲームのように現実ではないもの（これをヴァーチャル＝ virtual という）と現実がごっちゃまぜになるなどの混乱が子どもや若者を危くしているといわれている。ゲームでは、そのキャラクターが死んだ場合「リセット」ボタンを押せば、また生き返って活躍できるが、実際の人の命はリセットできない。生きている魚や動物に触れるのを怖がるとか、一世代前の子ども時代には考えられないようなことが起きてきているが、情報化の影響が子どもの人格形成に与える影響はまだ明らかになっていない。

　大量の情報が非常なスピードで得られる社会には不要な情報も少なくない。一瞬にして多くの人がアクセスできる情報機器ができ、それが有効に使われる場合もあるが、他人を誹謗・中傷したり、傷付け合う情報が匿名で行き交う事実もある。航空会社や鉄道会社のホストコンピューターが異常を起こした場合には、多くの人が迷惑をこうむる。個人情報に対するセキュリティをどのように守るかという課題もある。まだ、情報化社会のプラス／マイナスが十分に検討されている段階にはないので、今後の人間生活への影響に対して相当の配慮が必要だ。

　情報化によって、ビジネスの方法、オフィスのあり方が変わった。インターネット利用者がふえ、広告媒体としての効果が高くなると同時に、不要そして不正な情報の流通の問題とともに、情報処理に対する能力の格差（digital devide）が起きてきている。

　情報の利便さが優先されて、人間の心の問題が置き去りにされていないだろうか？

3　少子高齢化

　第三のキーワードの「少子高齢社会の現実化」であるが、これはいうまでもなく、子どもが減って、高齢者が増える社会が現実になったということで

ある。

　厚生労働省が2009年7月16日発表した簡易生命表によると、日本人の平均寿命は男性79.29歳、女性86.05歳で、男女とも5年連続で過去最高を更新した。前年より男性は0.1歳、女性は0.06歳延び、女性は20年連続で世界一だ。

　平均寿命とは、その年に生まれた人が何歳まで生きることができるかを示す指標で、厚生労働省の同じ発表によれば、女性は1985年以来世界一の座を保ち、男性はアイスランド（79.6歳）、スイス（79.4歳）に次いで3位だった。

　綾小路きみまろは「としよりを作るのは簡単ではありません。80歳の老人を作るのに80年かかるのです」という。つまり、80年前の日本は「産めよふやせよ」という時代で、赤ん坊が多かった。人口構造の変化から見ても明らかに少子高齢が現実化している。現在の75歳以上の人口が生まれたころには、赤ん坊を産まない女性は一人前の人間として認められない時代であり、政府が結婚を奨励した時代であった（この問題については10章で学ぶ）。

　これまで述べてきたように、社会全体が大きい変化に揺らいでいる。人間の尊重と個人の自由を志向する「近代」が前提としてきた資本主義、国民国家、市民社会の枠組みが大きく変容している時代なのだ。その変化を受け止め、自分の生活設計を立てていかなければならない。そのために、広い視野と深い洞察力を身につけることが肝要となっている。

3　ジェンダー

　「ジェンダー」は日本では1990年代になって使われるようになった言葉で、その定義もずいぶん揺れている。1989年に『ジェンダーの社会学』[6]が出版されたのが「〈ジェンダー〉が影響力のある使われ方をした最初」といわれている[7]。

6　江原由美子・長谷川公一・山田昌弘・天本志保美・安川一・伊藤るり『ジェンダーの社会学』新曜社、1989年。
7　瀬地山角「フェミニズムからジェンダーへ」『AERA Mook　ジェンダーがわかる』朝日新聞社、2002年。

それまでは「ジェンダー」はフランス語やドイツ語の文法用語で、名詞の性を表わすものである。

社会の中には多様な人々が住んでいる。そういう人々をいろいろに区別する。どのように区別するのか、その場合、どのように分けることができるのか？

大雑把な年齢が分類基準	子ども、若者、大人、おとしよりなど
学校内の立場が分類基準	学生、教師、職員など
職業による分類基準	自営業、サラリーマン（雇用者）、経営者、医者、看護師、弁護士、失業者など

カネがあるかないか、太っているかやせているか（ダイエットブームがそういう分類を支えている）、就職の季節になれば学校の成績、あるいは英語ができるか、さらには日本人か外国人か、障害があるとかない等々、区別の基準をつくって、さまざまな区別を行う。そしてそのように区別した後に、「金持ちがいい」「貧乏はだめ」、「やせているのがいい」「太っているのはよくない」などと価値が付け加えられる。一生懸命努力しても貧乏な人は、貧乏であることの苦しみに加え、社会的に「貧乏はダメ」という価値づけに苦しむことになる。しかし、金持ちが幸福かどうかはわからないし、貧乏といえども心豊かな生き方はあるはずだと古くから議論されている。すなわち、貧乏は「ダメ」という価値づけは現在の日本のものであって、社会や時代によって変わるものであるといえよう。

では、性による区分というのはどうなるであろうか。

性による区分は、男性と女性とに区分される[8]。この区分は、先ほどの「貧乏はだめ」というように、社会的に構築され価値づけが行われ、「男性」が優位で「女性」が劣位に置かれてきた。そういう価値づけは社会によっ

8　性別を男女の二区分にすることを二元論という。社会の中には、インターセックスという男女の異なる性質、能力、条件を先天的に持っている人やトランスジェンダーという性自認と実際の性別が一致しない人など、性は多様である。田中玲『トランスジェンダー・フェミニズム』インパクト出版会、2006年参照。

て、あるいは宗教や慣習などの文化によって意味がずれてはいるが、基本的には男性の優位がどの社会にも認められている。そのような人間を性別によって分類し価値づけを行うことを社会的性別、すなわちジェンダーという。

これまでのジェンダーの研究によって、性による区分には三種類あるといわれてきた。

セックス（sex） 　生物学的な「オス」「メス」という分類。最近の研究や社会的認知により、生物学的に男女は二つに分けられないことが明らかになってきた。

セクシャリティ（sexuality） 　性的志向。異性が好き（男性が女性を、女性が男性を好き）、あるいは同性が好きになるという、自分の性的な好みを性的志向という。

ジェンダー（gender） 　性差、または性規範をさすが、現在の定義は文化的・社会的につくられた「男らしさ」「女らしさ」といい替えることができる。
　男らしさ・女らしさは時代によって、社会によって違う。イスラム教やヒンドゥー教の世界では性規範が欧米と違う。工業先進国と農業国でも違う。つまり、社会や文化によってつくられた男・女という性差に価値づけを含んだ区分をするのがジェンダーである。

時代や文化が当該社会の中の人々をさまざまに区別して、それに価値づけをしたり、意味づけをする。性別という区別によって、女性は家庭に、男性は仕事に、という性別による役割分担がなされてきた。そして家庭で子育てや介護をする女性は「金」を稼ぐわけではないので、「金」を稼ぐ男性より低く価値づけされてきた。また日本には、「女には教育はいらない」と考えられた時代があり、女子の進学率は男性に比べて低かった時代があった。その結果、女性は高い地位につくことができなかったから、給与も安く抑えら

れてきた。そういう「女には教育はいらない」という考え方、つまり、性別によってさまざまな価値づけがなされること、性別という生物学的分類が社会的な分類になった時に男性であること、女性であることによって権力関係が生じ、男性上位、女性下位と階層化、あるいは序列化をすることが社会的性別であるジェンダーが持つ意味である。ジェンダーによって、女性が男性より低く位置づけされてきた歴史は長く、社会によって現われ方は異なるが、どの社会においても存在し、社会全体が受け入れてきた。社会的につくられた性別概念、すなわちジェンダーは女性だけ、男性だけを視点に入れるのではなく両性の関係性を共生という立場から問うものである。

　人間を分類する基準線は、ジェンダー（性別）・クラス（階級、経済的な区分）・エスニシティ（日本人／外国人、西洋人／東洋人など）と表現されるように、性別だけではない。さまざまな分類の中で性による区分はどこにでも存在する。改めてジェンダーの視点をもって社会を見直してみよう。

4　まとめ

　現在の日本社会を覆う「格差社会」といわれる現象は、経済的なギャップによる社会階層が明確になり、かつ教育や家庭によって再生産されていることをさす。その背景には、経済構造の変化や少子高齢社会という人口構造の変化がある。経済的ギャップはジェンダーによる格差も生み出している。男性も非正規雇用者が2000年以降、15歳〜24歳で40％を越えているが、女性は2003年に平均で40％を越えている。女性は平均寿命が男性より長いが、生涯賃金が男性より低いために、年金が少なく、独立の生計を営むことは難しい。また、母子家庭は最貧困層に属しているなど「女性と貧困」の問題は決して小さいものではない。

　以下の章で、さまざまな分野の課題をジェンダーの視点で見つめてみたい。

●● 参照＋参考文献 ●●●
江原由美子・長谷川公一・山田昌弘・天木志保美・安川一・伊藤るり『ジェン

ダーの社会学——女たち／男たちの世界』新曜社、1989年。
加藤秀一・石田仁・海老原暁子『図解雑学　ジェンダー』ナツメ社、2005年。
笹谷春美・小内透・吉崎祥司編著『階級・ジェンダー・エスニシティ　21世紀の社会学の視角』中央法規出版、2001年。
ジョーン・W・スコット（荻野美穂訳）『増補新版　ジェンダーと歴史学』平凡社ライブラリー、2004年。
瀬地山角「フェミニズムからジェンダーへ」『AERA Mook　ジェンダーがわかる』朝日新聞社、2002年。
田中玲『トランスジェンダー・フェミニズム』インパクト出版会、2006年。
暉峻淑子『豊かさとは何か』岩波新書、1989年。

2章 性役割とは
歴史と現状

1 はじめに

　性役割とは、ジェンダーの作用により、男性の役割と女性の役割が固定化され、行動・職業などが強く結びついていることをいう。性役割によって、男性も女性も生き方を規制されている場合があり、歴史的に男女が性別によって優位・劣位におかれてきたので、現在でも差別の根拠になっていることが少なくない。性役割には歴史的な背景があり、現代でも「自然」に受け入れられているが、実は根が深い。日本の社会では、法律によって家庭内の役割規範が厳しく定められていた時代があり、性役割は家族の中で再生産され、女性の地位は低くされてきた。

　第二次世界大戦後の日本社会は大きく転換したが、性役割はどのように維持され、あるいは変化してきたのであろうか。本章では、性役割の持つ意味、職業との結びつき、家族の変化などを考えていく。

2 性役割の歴史的背景

1 性別と役割――昔話から

　誰でも知っている昔話、たとえば、『桃太郎』の出だしの部分は「おじいさんは山へ柴刈りに、おばあさんは川へ洗濯に」という場面から始まるが、明らかに性役割を象徴している。領主が村人の出入りを許可している山でおじいさんは薪をつくるために小枝を集めたり、切ってもいい枝を切って束ねる。考えてみれば、山に入る許可は男性にのみ与えられたのであろうか。そして、薪は何がしかの収入を得るための手段であったことも想像できる。お

ばあさんも誰もが使える川で洗濯をした。山に入るには多分許可が必要であったろうが、川はそのようなものは不要で、川の周辺では女性が集まってコミュニティを形成する場合がある。そして、家族のための洗濯は、収入の手段にはならない。このように昔話の時代から、家庭における役割は男女という性別によって分けられていた。昔話の時代から、現在でも「男性のやること、女性のやること」というように性別と役割が結びついてきた。それを性役割という。男性が収入を得る仕事をして、女性が家事・育児をするのは、長い間の習慣で、「あたり前」のように受け止められている。本当に「当たり前」なのであろうか。

　現在子どもが見たり読んでいる昔話の絵本の挿絵にも「自然」に性別と役割が結びついていることから、性役割は長い間継承されていることがわかる。たとえば、『かさこじぞう』(ポプラ社)という話では、貧しいおじいさんとおばあさんの夫婦が大晦日に何がしかの金を得ようと二人で働いて笠をつくった。そして笠を売りに外に出掛けるのはおじいさんの仕事で、その日は笠は売れなかった。金を得られなかったおじいさんであったが、心が優しい人で売れ残った笠を雪の中に立っているお地蔵さんにかぶせてやった。大晦日なのに何も食べ物がないと嘆いていた夫婦に、夜中にお地蔵さんがお礼に食べ物を持ってきた。さっそく調理するのはおばあさん、食事をするときにはおじいさんが一人で床の間(貧しい家なのに床の間があるのも不思議だ)の前に座って、一人でおいしそうに食べていて、おばあさんがサービスをしている。二人で一緒においしそうに食べているほうが、このお話の「めでたし、めでたし」という結末の流れがよく表わせられると思うのは、私だけだろうか。

　この本は初版が1967年で78刷にもなっていて、子どもたちに長い間読み継がれている。この本ができたときには、ジェンダーという視点は日本社会に流通していなかったし、「昔話」だから仕方がない、という考え方もあるだろう。ここでは、絵本の中にも性役割がはっきりと読み取れるものがあり、子どもたちに「自然」に受け止められ、継承されていく可能性を指摘しておきたい。

2 性別と服装

性別と服装も結びついている。現在多くの女性がズボン（パンツ）をはくが、スカートをはく男性はきわめて少ない。女子中高校生の制服がスカートだけに限定されているのは、性別と服装が結びつき、固定化されてきた名残である。女子中高生のセーラー服といえばスカートと組み合わせられるが、もともとはイギリスの水兵の制服で、すそが広がったズボンと大きな四角い襟のついたゆるい上着と組み合わせられていた。すそが広がっている理由は、海に落ちたときにズボンが脱ぎやすいためで、日本海軍もこのスタイルを1872年に取り入れた。アメリカの有名なマンガの主人公ポパイも水兵だったので、いつもセーラー服とすそ広がりのズボンを着ている。ポパイ（男性）の服装が女子の制服になったのは日本社会の組織の反映である。男子の中学校や高等学校が陸軍の軍服をモデルにした詰襟にしたので、女子は海軍をモデルにしたセーラー服にしたのである[1]。自転車通学する女子は冬などズボンの標準服のほうが便利だろう[2]。このように身近な例を取り上げてみても、日本の社会の中に、性別と役割とその表象である服装は強固につながりを持って維持されていることに気がつく。

3 性別と職業

性別と職業も深く結びついて、男性が圧倒的に多い男性職と女性が多い女性職がある。名称にも看護婦、保健婦、助産婦、保母と「女性」であることが規定された仕事があったが、男女共同参画基本法の制定（1999年）によって男女ともに資格を得られるようになり、名称も看護師、保健師、助産師（2003年3月から国家試験資格の名称を変更）となり、保母は保育士に変更（1999年）された。

---

1 女子の制服としては、1920年に京都の平安女学院が最初に取り入れた（ユニホームメーカー、株式会社トンボHPより）。
2 2008年4月から、札幌市南区の市立南が丘中学が一年生から女子の制服をスカートからズボンにすることを決定した（「北海道新聞」2008年2月19日）。東京都豊島区、足立区などでは、男女共同参画条例による苦情処理の問題として提起され、女子のズボン着用を認める方向性が出された。

このほかにも、法律によって性別の限定はされてはいないが、多くの女性職がある。介護ヘルパーや介護施設の職員、幼稚園や保育園の先生、小学校の教師も、女性が多い職業である。学校の教師は中学・高校・大学と上級校に進むごとに女性教師比率が下がっているし、管理職である教頭・校長の女性率は最近増加傾向にあるが、まだ10％を超えていない。

　実際の職業をいろいろと検討してみると、男性のみに限っているわけではないはずなのに、圧倒的に男性が多い職業、女性が圧倒的に多い職業があることに改めて気づく。

　銀行の窓口、会社の受付、秘書、事務職、デパートのエレベーター案内などの補助的な仕事は女性の仕事とされてきたが、現在は派遣やパート職になっている。男性が多い職に女性がつくと、頭に「女」とか「女性」あるいは「女流」など、わざわざ性別をつける。女社長、女流棋士、女性作家（あるいは女流作家）、女性記者、女性政治家、女子アナ、女性キャスターなどがその例である。

　子ども用の職業案内の本、『決定版　夢をそだてる　みんなの仕事』（講談社、2005年）は、インタビューも含めたイラストがたくさん入って、子どもに職業の内容を知らせる楽しい本である。この本で気がつくのは、男女の職域は互いに広がっていることで、一番わかりやすい例が美容師である。かつてこの分野では、男子は「理容」、女子は「美容」という棲み分けがなされていたが、「美容」に男性の進出が起きている。2003（平成15）年度の美容の専門学校への入学者数を男女別で見てみると、男子7,051人、女子1万8,413人と、男子は全体の27.7％だが、延び率は著しく10年前の4倍になっている[3]。

　看護職は看護師と准看護師を合わせて100万人以上いるが、男性は5.1％で増加傾向にある[4]。臨床医に占める女性医師の割合は約15％であるが、国家試験合格者では女性の占める割合は3分の1となっており、女性医師の割

---

[3] 全国専門学校データベース AIK レポート参照（〈http://www.aikgroup.co.jp/aik/report/report2004/report20040301.htm〉）。
[4] 厚生労働省「平成18年保健・衛生行政業務報告」平成19年7月27日発表（〈http://www.mhlw.go.jp/toukei/saikin/hw/eisei/06/kekka1.html〉）。

合は増加している。女性医師は一般的に、出産・育児等により、一時的に臨床の場から退く機会が多い[5]。

　問題は、この本が子ども用の職業案内の本であり職業観をつくる初めての本であるにもかかわらず、職業の中に役割と性別との結びつきが強く表現されていることだ。女性警官の絵は交通取り締りだけをしているし、消防士には女性が描かれていない。

　実際、2002（平成14）年度以降は、女性警察官は毎年1,000人以上採用されている。2006（平成18）年4月1日現在、全国の都道府県警察には女性の警察官約1万2,100人、一般職員約1万1,900人が勤務しており、幹部への登用も進んでいる。都道府県警察で採用され警部以上の階級にある者は、2006年4月1日現在、96人である。しかし、男女が平等に警官という職業についても、男性向き職務と女性向き職務とに職務が分かれている現実がある。女性の警察官の職務も少しずつ広がって、刑事職や捜査官の女性もいる。子どもが楽しみながら、職業の内容を知るために初めて出会う本の中にもジェンダーによる性役割を組み込んだ表現があるのは残念なことだ。

　女性消防官に関しては、東京、横浜、千葉は1969（昭和44）年から女性消防官を採用し、以後全国的に女性消防官を採用するようになったが、それでも女性比率は1.25％である。ちなみに京都市は1993（平成5）年から、大阪市では1995（平成7）年、そして神戸市は1996（平成8）年から女性消防官を採用している。1997（平成9）年に初めて採用した名古屋市では53人の応募があり、4人採用している。司法試験の合格者は女性が20％を越えるようになった（平成18年は22.2％、19年度は27.3％、法務省発表）。また2008年には、検事の12.2％、裁判官の15.4％、弁護士の14.4％が女性である（最高裁、法務省、弁護士会の発表による）。

　サービス業、特に商店は性別に関係ないと思われるが、実は店の種類によって性別と関係している。女性がきわめて多いのは花屋（実は結構力仕事もあり、水仕事が多く、キツイ仕事である）、女性が圧倒的に少ないのはすし職

5　厚生労働省「平成16年度事業評価書」平成17年8月、評価対象事業「女性医師バンク」参照（〈http://www.mhlw.go.jp/wp/seisaku/jigyou/05jigyou/05.html〉）。

人で、女性は手が暖かいからすし種が温まりやすく味が落るという話を聞いたことがあるが、本当かどうかはわからない。

女性の職業への進出は広がっているが、現在のところ男性が圧倒的に多い仕事は新幹線の運転士や飛行機のパイロット（小型機のパイロットはいる）である。

ただし、相撲、闘牛士などの文化的伝統的に男性のみの職域に女性の進出が男女平等を意味するものなのか、考える必要があるだろう。わんぱく相撲は、地区大会は男女ともに参加できるが大きな大会には女子は参加できない。その理由は決勝戦は国技館で行うので、「神聖な土俵に女性は上らせない」という日本相撲協会の考えがあり、女子は出場できないからである。

1980年代後半からアメリカで広く性別やイデオロギーに偏った言葉を使わない運動、「ポリティカル・コレクト（political correct）」が始まった。たとえば、チェアマン（chairman）やポリスマン（policeman）、消防士、（fire-man）などは、女性もその職についているのに、man という男性を表わす言葉が入っているので、チェアパーソン（chairperson）、ポリス・オフィサー（police officer）、ファイヤー・ファイター（fire fighter）などのどちらの性別にも偏らない名称に変更された。飛行機の乗務員の場合、男性はスチュワード、女性はスチュワーデスと性別によって違う名称が使われていたが、現在は客室乗務員（flight attendant）と男女共通の呼称に変更されている。その意図するところは、男女がともに同じ職業についているという意識を育てることにあった。日本では、学校の保護者会が以前は「父兄会」、あるいは「父母会」とよばれていた。「父兄会」は女性である母親を児童の保護者と見なさない性差別社会の名残であるし、「父母会」は、社会の変化とともに、家族の多様化が起きていることに対応していないことから「保護者会」に変更された。

このような性別によって職業や家庭における役割が固定化されてきた歴史の一部を、もう少し考えてみたい。

3　明治時代の家族

1　明治国家のかたち

　明治時代は日本が封建体制から近代国家に生まれ変わる大きな節目であった。明治政府の重要政策は殖産興業、富国強兵で、列強が中国に権益を求めて支配していたことから、日本を外国から支配されない独立した国家にするために努力を重ねた。徳川時代の幕藩体制は各地にその領地を治める大名がおり、その大名を支配する将軍がいた。大名といっても尾張・紀伊・水戸の御三家、いわゆる親藩と譜代・外様とに分れており、大名と将軍の力関係は変わりやすい部分もあったので、関係性の維持・強化のために徳川幕府はさまざまな方策を用いた。また、将軍と大名の単純な縦の関係ではなく、大名同士のつながりや反目もあり、当時の政治社会はネットワーク型であったともいえよう。

　明治国家は天皇を国家の頂点におき、すべての国民を一つの大きなピラミッドの中に収めていく中央集権政府をつくりあげた。そして、天皇を父とする家族になぞらえた国家像をつくり上げていった。明治4（1871）年には廃藩置県を行い、旧領主と領民の結びつきを断った。そして、明治政府（すなわち天皇）は国民を直接支配する形をとった。また富国強兵を意図し四民平等を打ち出し、身分制度であった士農工商を廃止した。このような政策は明治政府の政策方針である五箇条のご誓文[6]（1868年3月14日）の実現だと、喜んだ人々も多くいた。

　明治政府は直接に国民に対して税金の徴収権と軍事力を握ったことで、大きな権力を持つことになった。税金の徴収を実行するには経済の現状を知る必要があり、軍事組織をつくるためには徴兵を実行しなくてはならない。徴税と徴兵の目的で人口調査が行われ、1872（明治5）年に初めて戸籍（壬申戸籍とよばれている）がつくられた。それまで士族しか苗字を許されていな

6　明治元（1868）年3月に出された新政府の施政方針にあたるもので、内容は以下の通り。①広ク会議ヲ興シ万機公論ニ決スベシ、②上下心ヲ一ニシテ盛ニ経綸ヲ行フベシ、③官武一途庶民ニ至ルマデ　各 其志ヲ遂ゲ人心ヲシテ倦マザラシメンコトヲ要ス、④旧来ノ陋習ヲ破リ天地ノ公道ニ基クベシ、⑤知識ヲ世界ニ求メ大ニ皇基ヲ振起スベシ。

かったのが、国民のすべてが苗字を持ち、登録しなければならなくなった。

2　戸籍に表れたジェンダー

　戸籍にはさまざま役割がある。第一には税金徴収や徴兵をするための基本台帳となる。第二に「戸主」による「家制度」をつくる基本となった。明治の戸籍とともにできた家制度というのは「戸主」に大きな権限を持たせ、一家をなした家族は男性（長男）が戸主となり、その家のすべての責任を持つ制度である。戸主をしっかり統治機構の中に治めておけば、後は戸主がそれぞれの家を治めるという入れ子の形になった支配系統である。

　戸主の責任は、第一に家族の財産を管理し、税金を納めることであった。そしてその財産を守り、次の世代に引き継ぐことも重要な役目で、その役割を荷うのは男性だけであったので、どの戸主も男の子を必要とした。この当時の経済は圧倒的に農業経済で、家は農業生産の単位であった。商家や家内工業的・職人的生産活動も家族単位の小さなものであったために、家族全体が家業に従事することで経済活動が維持された。戸主は経済活動を運営管理する責任者であり、労働力は、自身も含め、妻、兄弟、子どもであった。明治5年に学制が始まった。全国に小学校ができたが、都市部にくらべ農村部の就学率は低かった。なぜなら多くの家にとって子どもは重要な労働力であり、学校に行くにはお金が必要であったからだ。

　戸主の責任の第二は家族を養う責任である。家族みんなが食べていけるようにすることは戸主の役目であった。現在のような福祉制度がない社会であったから、病人や老人の世話、子どもの世話などは家族単位で行った。また、戸主が何らかの理由で財産を管理できなくなったとき、あるいは財産を失ったときには、家族全員が別の家族に統合されるか、離散して使用人になるよりほかなかった。

　そのほか戸主は、家族の居所を指定する権利（たとえば、地方から東京に就学・就職した場合でも戸主の承認が必要であった）、家族に対して婚姻、養子縁組、分家などの身分行為を許諾する権利、祖先祭祀の権利などを持ち、家族の生き方を規定できる立場にあった。

　ここで重要なのは、家督相続によって戸主の財産と戸主権は長男だけが承

継（長男単独相続）できると法制化されたことで、同時に、妻と長男以外の子どもは「無能力者」として扱われ、妻は夫の財産を継承できないばかりか、財産の処分もできなかった[7]。そして結婚は戸主が婚姻届を提出することで成立したので、戸主が認めない結婚は成立しなかったし、法律婚でなければ有効な結婚とは見なされなくなった。一方愛人（当時は「めかけ」といった）を妻と同じように戸籍に入れることができ、貴族や多くの金持ち、政治家などの家庭には妻と愛人が同居する場合も少なくなく、女性の人権はまったく無視されていた。福沢諭吉は「日本婦人論」（明治18年8月刊行）で「人倫の大本は夫婦なり」として、尊敬と愛情に支えられた対等な夫婦関係を主張し、儒教的な道徳観や封建的家族制度を痛烈に批判しているが、その中で、めかけの同居は動物と同じだと批判している[8]のは、妻と愛人が同居するような家族がいたという背景があったからである。

3　明治民法に表れたジェンダー

　明治政府は徳川時代に結んだ外国との不平等条約の改正を諸外国に求めたが、日本が近代国家として必要な法整備などが不備であることから交渉相手として認められず、特に刑法・民法の法体系ができない限り近代法治国家といえないという批判は認めざるをえなかった。明治22（1889）年2月11日に発布された大日本帝国憲法は、ヨーロッパ以西の国でトルコのオスマン帝国を除いて[9]初めて憲法を持つ国となり、国民は提灯行列で祝った。刑法は憲法以前、明治15（1882）年1月1日に施行された。それによって、犯罪に対する取り締まりは国家の仕事となり、法律による刑罰が科せられるようになった。

　一方、民法は、法体系草案を当初「お雇い外人」のフランス人ボワソナードという法律学者が一部草案を書き、身分に関する部分は彼のアドバイスによって1890（明治22）年公布されたが、施行前にクレームがつき施行が無期

7　法定の遺産相続人がいない場合は、妻が夫の財産を相続できた。
8　西沢直子編『福沢諭吉著作集第10巻』慶応大学出版会、2003年。
9　1876年オスマントルコは「ミトハト憲法」を公布。しかし1878年ロシアとの戦争に完敗し、憲法は停止され、1年だけの憲法体制であった。

限延期になった。ボワソナードの草案は、フランス革命以後、さまざまな市民権や個人の財産権を認めてきたフランスの歴史に基づくもので、民法の基盤には「個人」という概念が重要な位置を占めていた。しかし、そのような「個人」の概念は当時の日本の政府・法律学者には受け入れられず、「民法典論争」に発展した。日本の法律学者の間でリベラル派と保守派が激しく論争・対立したばかりでなく、政治的対立にもなった。東京法学院講師穂積八束の論考「民法出デテ忠孝亡ブ」[10]や民法の施行延期を訴えるなどの主張が通り、民法が施行されたのは1898（明治31）年と刑法より15年も後れた。第二次大戦後「民法」は家族制度などの改正が行われたが、武家社会の規範であった儒教精神を基盤に家族制度を中心にした基本的な部分は変更されていない。

　1898年の民法では、
「民法733条①　子ハ父ノ家ニ入ル」
「民法877条①　子ハ其家ニ在ル父ノ親権ニ服ス」（傍点引用者）
と、父の権利が強いもので、仮に夫の側に理由があって離婚しても、子どもは夫に帰属するとされたので、子どものことを考えると離婚に踏み切れず、じっと我慢する女性が少なくなかった。現在の民法では、「第818①　成年に達しない子は、父母の親権に服する」（傍点引用者）と変更されている。

　明治民法下の女性にとって、結婚は身分の安定に欠かせない人生の大事であったが、人権の意識の醸成がなされず、また法律上も整備されていなかった。江戸時代から流通してきた修身書『女大学』による規範が強かったといえる。たとえば離婚される妻の理由として、①不従順、②不妊、③淫乱、④悋気（嫉妬）、⑤らい病、⑥多言、⑦盗みがあげられているが、明治に入っても実際は一方的に言い渡されるだけで離婚は成立した。その結果、明治末（1882〜1892年）にかけては、離婚は千人当たり平均2.8人という記録があり、2008（平成20）年の全国平均は千人当たり1.99人であることからいえば、ずっと多かったのである（ピークは平成14年の2.3人）。

10　穂積八束「民法出デテ忠孝亡ブ」海野福寿・大島美津子編『家と村』岩波書店、1989年。原論文は1891年発行の『法学新報』5号に掲載。穂積は帝国大学法科教授、枢密院書記。

明治民法は女性の地位をあまり認めなかったとはいえ、虐待、遺棄など結婚を継続しがたい重大な理由によって女性にも離婚申し立てができた。しかし、夫の不貞行為は直接的に離婚の理由にはならず、姦通罪が適用されたときだけであった。一方女性の姦通は即離婚の理由になっただけでなく、刑法で離婚、および２年の懲役が規定されていた。このようにしてでき上がった戸主、つまり男性を中心にした経済・社会組織は「家父長制」といわれる社会体制で、女性にはひたすら服従と辛抱が求められた。また、その状況を変えたくても、女性には政治的権利がなく、政治集会に出ることさえ禁じられていた。

　世界中で女性の参政権は男性より後年になって付与される国が多いのだが、その第一の理由は、女性は兵士にならないからというものであった。男子は徴兵制により、兵士となる義務があるという理由で、女性より早く投票権が与えられたのである。

　日本では明治23年に第一回の帝国議会が開かれた。その前年に日本で初めての選挙が行われたが、25歳以上の男子という性別による制限だけでなく、税金による制限があり、金持ちしか投票できなかった（11章の表２「衆議院選挙制度の変遷」参照）。そのため、このときに投票できたのは国民の１％であった。だから、貧しい階層の男性は兵士にはなったが、投票権はなかった。したがって、「兵士になるか、ならないか」は政治的権利とは別のところに問題があり、女性が兵役につかないという理由で投票権が認められないこととには論理的なつながりはなかったのである。

　しかし、富国強兵をめざす、強い日本国家になるためには、強い兵士が大勢必要であった。したがって、女性の役目として一番重要視されたのは丈夫な子ども、特に男子をたくさん産むことであった。また、家族の財産を次世代に引き継ぐためにも、男子が必要であった。それは、男子にしか相続権がなかったからで、そのために、妻が男子を産まなければ、愛人が産んだ子が相続権を得るということもしばしばあった。また、長男以外の子どもは相続する財産がないので、他家に奉公に出されたり、召使いと同じ立場で家業に従事することで、食べていくことが保障された。

　強力な家制度ができ上がったことで、明治の支配体制が整ったのである

が、同時に、その体制は政治的には女性を排除し、法的には女性を無能力者として扱い、個人的には女性は戸主である男性にすべて服従するという制度であったのである。

4　大正時代から戦前の家族

　大正時代は15年間という短い期間であったが、大正リベラリズムといわれる比較的個人の自由が尊重された時期があった。しかし、明治期につくられたさまざまな法律や制度はいっそうゆるぎないものになり、むしろ明治時代につくり上げられた規範は人々の心の中に強く入り込み、強化されていった。なかでも、明治初期（1876年）に中村正直（1832〜1891年）が使い出したといわれる「良妻賢母」は思想として定着した[11]。当初「良妻賢母」は、女性は生来強い道徳観や宗教観を持っていて、男性以上に子どもを育てるにふさわしい資格を持っているという主張であったが、後には、一定の教育を受けた母親が子どもを育てることで、「よき国民、よき兵士」をつくり出すことができるという新たな意味づけがなされた。

　女学校が創設（1800年）され、明治の終わりには小学校への就学率もほぼ男女に差がなくなるなど女性への教育が重視されるようになるとともに、女教師などのように働く女性が出現し、女性の生き方は多様化していった。そして、近代化とともに資本主義経済が発達し、工場労働者や勤め人が増えて、家産を守る必要がなくなり、家業を大勢で経営するための大家族が必要なくなってくると、家族制度の矛盾があちこちに出てきた。

　軍国化が進むに従って、「良妻賢母思想」がより強化され、一方で良妻賢母をほめたたえ、一方でその枠にはまらない女性を「悪女」として位置づけていった。そして、「守るべき国、守るべき天皇」が国家の目標となると同時に「守るべき母」「母のために国を守る」というわかりやすい思想を兵士に植えつけ、戦争に狩り出した。政府がその意図と目的を達成しようとして、大戦争に国民全員を巻き込んでいく過程で女性の果たした役割と、その

11　小山静子『良妻賢母という規範』勁草書房、1991年。

影響は決して小さくはない。とはいえ、女性が自ら積極的にその役割を担うという意識はほとんどなかったし、またそれ以外の生き方はできなかった時代であった。

　家制度を守ることしかできない生き方を強制されたのは女性だけではなく、徴兵され戦争に行かなければならなかった男性も同じであった。たとえば、親の決めた人と結婚したくない、子どもが産まれなかった女性との離縁、戸主や長男が病弱であったり財産を失うなどの事態が起きたときにも多くの人々は個として生きることを否定され、家と国家のために生きることを「運命」として受け入れなければならなかった。

5　戦後の家族──「近代家族」または「核家族」

　終戦とともに、敗戦国日本は連合国軍の占領下におかれた。占領軍の仕事は、日本の非軍事化と民主化であった。占領軍は人権と平和を基本にした新憲法の策定を急ぎ、両性の本質的な平等と個人の尊厳を基調とする日本国憲法が1946年11月3日に発布された。

　新しい憲法の第14条には男女平等、第24条には個人の尊重を基礎とした家族が明文化され、1947（昭和22）年の民法改正によって、戸主権が否定され家制度は廃止された。長男の単独相続は認められず、子どもによる均等相続となり、妻の無能力の廃止、子に対する夫婦の共同親権など夫婦は平等の権利が認められるようになった。

　50年代からの経済の復興の過程で、工業化による人手を必要とした社会の要請と、農地改革と均等相続によって土地が細分化され、農業人口は減少し、長男以外の子どもは、都市部に移動して就職した。そこにでき上がった家族は、夫婦と子どもによって形成された「核家族」であった。家族社会学によれば、「核家族」は近代、資本主義が発展してきたことによる産物で、「近代家族」ともいう。日本では戦前の都市部の中産階級にすでに近代家族は生まれていたのであるが、数的、地域的に広がったのは戦後であった。「近代家族」の特徴は以下のとおりである[12]）。

1　家内領域と公共領域との分断

　戦後経済は農業経済から大工業を中心にした第二次産業中心の経済に大きく転換した。農業経済あるいは、小工業を中心にした経済は、家族が経営者であり、労働者である。ところが、資本主義が発展すると大工業を中心とした経済になり、男性は工場労働者として勤める。その場合、妻は一緒に工場で働くことはほとんどない。なぜなら、工場の仕事は男性の仕事として、力が必要、機械を扱う仕事だから女性にはできないと思われてきたのだ。

　公共領域と家内領域との分離が起き、男性が仕事、女性が家事という二つの領域が性別によって分離され、性役割を固定化していった。そして、性役割は次の高度経済成長期にいっそう明確になっていく。

2　家族間の強い愛情

　現代に生きる私たちは、民法で謳われているように、結婚は両性の合意によって成立すると思っている。実際、現代の結婚は90％以上が恋愛結婚で、見合い結婚はほとんどなくなっている。かつては親類縁者や地域の年長者が仲介した見合いが少なくなかった。その後は、職場で知り合う「職場結婚」が多くなった。現在は「婚活」が流行しているという。「婚活」は集団的な見合いのように見えるのだが、新しい出会いの場となりつつあるようだ。近代まで、親同士が子どもの結婚を取り決めて、結婚式の日になって初めて顔を見る人という、現代の私たちには考えられない結婚があったが、近代家族の特徴は、結婚を恋愛の過程のゴールにおいたことである。

　明治期の後半の面白いエピソードがある。日本人初の海外移民は明治元（1868）年にハワイへ153名が渡っているが、明治政府としての移民は、ハワイ王国の要請により明治18（1885）年に944人がハワイに渡ったのが最初である。明治の半ばから後半にかけて、アメリカ合衆国（特にカリフォルニア州）やカナダ、また南米へと日本人が移住して行った。移住が禁止になった中国人の代わりに日本人の需要が高まり、特にアメリカ西海岸で日本人の労

12　落合恵美子『21世紀の家族へ――家族の戦後体制の見方・超え方』有斐閣選書、1997年。

働者が急増したことや、日本人は現地の人とあまり交流しないで日本流の生活を続けていることなどから、日本人移民排斥運動がカリフォルニア州を中心に広がり、移民排斥のための法律が次々と施行されていった。移民排斥の理由の一つが、「写真花嫁」であった。アメリカ人にとって、結婚は双方の愛情が必要なのに、顔も見たことのない人にはるばる海を渡って嫁にきて、子どもを産む女性と、そのような女性を受け入れる男性の双方に対して嫌悪感を持ったという。ある文化では常識であることがある文化には受け入れられないことを文化摩擦というが、結婚をめぐる文化摩擦が日本人移民排斥運動に結びついていたのだ。

　恋愛という言葉は明治になって翻訳を通して日本に生まれた新しいもので、それまでは、情とか色という表現がされてきた。恋愛は love の訳語で、プラトニックな愛情を基盤とした感情のことで、北村透谷が翻訳した言葉だといわれている。

3　子ども中心主義

　かつて、子どもは小さい大人として扱われ、一人前の労働力であった。したがって、子どもである時期が短かった。しかし、現代においては、子どもは長い教育期間をへて、大人になる。その間子どもは愛情の対象であり、消費をもたらす存在になった[13]。子どもの存在が変化して、子どもが家族の中心になったことは「近代家族」の特徴である。そして、近代家族はまだ前時代の名残で夫婦がともに兄弟が多く、故郷とのつながりを持っていた。子どもと正月やお盆にふるさとに帰省することが、年中行事であった。そして、親の老後の面倒を兄弟・姉妹で分担するなど、介護を家族内で負担してきたのであった。

13　フィリップ・アリエス『〈子供〉の誕生——アンシァン・レジーム期の子供と家族生活』みすず書房、1980年。

6　現代家族、そしてこれから

　高度経済成長期の家族については3章で検討するので、一気に21世紀の家族、現代家族に踏み込んでみたい。

　まず、第一の特徴で述べたように、近代家族においては「公共領域」と「私的領域」の分断がなされたことにより、公共領域には男性が主として関わり、私的領域には女性が関わるという、性別による役割の固定化が起きた。現代家族になると、女性が再労働力化することが顕著に見られる。その最大の理由は、女性が家事だけを専業にしているだけでは1日の時間が過せなくなってきたこと、つまり余暇の増加がその背景にある。電化製品が家事を省力化するのとほぼ同時に、家事の社会化が起きてきた。家事の社会化とは、本来家で行っていた洗濯は専門のクリーニング屋に頼む、できあいの惣菜を買う、家庭で行っていた教育は塾という外部の人が行うなどで、女性の労働力市場への参入の基盤ができたのである。彼女たちが労働市場に参入するには二つの条件があった。

　一つは「家事をおろそかにしない」というものであり、もう一つは父親が長時間労働で不在がちな働き方であるために、母親の役割が強調されたことであった。女性が外で働くようになったのは、子どもの数が減って末子が学校に入学してからの時間が長くなったことや、電化製品による家事の省力化などによる家事労働の負担が軽くなったことが大きな要因である。同時に、日本の教育費は非常に高くすべてが親の負担になっていたこと、個人が都市部で家を手に入れるには多額なローンを組まなくてはならず、長期の金利負担も大きく、夫の収入だけでは家計が賄いきれないために妻の収入が必要になったことも、主婦の労働力化の重要な要因である。高度経済成長が終わりバブル経済がはじけると、男性一人の働きだけでは家計に不足が生じ、「働く母親」の増加につながった。

　父親は長時間労働で不在なので、母親は子どもと過す時間が多くなる。「母子密着」「教育ママ」「母原病」など、母親にとって子どもが唯一の自己実現の対象となり、過剰の愛情と期待を子どもにかけることで、子どもの人格形成に悪い影響を与えることが取りざたされた。女性は、家事などを一手

に引き受けることが多く、育児や介護という従来の性役割に仕事が加わり「新性別役割」といわれるようになった[14]。

　子どもの数が減少し、夫婦がともに一人っ子という家庭が増加してきた。その場合に問題になるのは、寿命が延びた老親の介護の問題である。一人っ子と一人っ子が結婚すれば、四人の親を二人で看なければならない。次々と介護に追われる、特に妻・嫁・女性の立場は苦しく、「高齢社会をよくする女性の会」（1983年設立、理事長樋口恵子）[15]などが訴えてきたように、社会全体で老人の世話をすることがめざされるようになった。その仕組みである介護保険制度ができたのは2001年で、2006年4月には改正されて、介護は女性だけの負担にならないように制度ができたが、実際のヘルパーや介護にあたる職員は圧倒的に女性が多いのが現実である。

　いまや、単身世帯が増加傾向にあり、家族を持たない、持てない人が増え、家族は個の時代に入ったといわれている。実際、家族と一緒に住んでいる人たちも、テレビが一家に一台から一人に一台の時代に入り、外部との連絡も携帯電話やEメールの普及で、家族と顔を合わせてのコミュニケーションが少なくなっている。家族のあり方が変化しているのは、離婚件数の増加にも現われていて、家族は簡単にばらばらになってしまうような危うさをはらんでいる。

7　まとめ

　性役割と家族の変化は、日本社会全体が豊かになったこと、電化製品が技術革新などで安くなったこと、そして子どもの数が少なくなり、学費の支出が少なくなってきたことなど、経済的変化とも関係している。「家族」は大きく変わっていく。夫が家計の負担をより重く受け止めていた時代には、妻がすべての家事労働を受け持つことも役割として「当然」と見なされた。しかし、夫一人の稼ぎでは、家族の経営には十分でなくなってきた。また夫の

14　藤井治枝『日本型企業社会と女性労働』ミネルヴァ書房、1995年。
15　「高齢社会をよくする女性の会」は、2005年1月にNPO法人になった。HPを参照のこと。〈http://www7.ocn.ne.jp/~wabas/〉

仕事も必ずしも雇用が安定しているとはいえない。

　さらに、仕事を持つ女性が増加して、仕事を持つのが当たり前の時代になっている。家事労働や子育て、地域活動（PTA・町内会やマンションの管理組合など）、そして親の介護も二人でやらなければならない。これからの家族はいままでの家族とは違うことを基本として、自分の人生設計を考えて行きたい。

●● 参照＋参考文献 ●●●

天野正子ほか編『新編日本のフェミニズム③　性役割』岩波書店、2009年。
フリップ・アリエス（杉山光信・杉山恵美子訳）『〈子供〉の誕生——アンシャン・レジーム期の子供と家族生活』みすず書房、1980年。
石川真澄『戦後政治史』岩波新書、1995年。
穂積八束「民法出デテ忠考亡ブ」海野福寿・大島美津子編『家と村』岩波書店、1989年。
落合恵美子『近代家族とフェミニズム』勁草書房、1989年。
―――『21世紀の家族へ——家族の戦後体制の見方・超え方』有斐閣選書、1997年。
小山静子『良妻賢母という規範』勁草書房、1991年。
久武綾子『氏と戸籍の女性史』世界思想社、1988年。
福沢諭吉「日本婦人論」西沢直子編『福沢諭吉著作集第10巻』慶応大学出版会、2003年。
藤井治枝『日本型企業社会と女性労働』ミネルヴァ書房、1995年。
二宮周平・榊原富士子『21世紀親子法へ』有斐閣選書、1996年。

3章 戦後復興から高度経済成長
主婦の大量出現の背景

1 はじめに

　日本の戦後の歩みは政治や社会の変化から、いくつかの時期に分けられる。本章では、1946（昭和21）年から1974（昭和49）年ころまでを扱う。戦後復興期や高度経済成長の中で、性役割が強化されていく背景を見ていきたい。

　戦後復興期は終戦の年、1945年8月末に占領軍が到着した以降に始まった。占領軍はアメリカ軍が中心で、連合国軍最高司令部（GHQ）[1]は東京におかれ、連合国軍最高司令官にはアメリカ人のダグラス・マッカーサーが就任したが、イギリス軍、オーストラリア軍、中華民国軍、ソ連軍も日本に占領のための部隊を送っていた。統治方式に関しては、間接統治という形式で天皇の戦争責任を訴追せず、占領軍指揮下に日本政府をおくことになった。占領軍の目標は第一に日本の非軍事化、第二は民主化であった。10月になるとGHQは、(1) 婦人の解放（女性参政権、政治活動の自由など）、(2) 労働組合結成の奨励、(3) 学校教育の自由主義化、(4) 秘密審問司法制度の禁止（治安維持法の廃止や政治犯の釈放）、(5) 経済制度の民主化（財閥解体、株の公開）など、民主化の五項目を発表した。9月から12月の間に戦争責任を追求するために、100名以上のA級戦犯容疑者の逮捕があった。この時代は急速に政治経済が変革した時代で、社会的な性別であるジェンダーも変化した時代であった。

1　最高司令部 General Headquarters の略。連合国軍最高司令部は SCAP といわれる the Supreme Commander for the Allied Powers が、当時の日本では GHQ が使われていた。

2 戦後・復興期——1945年9月～1950年

1 食料不足

　この時期は生産手段が戦争によって破壊されていたこと、原料が輸入できないなどの理由から、政府による統制経済がしかれた。統制経済とは、生活の基盤の物資は政府による配給・割り当てで行われることで、市場の自由な活動はできなかった。戦争の終わるころにはすべての物資の供給が止まっており、戦後の普通の暮らしは食料など極端にモノ不足が生じ、貨幣価値が下がり、物価が高くなるというインフレ状態であった。

　1946年5月19日宮城前広場に25万人が集結し、食糧要求大会が開催された。続いて集団はデモ行進に移り天皇に面会を求めたり、一部は首相官邸に吉田茂の面会を求めるなど、一般の人たちが自ら政治に対して苦しい事情を訴えた。

　食料は食料管理法（この法律は戦中の1942年にでき、農業の自由化の時代を迎えた1995年まで継続された）によって、全国民に平等にいきわたるようにという趣旨で配給制度であった。配給は、週に一度であったが、遅れたり（遅配）、品物が来なかったり（欠配）、輸送設備も不備、連絡方法もない中で、長い時間、配給手帳を持って並んで待つのが主婦の大事な仕事であった。主食は家族の人数分の食料が配給されたが、十分な量ではなかった。しばしば米の代わりにサツマイモ、砂糖などが配給され、特に都市部に住む人々は常に食料不足であった。子どものミルクの配給が少なく、体力が衰えた母親は母乳が出ないで苦労した。そのような状況下でも、何らかの方法で統制を免れて闇市が立ち、お金さえあれば、手に入れられるものもあった。都市部の人は、高価な着物や石けん、そのほかなんでも食料と交換できるものを持って、満員の列車に乗って、食料が保存されている郊外に行き、米や食料を手に入れた。

　人々がどのような状態であったのかを表わす一つの事例として、1947（昭和22）年10月、東京地裁の山口良忠判事が餓死した事件がある。享年34歳。原因は、法律を守るのは裁判官の義務だとして闇米を食べず、正しく配給さ

れる食料だけに頼った生活を送った結果の餓死であった。つまり昭和22年という年は、「法律を守ると餓死する」という状態であったことを裁判官が自らの命をかけて明かした年だった。山口判事がこのような行動をとった直接の理由は、彼の担当した裁判で、闇取引をした72歳の女性被告を実刑にしなければならなかったからであった。

　山口判事は東京地方裁判所の小法廷を担当し、闇米などの取引を含む経済犯罪を担当していた。72歳の女性被告の息子は出征したまま帰っていなかった。空襲で嫁を失い、残された二人の孫を養うために、着物や貴重品を売り払い、その金で闇米を買っているところを逮捕された。巨悪を逮捕せずに、両親を戦争で失った孫を世話する老人を逮捕する、という警察のあり方も問題であるが、この72歳の女性は初犯ではなかったので、山口判事は法律に従って実刑判決を下した。その判決の夜から、山口判事は配給米しか食べなくなった。

　戦後、食料の闇取引で逮捕された人は昭和21年からの3年間で、400万人に達したのであるが、ほとんどが配給の遅配、欠配で食べるものに困った庶民であった。山口判事の例、あるいは実刑になった72歳の女性のように、配給以外の闇でなにか買わなければ、生きていかれない時代であった。

2　朝鮮戦争

　1950年6月25日、朝鮮戦争が起きた（1553年7月終結）。朝鮮戦争の原因は北朝鮮を支援した中国・ソ連など共産主義を国是とする東側諸国と、自由主義を謳うアメリカ・ヨーロッパ諸国との、思想的・政治的対立であった。共産主義を掲げる東側に対抗するために、日本は資本主義を掲げる国々のリーダーであるアメリカにとって戦略的に重要になった。そのような戦略的重要性を示すものが、1950年8月10日に占領軍総司令部（GHQ）の指令により、軍隊を持たないはずだった日本に警察予備隊（自衛隊の前身）が組織されたことだ。また、朝鮮戦争の遂行のために、日本はアメリカ軍の補給基地となった。その結果、日本国内で朝鮮戦争特需がおき、経済復興が早まったとされる。その時の特需は直接・間接に40億ドルに上ったという。

　朝鮮戦争の背景には、共産主義と資本主義という「イデオロギーによる対

立」があった。これを冷戦構造、あるいは東西対立という。1945年2月に黒海の保養地ヤルタで英米ソの首脳が話し合い、第二次世界大戦後の体制を練り上げた。戦前日本が支配した朝鮮半島は日本の敗戦によって植民地から解放され、38度線の北はソ連と中国、南は英米が統治することになった。1948年8月にはアメリカの支援で南に大韓民国ができ、軍司令官李承晩が大統領になった。9月にソ連の後ろ盾を得て、北には金日成が共産主義国家、朝鮮民主主義人民共和国を建設、そして、1949年10月には中国に中華人民共和国が共産党政権（毛沢東）によって樹立された。

1950年6月25日、北朝鮮軍が南に奇襲を行い、ソウルは3日間で陥落した。7月にはアメリカ軍（日本から軍隊が派遣され、マッカーサーが司令官であった）を中心とした国連軍が結成されたが、状況の回復は簡単ではなく、中国参戦などによるこう着状態に陥る中、1951年4月にマッカーサーはトルーマン大統領によって罷免された。1953年1月にアメリカは大統領がアイゼンハワーに替わり、3月にソ連の指導者スターリンが死去するという米ソの政治が大きく変化する中で7月に休戦協定が結ばれた。

3　高度経済成長期——1955年～1974年

1　農地改革と都市への人口移動

戦後、GHQが行った大きな改革の一つが「農地改革」である。戦前の農業生産者には自作農と小作農があった。自らの農地を所有するのが自作農、他人の所有地を借りて耕作し、一定の地代を収めるのが小作農である。自作農のうち、所有地が大きくて余裕があったり、家族労働者が少なかったり、いない場合、小作農に農地を貸し付け、代わりに地代を受け取る。そのような農業資本家を地主といった。地主には農地のある村落に居住して、自らも働きつつ小作からの地代をも受け取る在村地主と、大都市で暮らしながら地方に所有する農地から上がる地代のみを受け取る不在地主の二つがあった。

地主の存在は農業における搾取の構造となっており、戦前から農業の生産性を上げるために自作農を増やす議論があったが、地主階級は政治的力を持っていて、日本政府は改革できなかった。1947年から1950年までの3年間

をかけて、GHQ の指令に基づいて以下の改革をした。
① 政府が不在地主からすべての小作地を買う。
② 農地の近くに住んでいた在村地主は、北海道では4町歩、その他の地域では平均1町歩の保有のみが認められた。その他は、政府が買収し、小作農に売り渡した。
③ 小作料の現物納（作物のピンハネ）を禁止し、すべて金納にした。

これだけの改革をするには非常に大きな抵抗があったが、政府が断行できたのは占領下であったからである。

政府が買収するといっても非常に安い値段であった。当時の買収価格は反当り水田760円、畑450円で、ゴム長靴一足842円にも満たないために、事実上の無償買収であったといえよう[2]。農地を政府に買収された地主階級から農地買収の違憲訴訟が相次いだが、全農地の35％が解放され、小作地の77％を政府が買い、農業者に政府が売った。改革前は全耕地の45.9％、237万町歩あった小作地は9.8％、51万5,000町歩に減り、残存小作地では小作料低額化金納化も実現した。1960年には残存小作地は36万町歩になり地主制度は基本的に解体され、日本経済の民主化の大きな柱となった。

農地改革と戸主制度の解体で農地は細分化された。しかも、兵役から戻ったり、外地（満州、韓国、東南アジアに移住していた人々）にいた人々が引き揚げて来たので出身地の農村では人口が急増した。しかし、生産性の低い農業では急に増えた人々の生活を維持することはできなかった。折から、政府は繊維、セメント、紙パルプ、硫安（肥料）などの産業に対して政府融資を優先的に行う政策を実施していた。特に、物価が上がるのを食い止める努力として農業の生産高を上げるために、肥料の硫安を安く大量に生産することに力を入れた。一方で農村は過剰人口を抱え込み、一方で産業人口は不足していた。その結果、大勢の人々が農村から工場労働者として大都市周辺の工場地帯へ移動した。

2　山下一仁「農地改革の真相——忘れられた戦後経済復興の最大の功労者、和田博雄」REIT コラム、2004年7月20日参照。〈http://www.rieti.go.jp/jp/columns/a01_0138.html〉

2　保護主義的国内産業育成

日本の経済復興は資本力を失った民間の力だけではできなかった。「傾斜配分」といわれる、政府によるさまざまな民間企業への優遇措置が行われた。特に特定の産業、電力と石炭のエネルギー産業、鉄鋼と海運の輸出産業、食料不足解消のために硫安などの肥料会社などへ、政府系銀行である日本開発銀行や日本輸出入銀行などが中心になって融資を集中した。また、1964年に開催された東京オリンピックに向けて、国立競技場、新幹線、首都高速道路、名神高速道路、東京モノレールなどの大型の建造物やインフラ整備のために、世界銀行からの融資を受けられるように政府が努力した。

鉄鋼は建設に欠かせない材料であっただけではなく、輸出商品でもあったので日本の技術を高め、合理化が進み「安くてよい品」を輸出する産業となった。また、日本は原材料・石油などの輸送に大型輸送船が必要で海運は非常に大事な産業であったが、戦争によって船舶は壊滅的になっていた。国は戦時中の喪失船舶数に応じて船会社に資金を融資し、技術の向上を促し、1955年には日本の船舶輸出は世界一になった（1章・図1参照）。

新技術導入も国家主導であった。たとえば、黒部第四発電所の発電機は、外貨が十分ではなかったところから通産省が一機だけをアメリカの電気会社ジェネラル・エレクトリック（GE）から輸入し、日立、東芝、三菱電機、富士電機にその発電機を公開し、各社で一機ずつ製作することになった[3]。

日本の経済復興とそれに続く高度経済成長は世界中から「奇跡」といわれたが、その背景には政治・官僚・財界が深く結びついており、自由主義経済ではなく、保護主義だという批判もある。

3　大量生産・大量消費時代

1953（昭和28）年2月1日にNHKが、テレビの本放送（1日約4時間）を開始した。NHKには、専用のテレビスタジオはまだ一つしかなかったが、使用した機器はカメラ一台を除き、すべてNHK技術研究所が設計した国産品であった。本放送開始当日の受信契約数は866件、うち都内の契約が664件

3　中村隆英『昭和史1945—1989』東洋経済新報社、1993年。

であった。そのうち、482件がアマチュアによる自作の受像機であった。この年は「電化元年」といわれ、テレビは以後の日本の経済成長と大量生産による価格の低下により、やがて電気冷蔵庫、電気洗濯機とともに、三種の神器として家庭に入っていった。

「三種の神器」は経済が高度成長期から安定成長期に移行する牽引車であった。特にテレビは、ニュース、ドキュメンタリー、教養番組、ドラマなど多彩な番組をつくり出し、家族の娯楽として急速に普及し始めた。1959年は皇太子（現平成天皇）ご成婚というビッグイベントがあり、この模様を見たいと、白黒テレビの普及が200万台を超え一大飛躍期を迎えた。テレビは、1973年のオイルショックころにはほとんどの家庭で一家に一台普及していた。洗濯機や冷蔵庫は当時最先端の商品としてあこがれの対象であるとともに、これらの耐久消費財は家事労働にかける時間の短縮を可能とし、家事労働に従事する女性を喜ばせた。

1960年代から普及が始まった乗用車、ルームエアコン、カラーテレビは「３Ｃ」[4]と呼ばれ、当時の一般家庭の夢の商品であり、その夢の実現をめざそうと人々は大量生産システムに従事して働き、個人の過分所得が増えたことで、大量消費時代の担い手になり、電化製品は日本国内に急速に普及していった。

4　日米安保条約と55年体制

1951年９月８日に、サンフランシスコで講和条約が結ばれ、日本の占領期は終わり、日本は独立国となった。しかし、講和条約（正式名「日本国との平和条約」）に調印しなかったソ連、ポーランド、チェコスロバキア、また参加を認められなかった中国など国によって態度が違い、世界中が認める全面的な講和ではなかった。そのため、講和条約調印に関して、共産党と社会党の左派は「片面講和ではダメだ」と反対した。そのとき社会党は講和条約に賛成する右派と反対する左派に分裂した。

4　「３Ｃ」は自動車（car）、クーラー（cooler）、カラーテレビ（color TV）の三つのCである。

そして、1955年アメリカが日本の再軍備を促したため、社会党は再軍備反対、憲法改正反対を訴え、10月13日、社会党左派（衆議院89人）と右派（衆議院67人）は統一した[5]。そして、11月15日には、保守政党の民主党（党首鳩山一郎、当時首相。衆議院185人）と自由党（党首吉田茂、衆議院112人）[6]が合同して、自由民主党が結成された。その後、自民党は1993年に分裂して解散、選挙に負けるまで、38年間政権与党であり続けた。55年に成立し、自民対社会党のイデオロギー的対立を含んだ政治システムを「55年体制」という。

　「55年体制」がなぜ、そのように長い維持されたかについては、以下のような理由がある。

① 選挙制度（中選挙区制）——この制度は1947年から1993年の衆議院選挙まで執行された制度で、都道府県を3人区：40区、4人区：39区、5人区：38区と人口比で分けた。選挙区は130であったから、単独で過半数を狙う自民党は各選挙区で複数の候補者を立てた。一方、野党第一党の社会党には、一つの選挙区に複数候補者を立てる力がなかったために、中選挙区制度は、常に自民党が多数を取れる仕組みとなり、自民党が長期に政権を維持することを可能にした。

② 利益誘導の政治——選挙にはジバン（組織）、カンバン（知名度）、カバン（金）が必要とされたが、地域の企業に有利な情報を国会議員が提供したり、選挙協力を通して地方議会議員を組織することで、ジバンがつくられていった。

③ 中央・地方関係——地方自治体の収入の6割（平均）は国家予算で当てられる。そのために、中央省庁と地方自治体は予算の獲得、執行で緊密な関係を持たなくてはならず、国会議員が地元自治体のために情報収集や官僚との仲介をする場合が少なくない。自民党の長期政権下で政官の互いに依存する癒着構造が形成され、その維持のために選挙に協力する体制がつくられてきた。

5　当時社会党参議院は69人いたので、左右の統一で3分の1を超えることで、憲法改正を阻止することが可能であったことが統一の理由であった。

6　参議院は118人。

④　官僚中心の政策——日本の法律の6割以上は官僚が作成したものである。政治家と官僚は協力しながら政策を決定・執行する。

このような政界・財界・官僚が結びつきながら日本経済を発展させた状況を「護送船団方式」とよぶが、自民党が長期政権であり続けられたのは、その結びつきが非常に強かったからだといわれる[7]。

5　安保体制

日米安全保障条約（以下、「安保」と記す）は、1951年に講和条約を結ぶ際に、日米の二ヵ国間に交わされた軍事条約である。当時は朝鮮戦争中で米ソの対立、すなわち、自由主義と共産主義のイデオロギー対立が世界を二分していた。日本は憲法によって軍事力を持たないことを宣言している。しかし、中国は共産化し、日本のすぐ北のソ連は共産主義国の大国として危険な存在であることから、アメリカは日本に軍事基地をおき、共産主義への守りとして整備する必要があり、日米安全保障条約は不可欠なものであった。一方日本にとって、軍事力を持たないと宣言した憲法を守りながら国防体制を整備できる安保は都合がよかった。また、自前で軍事力を持たないことは、経済的にも有利と判断した。安保により国連軍のアメリカ軍は在日アメリカ軍となり、1960年に改定されると同時に日米地位協定が結ばれ、アメリカ軍に提供する地域、施設が決められ、施設内での特権、税金の免除、兵士の裁判権などが細かく決められた。

60年の安保改定に向けて、岸内閣は1958年頃から交渉を始めた。1959年には社会党を中心として安保改定阻止国民会議が結成され、全日本学生自治会総連合（通称「全学連」）を中心とする学生の反対運動も活発になった。1960年1月に安保条約はアメリカで岸信介首相とアイゼンハワー大統領によって調印され、安保が国会承認（批准）を得る際のアイゼンハワーの訪日が要請され、受け入れられた。国会における条約批准の日程が迫ってくると、改定により日米関係が強化されることで、ソ連・中国との冷戦構造の中で戦争に巻き込まれる危険があるなどの理由で反対運動が高まり、学生・労働者だけ

7　J. M. ラムザイヤー・F. ローゼンブルス『日本政治の経済学』弘文堂、1995年。

でなく組織化されていない一般市民からも反対運動が起きた。

「安保反対」運動は、国民的な広がりを見せ組織化されていなかった人々が参加した「市民運動」と呼ばれて、これまでの運動が労組や革新政党が指導する運動にはない広がりをもった。60年5月岸内閣が条約批准を強行採決したため、強行採決という非民主的な政治スタイルへの反発から運動は一層広がった。安保闘争は日本とアメリカとの軍事関係の強化反対運動から、強行採決をした岸内閣への反対運動・民主主義擁護を掲げた運動へと途中で性格が変化した。

国会周辺はデモが絶え間なく警官隊と衝突することもあり、5月20日のデモには10万人、27日は17万人が集まったといわれている。運動の目的の変化とともにデモのシュプレヒコールは、「安保反対」から「岸を倒せ」へと変わった。アイゼンハワー大統領訪日の日程調整のためにアメリカ特使ハガチーが6月11日来日したが、羽田でデモ隊に包囲されヘリコプターで脱出するというハガチー事件が起きた。そして、6月15日には、東大生樺美智子が抗議行動の最中に圧死した。16日未明、岸はアイゼンハワー大統領の訪日は無理と判断し、条約が自然成立した6月23日に退陣を発表した。

6　所得倍増計画

岸首相に代わった池田勇人は大蔵官僚から政界入りした経験から、経済問題を得意とし、安保騒動で不安定になった政治から経済発展政策への転換を図った。池田が打ち出したのは、「月給二倍論」、あるいは「所得倍増計画」であった。「過去の実績から見て、36年度以降3ヵ年に年平均の経済成長率9％は可能である。国民所得を一人あたり35年度の12万円から、38年度には15万円に伸ばす。これを達成するために適切な施策を行っていけば、10年後には国民所得は二倍以上になる」と述べ、経済の発展の基礎となる社会基盤、インフラストラクチャーの整備が計画された。

1955年頃から政府は積極的な産業基盤整備のための公共投資を行ったほか[8]、民間設備投資や輸出の拡大が政府主導で行われ、重化学工業化が進められた。1955年には石油化学工業育成対策が公表され、臨海地帯に大規模なコンビナートをつくり出していった。さらに、国内の地域格差を縮小する

という目的で1962年に「全国総合開発計画」が発表され、1963年には新産業都市建設促進法、工業整備特別地域整備促進法に基づき、新産業都市13地域、工業整備特別地域6地域が指定されるなど、積極的なインフラ整備が行われ、日本全国が工場化されていった。

エネルギー消費量は1955年～1964年の10年間で約3倍（1955年5130万石油換算トンが1965年は14580万石油換算トン）[9]になり、エネルギー源の主役も石炭から石油に替わり、1955年は石炭49.2％、石油19.2％が1965年は石炭27.3％、石油58.0％に逆転している（エネルギー転換）。このため、大気汚染も硫黄酸化物を中心とした汚染に形態を変化させつつ、広域化、深刻化した。公害の発生源は明らかに臨海工業地帯に集中し、激甚な産業公害を生じさせる一つの要因となった

川崎、尼崎、北九州など戦前からの工業地帯では、既存の製鉄所等の工場に加え、大規模な発電所、石油精製工場等を新たに立地したことにより、大気汚染が悪化した。

実質経済成長率は[10]、1950年代後半平均が8.8％、1960年代前半が9.3％、1960年代後半が12.4％と上昇し、官民上げて日本経済を高度経済成長に乗せることに努め、戦後復興から経済の自立化が可能になりつつあった。池田は1964年11月に喉頭がんに侵され、オリンピックを終えたことで、引退した。

このほかに日本の高度経済成長の特徴として、(1) 高貯蓄率（社会保障が薄かったので、日本人は自分で貯蓄して将来に備えた）、(2) 高校・大学への進学率の上昇（所得の増加、子どもの人数が減ったことで子どもへ投資ができるようになった）、(3) 公害への無配慮、などがあげられる。公害に関しては7章で詳述するので、この章では省略する。

ここまで述べてきた、高度経済成長期の社会的変化はダイナミックで多様

8　1953年道路整備5ヶ年計画の作成（揮発油税収入相当額の道路財源化を含む）1957年公共事業の産業施設への重点配分（対前年比道路57％、港湾48％、工業用水64％増）経済産業省報道発表〈http://www.meti.go.jp/press/olddate/environment/s80608d3.html〉
9　大気環境の情報館〈http://www.erca.go.jp/taiki/history/jy_osen.html〉
10　経済活動の規模を示す国内総生産（GDP）の変動を経済成長率という。名目価格で計測されたGDPの変動は名目経済成長率とよび、物価変動の影響を取り除いて調整したGDPの伸び率を実質経済成長率とよぶ。

な要因が上げられるが、すべてがどこかで繋がっていたといえよう。

4 高度経済成長の特徴——日本型雇用慣行

高度経済成長期を可能にしたのは社会情勢とともに、企業が展開した「日本型雇用慣行」があった。多くの雇用者は定年まで、「会社人間」として、会社と運命をともにするシステム、終身雇用形態が経済の発展に寄与した。

1 終身雇用

日本型雇用慣行の柱は終身雇用であった。つまり、学校を卒業して、企業に雇用された後は、ほとんどの場合、一生同じ会社に雇用され、定年を迎えた。この制度は雇用の安定と人材の確保と雇用者・企業の双方にメリットがあったが、大勢の同期の従業員を抱えるということは、収益が同じ、あるいは前年以上が保持される経済環境になければ、維持できない。中退者がなければピラミッド型にならないから、経済が右肩上がりのときには、終身雇用は可能であるが、経済状況が悪くなれば維持できないシステムであった。

また、中途採用もほとんどない閉鎖型の雇用関係が維持され、正社員を中心に企業活動を行いながら、会社を中心にした「家」制度ができ上がっていった。すなわち従業員が「ウチの会社」という呼ぶような愛社精神を叩き込み、組織による技術指導・訓練が行われ、会社への忠誠心が培われた。

2 年功序列型賃金

年功序列型賃金とは、年齢とともに給与が高くなる制度のことである。年齢と会社への貢献が給与に反映される体系で、個人の能力より組織の力が重要視された。新入社員のときは横並びの賃金で、それはほぼ10年くらい続いた。能力の高い人もそうでない人も同じ給料（ボーナスでやや差が出る場合もある）であった。若いときには安い給料で、会社に対して「滅私奉公」という姿勢で働き、一定の年齢になると給与や地位が上がる鼻先で「ニンジン」をぶら下げられた働き方が求められた。

3　企業別組合

　日本の労働組合は企業ごとに組織されている（欧米には職種別組合が多い）。会社に賃上げを要求しても「業績が悪い」場合には、会社と従業員は同じ運命を共有しているので、賃上げの要求はできなくなる。また、リストラなども、企業の生き残りのために、組合は了承しなくてはならない。企業別組合方式だと、労働者の権利より、企業の都合がしばしば優先される。

4　社会保障としての企業

　農村社会は血縁関係・地縁関係によって、互いが困ったときには血縁や地縁など助け合う仕組み（「結い」や本家・分家、地主・小作、村長・区長・村民など）が長い間に培われてきた。50年代に入って、工業化を担った労働力はそのような農村社会の出身者であった。高度経済成長期には製造業の発展により、常に人手不足で、特に中小企業は、新卒の中学生を「金の卵」ともてはやして採用した。彼らは、地方から都会の中小企業に就職したが、友人や知人がいない孤独な日々を過す。特に休日にはなれない都会での時間の過し方がわからなかった。大企業では同期入社が多いから、サークルや組合によるさまざまなイベントがあったが、中小企業には同期生はほとんどいないので、地方出身の若年労働者は地域の「若い根っこの会」、創価学会、共産党などに参加していくようになった。雇用主は従業員が共産党員になることを恐れ、「若い根っこの会」などを応援したり、創価学会への加入を認めた。大企業に就職すれば、社宅があり、結婚すれば入居資格ができた。さらに、さまざまな余暇を過ごすための施設があり、「カイシャ」が丸ごと社員の人生を応援した。企業が大家族のように従業員の私生活まで面倒を見たこの時代は、企業に属することが一種の社会保障制度であったといえよう。

　1958年には国民保険法が制定され、59年には国民年金の仕組みができた。しかし、雇用者が保険料を負担する公務員や厚生年金のある企業の被雇用者と農林水産業などを含む自営業者など国民年金に加入する立場とでは、老年期の年金に大きな差がついた。「カイシャ」の費用で、接待で高級料亭や銀座で飲み食いができ、「カイシャ」の費用でゴルフなどができる時代になった。1958年総理府（現・内閣府）の国民生活世論調査が始まり、当時は自分

の生活水準を「下」または「中の下」と答える下流意識の強い人が49％もいた。わずか9年後の67年、国民生活白書は「国民の9割は中流意識を持っている」と報告している。

5 女性の主婦化

　高度経済成長の特徴の一つは女性の就業率が低くなったこと、つまり女性の主婦化率が上がったことである。男性の雇用者は終身雇用で安定し、その代わり、長時間労働、若年の低賃金が定着した。1947～1949年生まれを「団塊の世代」とよぶが、この人たちは、平和になり家庭生活が可能になったために生まれた「ベビー・ブーマー」で当時の先進国では世界的に見られた傾向であった。日本では約680万人で総人口の5.3％を占め、人口構成の中でも大きな「こぶ」（白書）を形成している。

　70年代になると「ベビー・ブーマー」が結婚期に入るが、都市に移住してきた若者は親と同居していない人が多く、子どもができた場合、預ける人が周囲にいなかった。当時、保育園はまだ非常に少なく、子どもを預ける公的な支援も少なかった。ようやく手に入れた団地の住居は周りの交通機関が整備されていないために、通勤に時間がかかり、女性が子どもを育てながら働く環境ではなかった。一方、男性は長時間労働が当たり前になり、家庭に主婦と子どもが取り残された。このような状況は「男性＝仕事、女性＝家事・育児」という性役割が強化された時代であったといえよう。

　実際女性の就業率は1975年に一番低くなっている。主婦は働きたいと思っても働けない環境におかれ、子どもを生きがいの中心とする生活しか選択肢がなかったといえよう。都心から離れた地域での生活は地縁もなく、子どものPTAなどを通してのつながりは「〇〇チャンのママ」という名前で生きることを意味し、性役割が強化された。男性の働き方として定着した終身雇用年功序列は、女性を専業主婦として養うことができ、家を建て、子どもを大学まで進学させることが給料を得るために男性を基幹労働者正社員として雇用し、その妻が家事・育児・介護をすべてを引き受けることで成り立っていたのだ。そのような男女のライフスタイルを保障するかのように、税制に

優遇措置が設定され（配偶者控除)、サラリーマンの妻は厚生年金[11]の保険料を支払わなくてもその権利が確保され、社会保障制度の設計時から「主婦」が優遇された(厚生年金)。実は少なくない数の女性、特に教師、公務員（病院の看護婦、保健婦、役所関係）は未婚だったり、結婚しても働き続けたのであるが、主婦優遇策という社会制度の恩恵は受けられなかった。一方で、主婦優遇策は女性を家庭にしばりつけるものとなり、90年代後半になって「女性の年金」問題や税制の優遇の見直しが始まっている（13章参照)。

6　まとめ

　高度経済成長期の政策は、完全雇用、最低賃金制、社会保障、労働時間短縮などであった。1994年にバブルがはじけるまでに、完全雇用、最低賃金制、社会保障は、不十分とはいえある程度整備されたといえよう。しかし、労働時間短縮だけはできなかった。

　最低賃金制は、最低賃金法に基づいて、地域ごと、産業ごとに賃金の最低限度を定める仕組みであり、使用者はその最低賃金額以上の賃金を支払わなければならないが、2008年秋以降の「100年に一度の大不況」で大きく下がって、2009年8月には680円に据えおかれることになったが、この金額では一日8時間、20日働いても、月額10万円にしか得られず、暮しはきつい。

　社会保障に関しても後退が起きている。年金も、医療制度も少子高齢と景気後退で保険料滞納者が増加し、破綻してきている。そういう中で、これから社会の第一線で活動していくために自分の仕事をどのように見出し、生き抜くかを考えていかなければならない。そして、さまざまな社会の制度が再構築を必要としている。個人としての生き方、家族のあり方、女性の働き

11　日本に住んでいる20歳以上60歳未満の人は、すべて国民年金に加入し、加入者は3種類に分類されている。第一号被保険者は20歳以上60歳未満の自営業者・農業者とその家族、学生、無職の人、第二号被保険者は民間会社員や公務員などで、厚生年金、共済年金の加入者で、国民保険にも同時に加入している。第三号被保険者は第二号被保険者に扶養されている20歳以上60歳未満の配偶者（年収が130万円未満の人）で、保険料は、配偶者が加入している厚生年金や共済組合が一括して負担しているので、個別に納める必要がない。

方、子どもを持つか持たないかなどの選択肢の中で、政治や社会のあり方を見つめてほしい。

●● 参照 + 参考文献 ●●●

雨宮昭一『シリーズ日本近現代史⑦ 占領と改革』岩波新書、2008年。
篠塚英子『女性と家族』読売新聞社、1995年。
J. M. ラムザイヤー・F. ローゼンブルス（加藤寛監訳、川野辺裕幸・細野助博訳）『日本政治の経済学——政権政党の合理的選択』弘文堂、1995年。
ジョン・ダワー（三浦陽一・高杉忠明訳）『増補版 敗北を抱きしめて—第二次大戦後の日本人』岩波書店、2004年。
武田晴人『シリーズ日本近現代史⑧ 高度成長』岩波新書、2008年。
チャーマーズ・ジョンソン（矢野滋比古監訳）『通産省の奇跡』TBS ブリタニカ、1982年。
中村隆英『昭和史1945—1989』東洋経済新報社、1993年。
山下一仁「農地改革の真相——忘れられた戦後経済復興の最大の功労者、和田博雄」REITI コラム、2004年7月20日。〈http://www.rieti.go.jp/jp/columns/a01_0138.html〉

4章 リブからフェミニズムへ
性差別の根源を探る実践と理解

1 はじめに

　ジェンダーの視点でものを見るということは、男性とか・女性とかに分類された大きなかたまりで人を見るのではなく、個人として自分のあり方を見直し他人を尊重し、周囲との関係性をつくり直すところから始まる。つまり、「個」として生きることを考えることがジェンダーの視点である。
　「個」として生きることができない女性の立場として、一番わかりやすいのが「ヨメ」で、「家の女」と書くという起源は女性が「家」と結びつけられ個として生きられないことを意味している。歴史的に女性は子どもを産み、子育て、家事、介護のための要員であると同時に、一家の労働力であり続けてきた。そのような女性の位置づけは明治民法のように法律によって規定されてきたと同時に、社会的な規範として社会全体に共有された。社会的な規定は日本だけでなく、たとえばイギリスのヴィクトリア時代の上流階級に属する女性はすぐ失神するようなか弱い女性でなければならなかった。アメリカでも、女性は常に庇護される性として処遇されてきた。それは、圧倒的に女性が少ない社会として国が誕生したからで、西部劇を見ると男は命をかけてネイティヴ・インディアンと戦い、女は性の対象＝酒場の女＝と天使のように大事な女性とに二分された。
　歴史的・社会的に規定された「女性」から自由になりたい、自由になろう、と運動が始まったのが欧米の女性解放運動、ウィメンズ・リベレーション・ムーブメント（Women's Liberation Movement）で、日本ではウーマンリブあるいはリブといわれた。本章では、女性への差別に気がついた女性たちが展開した、女性解放運動からフェミニズムという思想の領域に理論が展開

された流れを追ってみたい。

2　女性解放運動からフェミニズムへ

19世紀から20世紀にかけて、欧米や日本で展開された女性参政権運動を中心にした女性の運動を第一次女性解放運動、あるいは第一波フェミニズムという（女性参政権運動に関しては、11章で学ぶ）。第二波フェミニズムは、60年代に入るころから、欧州では新左翼運動（1950年代に英国で始まった「古い左翼」に失望したところから生まれた運動）や「新しい社会運動」(New Social Movement) として現われ、アメリカでは公民権運動 (Civil Rights Movement) やヴェトナム戦争反対運動などから派生した運動である。そのような運動に参加した高学歴女性や学生が、運動の中の「男性支配」と性差別を問題に取り上げたことから第二波女性解放運動は始まった。

1969年に「個人的なことは政治的なこと」(the personal is poritical) というメッセージを送り出したキャロル・ハニシュ (Carol Hanisch) は、ニューヨーク市を中心とした女性解放運動の活動家であった。彼女は1968年に女性解放運動を一躍アメリカ中に知らせた有名な「ミス・アメリカコンテスト反対」を企画し、ブラジャーを焼いたり[1]、それと一緒に「女性性」を表象する高いハイヒール、女性を性的対象と表現している雑誌「プレイ・ボーイ」や保守的な専業主婦が読む雑誌「アメリカン・ホーム・ジャーナル」(*American Home Journal*) は性役割を固定化するものだと批判しながら、大きなドラム缶にゴミとして投げ捨てた。彼女や仲間の「過激な（ラディカル）」な行為がメディアを通して全米に伝えられ、批判と共感とが渦巻き、運動は広がった。

世界中の女性が展開した運動は、それまでの女性への抑圧への反発・批判という共通のものでつながっていたものの、各地で各自が思うままに取り組んだものであった。運動から理論が構築されたフェミニズムは、「女性差別

1　2006年に「実際には何も燃やしたりはしなかった」と2003年のラジオのインタビューに答えている（〈http://carolhanisch.org/〉参照）。

をなくし、男性支配を打ち壊すための実践的思想であり政策」[2]と定義したい。この定義はイギリスの女性政治学者ロベンダスキのもので、フェミニズムは女性の解放を願う運動（実践）と同時に思想であり、政策として理解される必要がある[3]。日本の1970年に始まったウーマンリブでも、アメリカの例でも、女性解放運動はメディアが興味本位に取り上げ、活動家は社会の規範を壊す「女らしくない女」「悪い女」としてイメージされていった。

フェミニズムは女性に対する抑圧の原因は、「社会的・構造的なものである」ことを明らかにし、男性の持っている権力性を発見した。そして、性別と抑圧や権力の関係を解明し、その解消への有効な解決を理論化する過程でいくつかの「フェミニズム」に分岐していった。

そして理論とその理論を明らかにした論文が積み重ねられ、学術研究として認められるようになるまでほぼ10年かかっている。欧米では80年代に入ると、たとえば女性学（feminist study とか women's study とよばれた）が大学の正式教科の中に取り入れられるようになった。政治学では「女性と政治」（Women and Politics）が1986年アメリカのニュージャージー州立ラトガース大学でスタートし、80年代に100以上の大学が取り入れた。2008年、日本では、「女性学・ジェンダー学」という科目を持っている大学は614大学となっている[4]。日本のウーマンリブは1970年に始まった。しかし、運動を論理的に「女性学」としてまとめられるまでには、1978年の「国際女性学会」創立まで待たなければならなかった。

女性が抑圧されてきたこと、あるいは女性が「個」として生きられない理由を明かすためにいくつかの理論ができた。その理論を「フェミニズム」といい、その理論がどのよう構築されたか、その理論基盤によってそれぞれに冠のように名前がつけられている。

その中から四つ代表的なフェミニズム思想を取り上げ、論点や批判を説明

2　Joni Robendasuki & Vicky Randall, *Contemporary Feminist Politics*, Oxford University Press, 1993.
3　江原由美子は、フェミニズムは「女性解放論」だという（江原・金井『フェミニズム』新曜社、1997年）。
4　独立行政法人国立女性教育会館資料。女性学・ジェンダー学関連科目データベース。

しよう。

1 リベラル・フェミニズム（自由主義フェミニズム）

第一波フェミニズムは参政権獲得運動が中心であった。リベラル・フェミニズム（liberal feminism）は平等の権利を求め、法の改正や社会の改良を通して自由、平等、正義というリベラリズムの価値を女性にも広げることを目標にした。つまり、女性たちが「公」の領域への参加と平等、「私」の領域での個別性と自由を求める運動[5]であった。参政権や財産権の法的獲得、政治活動の自由など、制度的な平等を主張しても女性が不平等に扱われるのは、参政権や財産権がないからだという論点に立つ。参政権運動や「女権運動」は11章で詳しく述べるが、法の下の男女平等を求めることを目標にしたのが「リベラル・フェミニズム」である。

第二波フェミニズムのアメリカでのスタートは、1963年のベティ・フリーダンの『新しい女性の創造』[6]の出版で、女性解放運動に関するもっとも影響力を持った著作であった。50年代のアメリカの女性の夢は大学で理想の夫を見つけ、郊外の住宅に住み、大きな車、テレビ、洗濯機を持った「理想の主婦」となることであった。フリーダン自身も理想を求め、女子大のスミス・カレッジを優秀な成績で卒業後、弁護士の夫と結婚していた。しかし、「理想の主婦」を実現して得たものは空しい日々であった。毎日同じ家事、子どもの世話に追われていることに「何と表現していいのかわからない、名前のない問題を抱えた」毎日であった。大学卒業後15年めに、彼女は自分と同じ大学の卒業生のインタビュー調査を実施した。そして、「名前のない問題」は多くの「大卒・主婦」に共通するもので、自分だけのものではないことがわかった。その空しい気持ちは、大学教育を受けても、その知識を生かす仕事を持って生きていないから生じるもので、「新しい女性」になる必要がある。女性が妻・母では満たされないなら、そこから仕事という「自由」な選択をして脱皮することである、とフリーダンは結論した。

---

5 細谷実「リベラル・フェミニズム」江原・金井編『フェミニズム』新曜社、1997年。
6 原題は *The Feminine Mystique*, Norton, 1963.

フリーダンの主張は、「リベラル・フェミニズム」といわれている。その理由は、女性が妻・母に位置づけられるのは、「何か」の強制によるものであるということに言及せず、自分が変わること、個人の自由の問題と捉えたからである。たとえば、ベビーシッターを雇っても[7]「新しい自分」になるために仕事をしたほうがいいというフリーダンの主張は、白人・中産階級の「自由主義」に基づくものであり、「女性の中の差別」に気づいていないと批判を受けた。彼女の主張で問題がある部分は、仕事をしたいと思っても、女性の「自由な選択」が本当に保障されているのか、というところである。

フリーダンは1966年に NOW（National Organization of Women）という女性運動組織を設立し、初代会長を1970年まで務めた。その後も、70年には女性参政権50周年事業を主催したり、1994年には国際女性年会議（北京）に出席するなど、2006年に亡くなるまで女性運動の指導的立場にいたが、90年代になると「老い」の問題を追及した。

日本で雇用機会均等法が1985年に施行され、1997年には改正され、男女がともに職業機会の自由が一層保障された（5章で学ぶ）。しかし、本当に職業選択の自由が保障されている女性はどの程度いるのであろうか。たしかに新聞広告などで「35歳まで」という年齢制限などはつけられなくなったが、現実はどうであろうか。リベラル・フェミニズムの理論には女性の抑圧の解消が「個人の努力」に任されていく所に限界がある。

2 ラディカル・フェミニズム（急進的フェミニズム）

女性解放運動によって女性が社会的に劣位の立場におかれているということが明らかにされてくると、「なぜ女性がそのように扱われてきたのであろうか」という分析が必要となる。そして、さまざまな理論的裏づけが試みられた。ラディカル・フェミニズム（radical feminism）はその大きな役割の一角を担った理論で、「家父長制」（patriarchy）を発見したことによって、女

---

7 アメリカでは保育園があまりなく、多くの働く女性、特に白人女性は、ベビーシッターとして黒人、ヒスパニック系、アジア系の女性を雇って仕事をする。

性の抱える問題が明確になったといえよう。

「ラディカル・フェミニズムが画期的であったのは、……従来私的なものとされてきた家族、個人生活を政治的議論の場に持ち込んだこと」[8]である。ラディカル・フェミニズムは近代核家族に深く存在し、社会的な男女平等のあり方を否定する男性優位の制度・規範や諸個人の生活のあり方を「家父長制」と名づけた。「家父長制」こそが階級抑圧以上に本質的な女性への社会的抑圧の基本的形態であると位置づけた。社会的・文化的「性」は男性が女性に対して優位になっており、男性には「能動性」「攻撃性」「強さ」が、女性には「受動性」「防御性」「弱さ」が振り当てられ、男性の支配と女性の従属を可能にするように階層的なものとなっている。現実に男性が上位におかれ、女性が下位におかれる「階層としてのジェンダー」があり、その点の見直しがなされなければ、家庭における男女の関係、愛、セクシュアリティ（性的志向、性的欲望に現われる性別）[9]など、内面的感情生活の根本的変革はありえないと理論づけている。

ラディカル・フェミニストの運動の特徴は、リーダーをおかないことで、運動は、意識変革（consciousness raising. 以下、「CR」と略す）といわれる一種の「討論会」を行うことを運動の中心においたことだ。5人から15人ぐらいの小さなグループが定期的に集まり（週1回が多い。欠席は原則として認められない）、子どもの頃の体験、母親との関係、セクシュアリティ、結婚生活や性的経験などについて話し合い、忠告や批判ではなく理解し合い、あらゆる女性の経験には価値があり、重要であるという認識を共有するのである。CRは個人の社会的な適応を促すのではない。その意味で治癒を目的とするセラピーではなく、むしろ自分たちの体験を無視してきた社会の変革をめざすという点において、「政治的」であった。CRはラディカル・フェミニストたちが開発した意識変革、問題認識の方法であったが、広く女性の運動に取り入れられていった。

8　伊田久美子「ラディカル・フェミニズム」江原・金井編『フェミニズム』新曜社、1997年。
9　舘かおる「ジェンダー概念の検討」『ジェンダー研究』第1巻第1号、お茶の水女子大学ジェンダー研究センター、1998年。

そこで生み出された一つの政治的メッセージがこの章の初めに述べた"The Personal is Political"（個人的なことは政治的なこと）[10]である。個人的なことと政治的なことは対立するのではなく、両者は同じ「家父長制」のもとから生まれている。家庭生活にも国家と同様に権力関係が存在するし、家庭と国家は相互に反映し合っている。女性に共通な課題を「個人的なこと」として、公の場で議論したり政治的課題ではないと見過すことは、男性に都合のよい社会体制の継続を願う男性支配であるという思いがこめられている。

「家父長制」を主張したラディカル・フェミニスト[11]として名が知れわたっている理論家は、ケイト・ミレット（Kate Millet）とシュラミス・ファイアストーン（Shulamith Firestone）の二人で、彼女らの主張を簡単に見て行きたい。

ラディカル・フェミニストの代表作といわれるミレットの『性の政治学』[12]は、ヘンリー・ミラー、ノーマン・メイラー、ジャン・ジュネ、D・H・ロレンスらの文学作品に現われた性描写の詳細な分析を行った。性関係を持つということは、一つの集団（男性）がもう一つの集団（女性）を支配するということで、性関係の中に権力構造があることを明らかにした。

性関係は権力関係のもっとも基本的なものと見なされるべきで、しかもこの男性優位な権力関係は「自然な生物学的現象」に基づいていると思い込まされてきた。つまり、男性は攻撃的な性で、女性は受動的な性であるということは、実はイデオロギー、教育、社会規範、男性の暴力などによって社会的につくり出されてきたものである、とミレットは明らかにした。性的関係のようなパーソナルな関係の中にも存在する男性の支配を「家父長制」とよび、男女における支配関係は身体と結びついたものであるために、政治的なものとは思われてこなかった、というのがミレットの主張である。

ファイアストーンの『性の弁証法』[13]は副題「女性解放革命の場合」（The

10　1970年に出版されたキャロル・ハニッシュ『二年目の報告』Notes from the Second Yearで初めて使われた。注1参照。
11　女性解放運動家やフェミニズムの理論家をフェミニストという。
12　ケイト・ミレット『性の政治学』ドメス出版、1985年。
13　シュラミス・ファイアストーン『性の弁証法』評論社、1975年。

Case of Feminist Revolution）で、ラディカル・フェミニズム理論の重要な著作である。ファイアストーンの主張は女性抑圧の原因は生物学なもの、すなわち女性が妊娠することにあるとした。女性の抑圧の解消は妊娠からの解放、すなわち人工妊娠などの科学技術の発達にあるとした。それによって「生物学的家族」が解消され、男性の女性に対する支配、大人の子どもに対する支配や差別からの解放が可能になるとし、女性同士の連帯（sisterhood）を強調した。そこからラディカルなレズビアン・フェミニズムの主張や「異性愛」主義（heterosexism）への批判などが生まれた。

ミレットとファイアストーンの共通点はマルクス主義への不満を持っていたことで、マルクス主義は階級闘争によって、階級による抑圧の解放をめざしていたが、性による抑圧からの解放をめざしていないと批判した。そして彼女たちは、性による抑圧からの解放こそが、経済、人種、環境等々の問題の根本的な解決を展望できると主張している。

3 マルクス・フェミニズム

マルクス主義は19世紀以来、人間解放の理論としてもっとも体系的で影響力のある理論であった。マルクスは、資本主義社会の不平等と抑圧を社会の根底にある経済構造から分析した。女性の解放をめざしたマルクス主義フェミニズム（marxist feminism）は「人類の解放」をめざすマルクス主義の思想から導かれだされた。しかし、「人間解放」という「人間」に女性は入っていたのであろうか？　女性はブルジョアジーの側にもプロレタリアの中にも入っていないことを明らかにしたことが、マルクス主義フェミニストの貢献であった。

1960年代になって硬直化したマルクス主義への批判が現われたが、そのような運動の内部にも女性差別が存在することを女性たちは指摘した。そして、階級と性による抑圧からの解放をめざす統合的な理論が構築するために、マルクス主義を批判した。

その要点は、
① 下部構造（経済・存在）が上部構造（イデオロギー・意識）のすべてを決定するという単純な「経済還元論」への批判

② 資本家と労働者の間の階級闘争が他のすべての闘争を含んでいるとする「階級一元論」への批判
③ 硬直した教条主義批判
④ ヨーロッパ、白人中心主義批判
⑤ 男性優位主義批判[14]

などにまとめられる。

マルクス主義フェミニズムが見出した最大の功績は、「家事労働」あるいは「再生産労働」という概念である。これまで、マルクス主義が扱ってきた労働はいわゆる生産活動で、支払いを受ける「ペイド・ワーク」だけであった。ところが労働者の生活には、今日失った労働エネルギーを明日には回復するという再生産のための活動が必要だ。食事や睡眠、余暇などを過ごすために必要な再生産活動は、誰からも支払いを受けない活動で、アンペイド・ワークである。またもう一つ重要なのは、次世代の労働力を生み出すという再生産活動がある（つまり子どもを産み、育てること）。ここで、わかってきたことは生産活動（ペイド・ワーク）の大部分は男性が担い、再生産活動（アンペイド・ワーク）の大部分は女性が担っていることであった。なぜ、女性が低い賃金で再生産活動を担うのかといえば、女性が女性であるという理由なのだ。そこから、ラディカル・フェミニズムとマルクス主義フェミニズムを組み合わせたり、対極させながら理論は多岐に広がって発展した。

たとえば、マルクス主義フェミニズムが見出した再生産労働はなぜ女性が担うかという質問に対しては、ラディカル・フェミニズムの見出した「家父長制」を利用すると、性による差別の根源が明確に見えてくる。すなわち、女性が低い賃金で働く理由は、産む性であるだけでなく、「家父長制」による男性の支配によって女性が再生産活動を担わされているので、「女性」である性というそのことだけで差別が生まれるのである。

資本主義の発達とともに、資本主義の論理である効率から男性が基幹労働者として生産労働を担うことになった。再生産活動を担う女性は生産労働者

---

14 古田睦美「マルクス主義フェミニズム」江原・金井『フェミニズム』新曜社、1997年。

である男性のために働く。その結果、資本家は生産労働者の搾取をするにとどまらず、再生産労働者である女性の搾取も行っていると理論が構築されていった。多くのフェミニストが家事労働の意味などや家事労働を担う立場である「主婦」についての議論を展開した[15)16)]。

4　ポスト・モダン・フェミニズム

　ポスト・モダン・フェミニズム（post-modern feminism）は90年代になって、フェミニズム理論の精緻化過程で生まれてきた。モダン（近代）は、啓蒙主義、人間主義（ヒューマニティ）の中で、合理性、主体、文化を代表するモデルとして「理性の人＝男性」を想定して言説を創ってきた。そこで、女性は近代人間の、モデルから排除されてきたのだ。科学的知識による、前近代的自然観から近代的自然観が生まれる中で、「自然（遅れている）vs 文化（進んでいる）」という二項対立が生まれた。そして、自然には女性が、文化には男性が、あたかも「当然」のこととして当てはめられてきた。

　ポスト・モダン・フェミニズムの理論によって、女性への支配の構造は性（家父長制）、資本主義、そして言語の中にあることが明らかになった。

　スコットによれば、「知」とは、「さまざまな文化や社会が生み出す人間と人間の生み出す」もので、「ジェンダーは肉体的差異に意味を付与する知、性差を社会的に組織化する知、社会の編成原則として作用している」[17)]という。スコットによれば、知を言語の中にあるすべてのものととらえるが、ここではわかりやすく、学問や思想などとしておく。肉体的な差異、男性とか・女性とかに意味を付与する、つまり男性が上で女性が下とか、という意味づけをするのは学問や思想である。また、男性が公で、女性が私という意味づけは知の作用であり、思想や学問が男性を資本主義社会の労働者に組織化し、女性を再生産労働者として疎外したのである。学問や思想の中に埋め込まれた性による差異の意味づけは「当たり前」のように日常に作用する。

　フェミニズムの思想は既存の思想にジェンダー視点を入れ込むという非常

15　マリアローザ・ダラ・コスタ『家事労働に賃金を』インパクト出版、1986年。
16　上野千鶴子『家父長制と資本制』岩波書店、1990年。
17　ジョーン・W・スコット『ジェンダーと歴史学』平凡社、1992年。

に込み入った思考論理が展開されるので、決して優しく読める本ばかりではない。ここで説明できないほど多くの「かんむりつき」フェミニズムが存在する。しかし、80年代半ばからフェミニズムが明らかにしたのは中産階級、白人の女性の抑圧であったことで、その後女性といっても一つのカタマリではなく多様な女性がいること、人種差別、階級差別とからみあって、多様で多層な抑圧があることがわかってきた。そこで、女性を強調する「フェミニズム」ではない、中立的な用語として「ジェンダー」が使われるようになった。したがって、ジェンダーは性差を表わすだけでなく、多くの「差異」が生み出す差別を表わす象徴としての意味がある。

3　ジェンダーとは

1　ジェンダーの定義

フェミニズムがさまざまな性差別の理論を見出し、ジェンダーが重要な概念であることを明らかにした。ここで改めて、ジェンダーとは何かを考えてみよう。

ジェンダーとは、「社会的、文化的に規定される性別概念」と定義され[18]、生物学的性別であるセックスや性的志向を表わすセクシャリティと区別される。

　　　セックス（生物学的性別）：染色体、ホルモン、内部生殖腺、外部生殖器など
　　　ジェンダー（社会化特性性別）：役割、資質、脳力、規範、人格など
　　　　　　　　（社会階層的性別）：階層、序列、身分、地位
　　　セクシュアリティ（性的性別）：性的欲望、性的志向、性行為、性幻想など

18　原ひろ子「人間の現実に迫るプリズム——パラダイム・シフトにおけるジェンダー」原ひろ子・大沢真理・丸山真人・山本泰編『ジェンダー』新世社、1994年。

フェミニズムとは、時・場所を越えて、男性も女性も同じであるべきだという思想である。生物学的性別と社会構築的性別とを分けるのは、「生物学的性別」にとらわれることなく、性差別の実体を明らかにして、性差別の解消に挑むためである。

　「女性は自然で男性は文化」とか、「女は子宮でものを考える」というように、女性を「生まれながらに」男性の劣位において、性別がすべてに先行するかのような考え方がある。たとえば、ダーウィンの進化論で示されたのは、人間は動物より優位にあり、男性は女性より「より進化した動物」であるとするような考え方が「生物学的性別決定論」である。フェミニズムが「社会構築的性別」を主張するのは学問的・社会的差別の基本となっている進化論的考え方に対抗する姿勢を現わしている。ジェンダーの作用は、「男女を二分し、分別し、固定化し、価値をつけ、序列をつけるなどの現象をもたらしながら権力として作用するもの」[19]なのだ。

2　ジェンダーの作用

① 　ジェンダーは公私領域の区分をする。

　ジェンダーは性役割とその固定化と一体化している。男性の多くはソトの仕事を「公」のものとする。あるいは公の仕事である政治や行政を男性のとして占有にする（性役割については2章で学んだ）。

② 　再生産労働を女性に特化して無償労働とした。

　家事、子育て、介護、地域活動などの労働は金を稼ぐ生産労働と区分して、再生産労働という。そういう労働の担い手は女性で、無償の労働としたのはジェンダーの作用である。どうして支払われない労働は女性がするのか。その問いは重く深い（女性と労働については5章で学ぶ）。

③ 　メディアによる男性優位のイメージ。

　1975年にラーメンのコマーシャルで「私作る人、ぼく食べる人」というのが問題になり、結局放映中止になった。メディアは未だに男性優位を

19　ホーン川嶋瑶子「フェミニズム理論の現在」お茶の水女子大学ジェンダー研究センター『ジェンダー研究3』2000年。

映像化し、性役割の固定化を強化する道具となっている。メディアはしばしばさまざまな価値づけやイメージづくりを自然に、かつそれだけ強いものにする性格を持っている（メディアについては8章で学ぶ）。

4　まとめ

　ジェンダーは社会構築的性別概念である。したがって、社会や文化に影響されて変化すると同時に、社会や文化が変わっても存在し、ジェンダーによる男女の序列化は特定な社会だけに存在するのではなく、どこにでも、時代を超えて存在する。しかし、社会や文化が違っても存在するなら、変えることが可能なはずだ。自分の生活の中や周辺に潜むジェンダーによる差別を見出し、ジェンダーにとらわれている意識に気づいたら変えて行くことを実践していこう。

●● 参照＋参考文献 ●●●

天野正子ほか編『新編日本のフェミニズム①　リブとフェミニズム』岩波書店、2009年。
伊田久美子「ラディカル・フェミニズム」江原・金井編『フェミニズム』新曜社、1997年。
上野千鶴子編『主婦論争を読む　1＆2』勁草書房、1982年。
上野千鶴子『家父長制と資本制』岩波書店、1990年。
江原由美子・金井淑子編『フェミニズム』新曜社、1997年。
江原由美子・金井淑子編『フェミニズムの名著50』平凡社、2002年。
大越愛子『フェミニズム入門』ちくま書房、1996年。
ケイト・ミレット（藤枝澪子訳）『性の政治学』ドメス出版、1985年。
シュラミス・ファイアストーン（林弘子訳）『性の弁証法』評論社、1975年。
ジョーン・W・スコット『ジェンダーと歴史学』平凡社、1992年。
田中美津・上野千鶴子『増補新版：対談　美津と千鶴子のこんとんとんからり』木犀社、2003年。
舘かおる「ジェンダー概念の検討」お茶の水女子大学ジェンダー研究センター『ジェンダー研究第1号』お茶の水女子大学、1998年。
原ひろ子「人間の現実に迫るプリズム――パラダイム・シフトにおけるジェンダー」原ひろ子・大沢真理・丸山真人・山本泰編『ジェンダー』新世社、1994年。

古田睦美「マルクス主義フェミニズム」江原・金井編『フェミニズム』新曜社、1997年。
ベティ・フリーダン（三浦富美子訳）『改訂版　新しい女性の創造』大和書房、2004年。
細谷実「リベラル・フェミニズム」江原・金井編『フェミニズム』新曜社、1997年。
ホーン・川嶋瑶子「フェミニズム理論の現在」お茶の水女子大学ジェンダー研究センター『ジェンダー研究第3号』お茶の水女子大学、2000年。
マリアローザ・ダラ・コスタ（伊田久美子・伊藤公雄訳）『家事労働に賃金を：フェミニズムの新たな展望』インパクト出版会、1986年。

5章 女性と労働
男女雇用機会均等法制定までとその後

1 はじめに

　この章では、1985年に制定された「雇用の分野における男女の均等な機会及び待遇の確保等に関する法律」の背景や、女性の働き方の問題点、そして男性の働き方の変化など、正規雇用と非正規雇用との違いなどを扱う。

　2009年12月29日の総務省の発表によると、09年の平均完全失業率は5.1%で6年ぶりに5%を超え、雇用悪化のスピードが加速している。一方、有効求人倍率は0.47倍と、1963年の調査開始以来の過去最低となっている。つまり、失業者は増え続けているが、仕事が見つけられる可能性は二人に一人以下ということになる。しかもこの数字は、全国平均値であるから、自分の住んでいる地域に仕事がない場合も少なくない。

　「100年に一度の大不況」の中でどのような働き方をめざすのか、働くことに関してどのような問題があり、どのような支援があるのかを知っておこう。

2 雇用の急速な悪化と就業構造の変化

　総務省が発表する労働力に関する統計は国際基準に合わせて、15歳以上65歳までの働く能力のある人を「労働力人口」という。非労働力人口に含まれる人々は、学生、主婦、退職者などであるが、調査期間中に1時間でも働けば就業者となる（表1参照）。2009年6月末の統計として、発表された男女別の失業率であるが、男性が前月比0.3%ポイント上昇の5.7%、女性は同0.1%ポイント上昇の5.0%という数字に注目したい。この数字だけを見て、

表1　労働力と非労働力人口

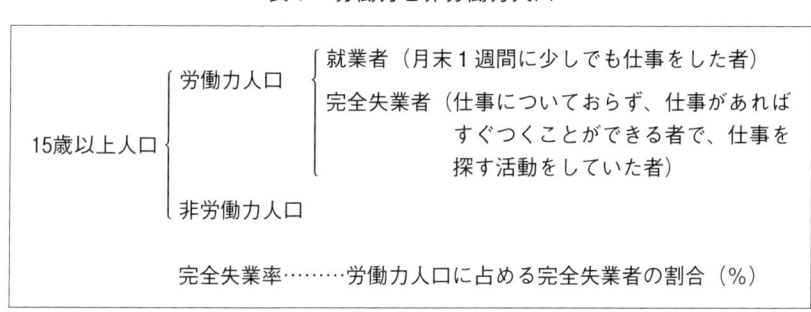

```
                    ┌ 労働力人口 ┌ 就業者（月末1週間に少しでも仕事をした者）
15歳以上人口 ┤           └ 完全失業者（仕事についておらず、仕事があれば
                    │                        すぐつくことができる者で、仕事を
                    │                        探す活動をしていた者）
                    └ 非労働力人口

          完全失業率………労働力人口に占める完全失業者の割合（%）
```

女性のほうが安定した職業についていると考えてはいけない。女性はもともと安い賃金しか支払われない非正規雇用で働いるために、女性の働き方は雇用悪化があっても変化が小さく見えるのだ。一方男性も急速に雇用が不安定な状況に陥り、失業率は悪化をたどり、男女共に「下方」に向かっているのは明らかだ[1]。

収入に関しても同じ動きが見られる。「日本の女性は長らく、短い勤務、定型的または補助的な仕事そして低賃金」[2]であった。性別役割が職場に持ち込まれ、「重要な業務をする男性」と「男性の仕事を支える女性」というパターンの職場が多く、その収入も妻の場合には家計補助的、娘の場合には嫁入り前の「腰掛け」と思われてきた。現在でも男女の賃金格差は男性100に対して女性は67.8％とかなり開いている（平成20年）[3]。この数字は平成9年の賃金格差66.0％に比べて縮小していて、女性の賃金は男性に近づいているように見えるのだが、実は男性が正規雇用から非正規雇用に転化したために、男性の賃金の減少がはなはだしく減少しているところに起因している。このような変化は男女が共に安定した雇用、安定した家庭生活への希望

1　資料は、総務省統計局Q＆Aより（⟨http://www.stat.go.jp/data/roudou/sokuhou/tsuki/index.htm#01⟩）。
2　熊沢誠『女性労働と企業社会』岩波新書、2000年。
3　賃金に関しての資料は、総務省統計局「就業構造基本統計調査」平成21年3月20日発表を参照している（⟨http://www.mhlw.go.jp/toukei/itiran/roudou/chingin/kouzou/z2008/index.html⟩）。

表2　就業構造基本調査、職業別有業者数

(単位＝人)

		雇用者総数	専門職	事務職	販売	サービス業	生産工程・労務作業
女性	平成9年	27,495	3,578 (13.0%) (42.8%)	8,235 (30.0%) (60.7%)	2,189 (8.0%) (27.1%)	3,766 (13.7%) (64.5%)	6,191 (30.7%) (30.7%)
	平成19年	27,803	4,179 (15.0%) (45.4%)	8,158 (29.3%) (61.2%)	3,837 (13.8%) (39.9%)	4,419 (15.6%) (46.5%)	6,296 (22.6%) (33.1%)
男性	平成9年	39,508	4,782 (12.1%) (57.2%)	5,340 (13.5%) (39.3%)	5,897 (14.9%) (72.9%)	2,074 (5.2%) (35.5%)	14,008 (35.5%) (69.3%)
	平成19年	38,175	5,034 (13.2%) (54.6%)	5,172 (13.5%) (38.3%)	5,778 (15.1%) (60.1%)	5,094 (13.3%) (53.5%)	12,706 (33.3%) (66.9%)

注：項目の上段は男女の有業者における実数と比率、下段は男女比。
出典：総務省統計局〈http://www.stat.go.jp/data/shugyou/2007/zuhyou/jikei_07.xls〉

が持てない時代になっていることを物語っている。

　ジェンダーによる働き方の階層化ができ上がっていく過程で、「適材適所」という言葉や家事・育児を優先しなければならないために、「残業や責任が重い仕事は困る」というやむにやまれぬ女性の職業意識を企業はうまく利用して、性別職域分離（segregation）は当たり前のこととしてきた。そのために性別による就業形態の違いは性差別とは扱われてこなかった。平成9年と平成19年の男女別の有業者の割合を見ると、生産工程・労務作業で明らかに男性の数が多いが、女性の職種としても20％以上を占めているし、女性比率がわずかながら上がっている（表2参照）。

　サービス業は男女比がこの10年間で逆転しているなど、職業別構成に大きな変化が見られる。男性は有業者が減少しているのに対して女性が増加している。また、専門職で女性比率が上がっていることなどに注目したい。

3　女性の働き方は非正規雇用

　日本の女性の就業は学校を卒業した直後に正規雇用者として就職し、結婚・出産・育児のために離職し、末子が小学校入学期を過ぎると再就職する、というライフスタイルが定着してきた。年齢別に女性の就業率をグラフ

化するとM字型のカーブを描く（図1参照）。特に、諸外国に比べるとM字が明確である。M字の底は少しずつ上がってきているが、女性が結婚・出産・育児によって仕事をやめない率が増えたためだけではなく、晩婚化、出産しない女性の比率が上がった可能性

図1　男女、年齢別労働力率（1980年、2000年）

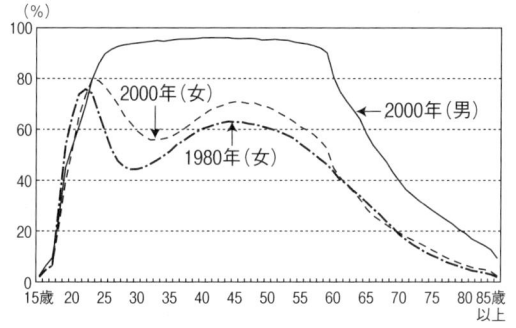

出典：総務省統計局（「国勢調査」）

も高い。また、女性が再就職する場合には、パートやアルバイトなど非正規雇用が圧倒的に多い。平成9年には男性の非正規雇用者は7.5%であったが、10年後の平成19年には19.9%と五人に一人は非正規雇用である。女性の場合には、平成9年は41.3%、10年後の平成19年には55.2%（総務省「就業構造調査」平成21年4月20日発表より）と女性の半数以上が非正規雇用で働いているのが現実だ。

では、正規雇用と非正規雇用の違いはどのようなものなのだろうか。

- 正規雇用———(ｱ) 期間を定めない雇用契約を結ぶ。
  - (ｲ) 雇用が安定している。
  - (ｳ) 毎月一回期日を決めて賃金が払われる。
  - (ｴ) 最低賃金制、休日・休憩・有給休暇、病欠、30日以上前の解雇予告、残業手当の規定、出産休業、育児時間など労働基準法、男女雇用機会均等法、育児・介護休業法、などの保護対象となっている。
  - (ｵ) 医療保険、雇用保険、厚生年金保険などの社会福祉制度に加入（雇用者も一定基準で分担する）。
  - (ｶ) 賃金が高い、ボーナス・交通費を含む諸手当がある。
- 非正規雇用——(ｱ) 期間を定めた短期契約。

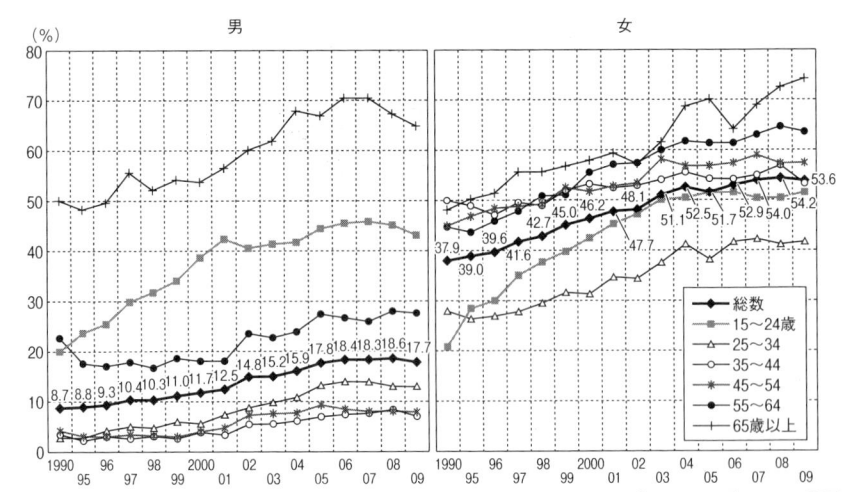

図2　非正規雇用者比率の推移（男女年齢別）

注：非農林業雇用者（役員を除く）に占める割合。2001年以前は2月調査、それ以降1～3月平均。非正規雇用者にはパート・アルバイトの他、派遣社員、契約社員、嘱託などが含まれる。数値は男及び女の総数の比率。
出典：「社会実情データ図録」〈http://www2.ttcn.ne.jp/honkawa/3250.html〉

　　　(イ)　勤務時間や勤務日数が短い。

　パートタイム労働法（正式名称は短時間労働者の雇用管理の改善等に関する法律）では、「短時間労働者（パートタイム労働者）」とは、「1週間の所定労働時間が同一の事業所に雇用される通常の労働者の1週間の所定労働時間に比べて短い労働者」と定義されている。そして、パートタイマー・アルバイト・嘱託・契約社員・臨時社員・準社員などの名称にかかわらず、この定義にあてはまる労働者であれば「パートタイム労働者」である。各々の特徴を示せば、以下のとおりである。
- パートは、正規雇用者より勤務時間が短い。
- アルバイトは、元々は学生が本業のほかに仕事をすることをさしたが、現在ではパートとアルバイトはほとんど同じに使われている。
- 契約社員は、短期契約で雇われる。製造業では季節工、臨時工などと呼ばれる。退職者が嘱託として働く場合も含まれる。

- 派遣社員は、雇用先は派遣会社で、職場は派遣会社が契約している企業などに出向き、仕事の指揮命令は派遣先で受ける。

　一般にパートタイム労働者は賃金は日当で払われる場合が多く、雇用が短期間で再雇用の保障はなく不安定である。そして、社会保障に加入できない場合が多かったが、2009年1月から、週20時間以上40時間未満働く場合、6ヵ月以上働く見込みがある場合には雇用保険の加入ができるようになり、失業手当も支給されることになった。また、ボーナスや諸手当てがない場合が多い。

　また、パートタイム労働法では以下の三点を労働者のために規定している。

① 労働条件に関する文書の交付（第6条～7条）

　労働基準法で定める「契約期間」、「仕事をする場所と内容」、「始業・終業の時刻や所定時間外労働の有無、休憩・休日・休暇」、「賃金」、「退職に関する事項」等のほか、「昇給の有無」、「退職手当の有無」、「賞与の有無」について文書などで明示することを義務づけている（必ず口頭ではなく、文書を交わすこと）。

② 働き方に応じた待遇の決定（第8条～11条）

　職務内容、人材活用の仕組み（転勤の有無や範囲など）が正社員と同じで、期間の定めのない契約を締結しているパートタイム労働者に対して、すべての待遇（賃金の決定、教育訓練の実施など）において、パートタイム労働者であることを理由に、差別的取扱をすることを禁止している（実際には、正規雇用者と同程度働いても諸待遇に格差がある）。正社員との均衡のとれた待遇の確保が努力義務となっている。

③ 正社員への転換（第12条）

　正社員への転換を促進するための措置（正社員を募集する場合、募集内容をパートタイム労働者に周知するなど）を義務づけている。

　しかし、実際には一般に被雇用者、特に非正規雇用者は労働に関する法律や知識を持っていないために、労働基準法で保障されている最低賃金制、休日の規定等々自分の権利を主張することが難しい。「文句を言ったら、クビになる」という精神的な怖れが一層働き方の不安を増長している。

4　雇用機会均等法と女性の働き方

　雇用機会均等法の正式名称は「雇用の分野における男女の均等な機会及び待遇の確保等に関する法律」といい、1985年に制定、翌年施行された法律で、雇用機会の男女平等、定年・退職・解雇などにおける男女平等を定めた。

1　雇用機会均等法成立の背景

　雇用における男女平等法の制定の政治的背景は1980（昭和55）年に国連が提案した「女性への差別撤廃条約」[4]に日本政府が署名し、さらに同条約を「国際婦人の10年」の最終年にあたる1985（昭和60）年に批准（国会の承認）することが求められていたことだ。当時の国内法のうち、雇用機会の平等、国籍法[5]、家庭科教育[6]と三つには明確な男女差別が見られ、国内法の改正が先行しなければ、女性への差別撤廃条約の批准ができなかった。

　雇用機会均等法が制定された社会的背景の一つに、女性労働者の増加がある。1980年には2,185万人、労働人口の38.7％が女性で、2009年には2,565万人、労働人口の42.3％が女性である。また、これまで述べたように、女性は職場でも性別を基準にした補助的な仕事に従事する人が多かったし、募集にあたっては、「容姿端麗・25歳まで・親元から通勤」などが雇用条件となっており、女性をともに働くパートナーと見なさないで「職場の花」と位置づけていた。

4　日本の法律用語では女性を「女子」というために正式名称は「女子に対するあらゆる形態の差別の撤廃に関する条約」（Convention on the Elimination of All Forms of Discrimination against Women = CEDAW）という。本書では「女性への差別撤廃条約」を使用する。

5　国際結婚で子どもが生まれた場合、父親が日本人・母親が外国人の場合子どもは日本国籍が取得でき、母親が日本人・父親が外国人の場合、子どもは日本国籍が取得できないという「父系血統主義」を採用していた。これが性差別に当たるために、一方の親が日本人なら日本国籍が取得できるように国籍法の改正を行った。これを「父母両系血統主義」という。

6　家庭科教育に関しては6章で学ぶ。

当時、男女平等が憲法に保障されてからすでに40年近い年数が経っていたが、職場や労働慣行における男女差別は厳然として存在し、働く女性には何時までも上がらない給与、地位そして男性より早い定年は性差別であるという認識を持って、厳しい裁判闘争で差別禁止を勝ち取ろうとした[7]。

企業は低賃金だから女性を雇用してきたのであって、女性を男性基幹労働者と同等に遇し、昇進・教育をも男女平等にすることを求める雇用機会均等法には賛同できなかった。また、労働基準法には女性労働者に対する保護規定があり、女性には深夜業や「危険」な作業を課さない、生理休暇、出産休暇、産後休暇などを定めていた。企業は男女雇用機会均等法で男女平等を推進するなら、労働基準法の保護規定をすべて撤廃するべき、と主張した。一部のフェミニストは、男女平等を推進するためには、労働基準法などの母性・母体保護などはミニマムにするべきという主張を展開した。また、女性教師などの労働者団体の女性たちは、戦前から出産・育児で退職しないで働いてきて、長い闘争を経て獲得した女性保護規定は権利だから撤廃はできないと女性の中でも意見が分かれ、雇用機会均等法の制定は日本の労働市場の慣行をすべて見直すような状況に陥り、制定までには困難が少なくなかった。

当時の労働省婦人少年局が膨大な努力を重ねて立法をめざし、さまざまな問題点・妥協点を残しながらも、「女性への差別撤廃条約」の批准に間に合わそうと努力した。そして、労働に関する男女平等法は、1978（昭和53）年に婦人少年問題審議会によって検討が始まり、1985年勤労婦人福祉法（1972年）の改正として成立し、翌年から施行された。

1985年の雇用機会均等法に積み残された課題とされていた労使の調停に関する事項、セクシャル・ハラスメントは、97年の改正によって取り入れられた。女性たちが求めていた間接差別[8]に関しては、2007年の改正でやや改善された（表3参照）。しかし、この法律が規定するのはあくまでも雇用の

7　賃金差別のリーディングケースは「秋田相互銀行事件」（秋田地裁、昭和50年4月10日判決）、男女別の賃金表の違法性が問われ、原告が勝訴。結婚退職制度に関しては、「住友セメント事件」（東京地裁、昭和41年12月20日判決、原告勝利）が有名。大脇ほか『働く女たちの裁判』学陽書房、1996年を参照のこと。

機会の均等であって、結果の平等を保障するものではない。

2　雇用機会均等法の内容

雇用機会均等法制度時にはすでに、労働基準法（以下、「労基法」と記す。昭和47年制定）によって、男女賃金差別は禁止されており、罰則規定もあった。

（男女同一賃金の原則）
労基法第4条「使用者は、労働者が女子であることを理由として、賃金について、男子との差別的取扱をしてはならない。」
（罰則）
労基法119条「次の各号の一に該当する者は、これを6箇月以下の懲役又は三十万円以下の罰金に処する。……第4条……」

労働基準法には男女同一賃金の規定がある一方、女性に対する「保護規定」があるために、「男女を均等に扱うことはできない」というのが雇用機会均等法の制定に反対する企業の主張であった。

保護には二種類あり、以下のように規定されている。
（1）「一般女性保護」といわれる、時間外労働の規制、休日労働の禁止、深夜業の禁止、坑内労働の禁止、危険有害業務の就業制限（労基法第64条の二②～④）
（2）「母性保護」には、産前・産後の休業、育児時間、生理休暇（労基法第64条の五、65条～68条）

企業は女性に対する上記のように保護規定があるから、昇給（男性とは給与体系が違う）・昇進（女性はキツイ仕事はできないから）・定年などの差別を正当化してきたのである。

8　たとえば募集に関して、「男性のみ」「女性のみ」という制限をつけることを「直接差別」という。「身長160cm以上」などの条件は結果として、男性が多くなる。そのような差別を「間接差別」という。水谷英夫『ジェンダーと雇用の法』信山社、2008年参照。

表3　男女雇用機会均等法の主な改正点

		1985年	1997（改正後）	2007（施行）
差別の禁止	募集・採用	努力義務	禁止	禁止
	配置・昇進	努力義務	禁止	禁止
	教育訓練	一部禁止	禁止	禁止
	福利厚生	一部禁止	一部禁止	禁止
	定年・退職・解雇	禁止	禁止	
女性のみ・女性優遇		禁止	原則として禁止	禁止
調停		双方の同意が条件	一方申請でも可	
制裁		──		
ポジティブ・アクション		──	国による援助	事業主が実施状況を外部に公表
セクシャル・ハラスメント		──	事業主の配慮義務	指導に応じない場合企業名公表
間接差別				一部禁止
母性健康管理		努力義務	義務化	妊娠中・出産後の健康管理に関する措置の義務

　そこで、雇用機会均等法は「一般保護規定」を削除し、つぎのように「母性保護」だけを残した。
① 労働者の募集・採用・配置・昇進についての男女差別の解消を企業の努力義務とする（7・8条）
② 募集・採用の対象からの女性の排除、女性に不利な募集・採用条件の設定を排除
　● 一定の職務への配置の対象からの女性の排除、女性労働者のみの不利益配転
　● 昇進の対象からの女性の排除、女性に不利な昇進試験の条件設定、昇進試験における女性の不利な取扱
③ 教育訓練・福利厚生のそれぞれ一部、さらに定年・退職・解雇についての差別的取扱いを禁止する（9～11条）

④ 社内規定の変更
　(a) 生活資金・教育資金などの各種資金貸付
　(b) 福祉増進のための定期的な金銭給付
　(c) 資産形成のための金銭給付
　(d) 住宅貸与
⑤ 紛争解決手段として各都道府県厚生労働省が介入、助言・指導、勧告
⑥ 同法は、1997年に第一次改正され1999年から施行、第二次改正は2006年にされ2007年から施行（表3を参照）

　1997年に、労働基準法は「女子保護規定」を廃止した（68条に生理休暇は残った）。そして、2002年に、育児や介護を行う労働省は男女を問わず、時間外労働の免除を請求できる育児介護休業法が改正された。

3　均等法制定以後

　雇用機会均等法が初めて制定されてから、20年以上の年月がたった。女性の働き方は男女平等になっているのであろうか。確かに女性労働者は増加した。しかし、賃金の格差もあるし、正規・非正規の働き方の違いがさまざまな課題をもたらしている。均等法制定後に広がった「コース別人事」、すなわち、基幹職として男性並みに転勤や残業も辞さない総合職と補助職である一般職という振り分けがあり、初任給格差が設けられ、勤続年数が長くなるにしたがって、賃金格差も広がっている。問題は総合職は圧倒的に男性の働き方で、一般職は圧倒的に女性の働き方となったことである（平成18年厚生労働省「女性雇用管理基本調査」によれば、新規学卒者採用のうち男性のみ採用は36.9％）。一般職は派遣、パートなどに切り替えられている。また女性の管理職登用の道も険しく、係長相当職でもまだ10.5％である（同上）。

　1985年に制定された男女雇用機会均等法は企業、働く女性、官僚（特に女性官僚）、専門家、女性の運動家らが対立したり、協力しながら、募集・採用から定年・退職まで雇用のあらゆる場面において女性に男性と均等な機会や待遇を確保することを定めたことにおいて画期的であった。しかし、新しい法律としてではなく、1972年に制定された勤労婦人福祉法を全面的に改正するという形を取った。勤労婦人福祉法は女性労働者の福祉——ここでは地

位向上の意味と同じ——の向上を計る法律であったために、雇用機会均等法の中に女性の「働く権利」とか「男女平等」を前面に押し出すことはできなかった。また、救済措置も企業への拘束力がなく、罰則規定もつけられなかった。

その後、コース別人事は事実上の男女別職域管理であると、いくつかの訴訟が起きた。2002年野村證券訴訟、04年岡谷鋼機訴訟の地裁判決では、コース別採用や処遇による男女の賃金格差は労働基準法4条違反とはいえないと判断された。しかし、1996年に提訴した総合商社兼松訴訟は地裁での判断が東京高裁で逆転し、コース別人事は労働基準法違法という判決が下った(2008年1月31日)。そして、2009年10月20日最高裁で原告・被告の双方の上告が棄却され、東京高裁の判決「コース別人事は労働法4条違反」が決定し、原告が勝訴した。今後、採用においてこの判決がどのように生かされるか見守りたい。

4　セクシャル・ハラスメント

2007年の改正均等法の大きな前進は、セクシャル・ハラスメント（以下、「セクハラ」と記す）への規定である。「女性労働者に向けられた職場における性的な言動に起因する問題について雇用管理上の配慮義務がある」(21条)とした。この条文はセクハラを直接禁止したものではないために、この条文によってセクハラの加害者や雇用管理上の配慮を怠った事業主に対しても損害賠償は請求できない。従来どおり、民法709条「不法行為の一般的要件・効果」、715条「使用者の責任」で使用者は被使用者が第三者に加えた損害を賠償する責任があり（相当注意した場合は事業者の責任は免れる）、その他、民法415条「債務不履行による損害賠償の要件」により民事責任を加害者や企業に求めることは可能である。また、刑事責任は刑法176条「強制わいせつ」、177条「強姦」などが適用されるが、実際裁判で勝つのは難しい。とはいえ、セクハラを事業主の配慮義務とした点には大きな意義がある。

改正雇用機会均等法の条文から、セクハラには「対価型」と「環境型」があると規定された。

「対価型」——事業主が性的な関係を求めたが拒否されたため解雇する

ことや、出張中に上司が体に触ったが抵抗したため不利益な配置転換がされた、などの事例がある。

「環境型」——事業主・上司が女性の体にしばしば触るので、女性の就業意欲がそがれたり、性的な内容を含む情報を取引先や職場に意図的、継続的に流し、女性は苦痛に感じて就業困難を起す。または、女性が抗議しているにもかかわらず、事務所内にヌードポスターを掲示するなど職場の環境に苦痛を感じる、などがある。

アメリカでは対価型が多く、日本では環境型が多いといわれている。

事業主に課されているセクハラ防止策は下記のとおりである。

① セクハラに関する方針を明確にし、啓発する。
② 相談・苦情への対応窓口を明確にし、適切・柔軟に対応する。
③ セクハラが起きたときは、事実関係を迅速かつ正確に確認し、適切に対処する。

セクハラは、女性を職場における対等なパートナーと見なしていないところから起きる。それは女性を性的対象として見る男性の生き方の問題でもあり、仕事観に反映されている。

5　派遣労働者法と女性の働き方

1986年に労働者派遣法が施行されるまで、〈派遣〉という働き方はなかった。雇用機会均等法と同年に施行されたのは偶然なのであろうか。男女を平等に扱おうという法律が制定されようとしているときに、雇用主が違うからという名分のもとに女性の労働力を安く買い叩く法律がつくられていたのだ。派遣労働の問題は女性の労働問題全体の課題であるばかりではなく、男性にとっても大きな課題である。

1986年まで労働者に職業を斡旋することができたのは、労働省の管轄である職業安定所（現在のハローワーク）だけであった。それは、いわゆる「ピンハネ」など労働者に対する搾取を防止するためであった。1986年に民間企業が労働者を斡旋することが可能になり、人材派遣会社ができた。当初は一時的に人が足りない場合や専門的なスキルを要する13業務、コンピュタエ

ンジニア、ツアーコンダクター、通訳などに業種を限定し、派遣期間限定があった。96年に業種が26種に拡大され、さらに99年にはそれまで派遣という働き方は「原則禁止、一部適用」という姿勢から、「原則自由、一部禁止」という「規制緩和」が行われた。ここで禁止された業種は港湾運送・建築・警備・医療および製造業で、派遣期間は、新しい対象業務は1年、既存26業務は営業、販売職を除いて3年（営業、販売職は1年）と定められた。この改正で、建築・製造などの肉体労働にまで派遣という働き方ができるように広がったために、不安定な日雇い派遣などが生み出された。

　そして、2004年3月に大幅な改正が施行された。その理由は、「厳しい雇用状況」と「多様な働き方」の実現をめざすもので、改正内容は、(1)特殊な技能者以外の派遣の受け入れが可能になった（つまりどんな仕事でも派遣という働き方を認めた）。(2)(1)の条件の派遣労働者の労働期間は基本的に1年、最長3年で、特殊技能者は制限がない。(3)3年以上同一所で働く場合には正社員にする、というものであった。

　1995年バブル経済がはじけたときに、経団連は「新時代の〈日本的経営〉」を発表した。その中で労働者を、「長期蓄積能力活用型」、「高度専門能力活用型」「雇用柔軟型」に三分し、一部の主力正社員以外は非正規雇用でまかない、人件費の軽減を提唱した。正社員を雇うより賃金が安いし、必要がなくなればすぐに契約を終了できる、というのが企業が求めた「多様な働き方」であった。

　2007年には、派遣のたびごとに、データ装備費と称する手数料のような金を派遣労働者の賃金から天引きしていた大手派遣業者が、派遣労働者から返還を求める訴訟を起こされている。派遣労働者は味方となる労組もなく（最近は、個人で入れる労組が結成されている）、弱い立場にある労働者を守る力は弱い。雇用も不安定な派遣という働き方は根本的に見直されるべき時期にあるのではないだろうか。

6　社会保障制度
——セーフティー・ネットの穴が大きくなった

　日本には働く人を守るための社会保障制度がある。日本では職を失うなどの貧困対策として三重のセーフティー・ネットが構築されている。
（1）雇用保険——失業した場合の給付や育児休業手当や介護休業手当等の各種手当、職業訓練の給付金等の国の制度
　「失業」とは、「就職しようとする意思と、いつでも就職できる能力があるにもかかわらず職業に就くことができない」状態のことである。したがって、職を失っても、病気、家事に従事（主婦）などですぐに就業できる状態にない場合には、失業保険の給付の対象とはならない。
（2）社会保険——医療保険、年金保険、労災保険
　① 医療保険は、病気や怪我の治療を受ける際、治療費の一部を自己負担すれば残りを保険機構が支払う仕組みである。現在は、雇用者が加入する健康保険、個人が加入する国民医療保険、75歳以上の高齢者が加入する後期高齢者医療制度の三種類の医療保険がある。
　② 年金保険には大きく分けて雇用者が加入する厚生年金と個人が加入する国民年金があり、老後の経済的保障の柱となっている。
　③ 労災保険は業務上の事由または通勤による労働者の負傷、疾病、障害または死亡に対する補償である。
　しかし、社会保険制度は保険料を雇用者と被雇用者とが負担するために雇用者にとっては労働コストの増加になる。非正規雇用者には社会保険制度加入が義務づけられていないので企業はコスト負担を免れることができ、非正規雇用者の増加の一因となっている。2009年には、厚生年金に記録漏れや企業による改ざんなどが次々に明らかになり、社会保障制度に大きな不安が起きている[9]。
（3）生活保護——政府・自治体が経済的に困窮する国民に対して生活保護費を支給するなどして最低限度の生活を保証する制度で、財源は国が4分の3、地方自治体が4分の1を負担する。
　2006年6月に小泉内閣は「骨太の方針第三弾」を閣議決定した。そこに盛

り込まれた「三位一体の改革」は、(1) 地方自治体への国庫補助負担金の廃止・縮小、(2) 地方交付税の縮小、(3) 地方自治体への税源委譲を行うものであった。その一環として、生活保護費の国の負担を2分の1に変更しようとした。

　生活保護世帯数は2008年に114万を突破している。内訳は、高齢者世帯 (45.6％)、障がい者・傷病者世帯 (35.4％)、母子世帯 (8.1％)、その他の世帯 (10.6％) である。高齢者世帯 (2007年では単身で暮らしている女性の方が貧困率が高くなっている[10]) とその他の世帯 (生活困窮世帯) が増加している[11]。

　生活保護の場合には、自治体の窓口で申請をする必要があり、自治体の窓口に自分から行かなければ受けられない。さらに、窓口で「収入がないこと」「資産がないこと」「扶養者がいないこと」などを証明しなければならない（高齢者は子どもに扶養されるように仕向けられ、持ち家があれば、生活保護は受けられないなどの厳しい条件のチェックを受ける）。

　生活困窮者でも「人の迷惑にはなりたくない」という自己規制が強く働いたり、条件が合わなかったりして保護が受けられないことがある。自治体は費用負担を軽減するために、保護率を低く抑えることに力を入れている。ある調査によれば、保護費は生活困窮者の15～20％の人しか受け取っていない、という。2007年に、北九州市で生活保護申請を窓口で断られた男性が「おにぎりが食べたい」と遺書を残して亡くなった。「豊かな国」であった日本は「心の貧困の国」となりつつある。

　このようなセーフティー・ネットが用意されていても、最近の働き方の変

9　2008年4月に厚生年金の改ざんが6万9千件あることがわかった。これは、2007年2月に明らかになった年金記録のミスや紛失で54万件の消えた年金に関して、第三者委員会が検討している過程で明らかになったものだ。企業が従業員から預った保険料を収めず、給与額や加入期間を社会保険庁と話し合って改ざんした疑いがある。社会保険庁は2010年1月から日本年金機構へと民営化されたので、ますます不透明化する可能性がある。

10　高齢者の所得分布の中央値の50％未満の割合は男性24.9％、女性42.0％である（「男女共同参画会議専門委員調査会中間報告」2008年1月）。

11　厚生労働省「平成20年度社会福祉行政業務報告」（平成21年10月7日）。

化によって、また収入が十分でないために、保険料を支払うことができないために、結果的に社会保障の受益者になれない人が少なくなく、社会保障の網の目が粗くなっている。一度そのような網目から落ちると這い上がるのが難しい社会になってしまった[12]。このように労働者は厳しい現実にあえいでいる。2008年の大企業の企業収益は上がっている一方で、労働者への分配率は下がっていた。

　生活保護には基準生活費という基本となる生活費の援助の他に、本人の障害の程度や家族の状況によって加算制度がある。そのうちの母子加算は1949年にできた制度であったが、2004年から就労支援に切り替わって段階的に減額され、2009年3月で全廃となった。厚生労働省の05年の調査（全国母子世帯等調査）によれば、87％が働いているというのに母子家庭の平均年間収入は213万円と低い。しかも、シングルマザー世帯は平成10年から15年の間に28.3％増加し、そのうちの20％以上が夫の暴力による離婚である。このような統計は、女性の地位が低いとしかいいようがない事実を明らかにしている。

　2009年8月30日に行われた総選挙で民主党は、生活保護の母子加算制度を復活させるとマニフェストで約束した。新政権に期待する政策変更の一つであるといえよう[13]。

7　まとめ──働くことと生きること

　正規雇用、非正規雇用と言葉として対比して並べるが、非正規雇用は雇用と呼べるのであろうか。将来に見えるのは不安だらけで、精神的にも経済的にもつらい。ここまで述べてきたように、多くの女性は男性より悪い条件で働き続けてきた。そして賃金も男性に比べて安かった。その理由には、学歴や勤務年数が影響している時期があったが、学歴は大学における専攻の偏りはあるというものの男女の格差はなくなりつつある。

12　湯浅誠『反貧困──「すべり台社会」からの脱出』岩波新書、2008年。
13　子ども手当法は2010年4月1日施行。6月から支給（15歳以下の子どもに月額13,000円）。将来については財源の確保等問題があり、議論がなされている。

女性の勤務年数が少ないのは、家庭責任の遂行のためで、女性だけがその責任を負わされることが可能だった時期は終わり、保育所、出産休暇・育児休業など社会的支援が用意されてきて、女性の勤務年数も上がってきている。とはいえ、そのような社会的支援は「正規雇用者」にしか適用されず、女性の比率が高い非正規雇用には適用されない場合が少なくない。家庭責任を遂行しているのは正規雇用であろうと非正規雇用であろうと女性であるが、そこに断層、それも大きな断層があり、自分の力だけでは、その断層を埋めることは難しい。さらに、最近の経済の不況で、男性が女性並みの低い雇用条件で働くようになった。

　男女とも、働き方が厳しい時代に入っている。戦後の労働運動は大企業の企業別組合が主で、企業と労働者は運命共同体として存在していた。近年、非正規雇用者が増加したことで、個人で加入できる労組がようやく知られるようになってきた。性別を問わず、働くことは生きることとして、連帯の中で、よりよい生き方の模索が始められるように期待したい。

●● 参照＋参考文献 ●●●

赤松良子『均等法をつくる』勁草書房、2003年。
天野正子ほか編『新編日本のフェミニズム④　権力と労働』岩波書店、2009年。
大脇雅子・中野麻美・林陽子『働く女たちの裁判』学陽書房、1996年。
熊沢誠『女性労働と企業社会』、岩波新書、2000年。
武石恵美子『雇用システムと女性のキャリア』ミネルヴァ書房、2006年。
中野麻美『労働ダンピング』岩波新書、2006年。
堀江孝司『現代政治と女性政策』勁草書房、2005年。
水谷英夫『ジェンダーと雇用の法』信山社、2008年。
湯浅誠『反貧困――「すべり台社会」から脱出』岩波新書、2008年。
ワーキング・ウィメンズ・ネットワーク編、宮地光子監修『男女賃金差別裁判「公序良俗」に負けなかった女たち：住友電工・住友化学の性差別訴訟』明石書店、2005年。

6章 教育とジェンダー
性差別は隠れたところから

1 はじめに

　2006年12月22日に、1947年に制定された教育基本法が60年ぶりに改正された。改正前の教育基本法は前文を見ても憲法との一体性がうかがえる。したがって、憲法改正反対派は教育基本法改正にも反対であった。

　ジェンダーの視点からいえば、この改正は、教育における男女平等の後退であった。旧教育基本法第5条の「(男女共学)男女は、互に敬重し、協力し合わなければならないものであつて、教育上男女の共学は、認められなければならない」と男女の協力が謳われていた。しかし、改正によってこの項目は削除され、第2条「教育の目標」3項に、「正義と責任、男女の平等、自他の敬愛と協力を重んずるとともに、公共の精神に基づき、主体的に社会の形成に参画し、その発展に寄与する態度を養うこと」と、男女の平等が独立した項目ではなくなっている。

　第5条が削除された最大の理由は、「教育上男女の共学は、認められなければならない」という文言は「歴史的な意義を果たした」という認識(平成18年6月2日「教育基本法に関する特別委員会」衆議院の議事録による猪口邦子少子化・男女共同参画担当大臣の答弁)であり、「正義と責任の後に男女平等を入れているわけでございまして、非常に重い扱い」であるという。

　同じ委員会である委員は、「私は、男女の平等という、平等というのはあり得ないんじゃないかなというふうに思うんですね。男女間の公平というのはわかるわけですけれども、男女が平等であり得るわけがない。男と女は違うんだ、お互い相足らざる部分を補い合いながら生きていく、そういう関係にあるんだというふうに思っております」(自民党委員)と述べている。この

ように「男は男らしく、女は女らしく」を強く主張し、メディアを利用したり、ときには集会に出て、男女平等を訴える女性や女性の団体を強く非難・批判する現象を「バックラッシュ」あるいは「バッシング」という。1990年代後半からのジェンダー・バッシングは、経済が悪くなり、社会の不安定な状況に対する不満を女性たちに転嫁するものだという[1]。

いくつかの事例を見ながら、なぜ教育の場に「男女が性別による差別的取扱いを受けない」(男女共同参画社会基本法3条)ことが実現しないか考えてみたい。

2　学校教育におけるジェンダー・バイアス

1　学校は男女平等か

すべての児童は教育を受ける権利があり、国はその責任を果たす。とはいえ、子ども・教育現場と国の間は一直線ではない。国の仕事は基本的に、学校制度の制定、学校の設置基準や学習指導要領による教育内容、職員定数など全国的な基準を制定したり、教職員の給与や教科書の無償負担など、教育条件を維持・整備することである。一方、教育現場は行政と教育委員会(首長が任命)との二本立てでさまざまな「指導・助言・援助」を受けるために、教師の裁量権が狭められている。教育委員会は占領軍の教育の民主化政策によってできた制度で、教育を政治から「中立」に守るためにできた。しかし現実には、教育委員会も現場も国の規制と補助金によって自主権を失っていて、子どもの学力の低下、学級崩壊、イジメなどに繋がっている[2]。

たとえば、学校は知識の詰め込みや受験のために勉強するところではなく、「個性重視のゆとり」があるべきだと、80年代から「ゆとり教育」が取り入れられた(1981年から授業時間を削減、1989年の学習指導要領の全面改訂、1992年から実施、2002年度から全面実施)。学習内容、授業時数が削減され、全学校は週5日制になり、「総合学習の時間」、「絶対評価」が導入された。

1　日本女性学会ジェンダー研究会編『男女共同参画／ジェンダーフリー・バッシング』明石書店、2006年。
2　保坂郁夫『教育委員会廃止論』弘文堂、2005年。

2004年に、日本の児童生徒の学習到達度の低下が OECD の調査で明らかになったために「教育再生」が叫ばれ、「ゆとり教育」の見直しが始まった（2005年度から学習指導要領の見直しが行われ、実施は小学校は2011年、中学校は2012年、高等学校は2013年からとなった）。英語教育も小学校から取り入れられる。現場の先生は大変だろう。子どもによっては「小一プロブレム」[3]といわれるように学校生活になじめず、授業中騒いだり、歩き回る子どもがいるクラスが1年たっても50％以上あるという。中学校では「学習面で不安」があって、クラスになじめない生徒が7割にも上るという。教育現場は深刻だ。

　学校の教科は文部科学省が審議会によって決定する学習指導要領と国家検定による教科書検定によって、具体的な教育内容がカリキュラムとして示されている。学校は多数の同年齢の児童・生徒がおなじ教室で教師たちから知識を伝えられ、学習をするという学びの場である。しかし、学校は部活動や行事などの教科に準じる課程もあり、友人関係、教師との関係、教育方針など、授業以外の時間でも学校の意向が反映される。また、生活指導など、学校教育は多岐にわたるコミュニケーションの場であり、カリキュラムだけで運営されているわけではない。

　「隠れたカリキュラム」とは、学校の正式なカリキュラムの中にはないもので、無自覚・無意識のうちに伝達されている知識・文化・規範が教師や生徒の間で教えられ・伝えられていくものをいう[4]。たとえば、児童・生徒が校風を受け継いでエリート意識を持ったり、スポーツや団体で高い評価を受けてきた学校は伝統として勝ち抜くことが期待される。また、男子校の生徒が「男らしさ」の発露に暴力的な行動を起したりするなど、隠れたカリキュラムは学校における社会化の過程をとおして、児童・生徒の意識や態度となって現われる。「男の子」「女の子」という性による社会的役割意識も「隠れたカリキュラム」によって影響され、形成される[5]。

3　「4校に1校〈小一プロブレム〉」「日本経済新聞」11月12日、夕刊。
4　木村涼子『学校文化とジェンダー』勁草書房、1999年。
5　マイラ＆デイヴィッド・サドカー『「女の子」は学校でつくられる』時事通信社、1996年。

学校ではさまざまな場面で「男の子」と「女の子」が区別される。男女別に並ぶ、体育の授業で男女別のグループをつくる、学校の行き・帰りにグループになるときはしばしば性別によって分かれている。これらすべてがジェンダーに満ちたものとして受け止められるものではないが、教室内での発言は男子のほうが多いといわれ、教師のジェンダー観、つまり、男子は活発で積極的、女子はおとなしくて消極的という評価を生み出している[6]。

　学校教育の場は男女平等と思われている。実際、他の社会的な集団と比較して「男女の地位は平等になっていると思う」は、学校は63.4％で、職場（23.9％）、政治（23.2％）、社会全体（20.2％）などと比較すると明らかに高い[7]。それでも未だに学校において、「男性のほうが優遇されている」という意見が15.1％ある。平成20年度の学校基本調査によれば、教師の女性比率は小学校62.8％、中学校41.5％、高等学校28.5％となっており、上級学校に行くほど女性教師の比率が低くなる。そして、管理職も小学校39.1％、中学校12.2％、高等学校11.2％で、管理職の女性比率にも偏りが見られ、学校では「男性のほうが優遇されている」と感じることに繋がっている一つの要因だろう。1979年から30年間放映された「３年Ｂ組金八先生」で女性校長が金八先生の理解者として毎回出演したが、学校という場で「女性校長」「女性が男性を支援する」ことを映像化したのは、学校や教師像の先駆的なイメージを送り出したといえよう。

　保育園や幼稚園に通う幼児期は「男女の差」がないと考えられがちであるが、保育者や保護者によるジェンダー観は「自然に」子どもたちを植えつけていく。多くの保育園・幼稚園が女子のロッカーの目印をピンク、男子のロッカーをブルーにして、わかりやすくしている。しかし、ピンクの好きな男の子が一人もいないとはいえないし、ブルーの好きな女の子もいるだろう。自分の好きではない色を押しつけられるのはあまりうれしくないだろう。制服も女子はスカートで男子は半ズボンだ。おけいこ事は男子がスポーツ、女子は音楽やバレエと「女の子らしく／男の子らしく育ってほしい」と

6　木村涼子「教室におけるジェンダー形成」『教育社会学研究』第61集、1997年。
7　内閣府「男女共同参画社会に関する世論調査」平成19年８月調査（〈http://www8.cao.go.jp/survey/h19/h19-danjyo/2-1.html〉）。

男女の違いを「特性」と受けとめて尊重する保護者が少なくない。

　小中学校は子どもに対する「男女平等教育」の実践の場である。専業主婦の家庭で父親が家事を手伝わない家庭の男子も、学校では給食当番や掃除当番をしなければならない。男子がうまくできなくて、女子に叱られたりする場面もあるだろう。女子も重いものを運ぶ係りになるかもしれない。重いからといって、役を降りるわけにはいかないのだ。スウェーデンの男女共同参画の教科書にある絵は、20キロの荷物を男性が一人で背負っていた。女性は荷物を10キロに分けて二人で持つことを提案している。そういう発想を子どもたちにも伝えたいものだ。

　中学を卒業して高校進学する者は、男子97.4％、女子98.0％でほとんど差がない。高校卒業者の大学の学部進学率は男子50.0％女子49.3％で男女の差は大きくない（いずれも平成20年5月調査）[8]。女子の大学進学率は平成2（1990）年に15.2％であったから急速に伸びてきた。しかし、大学（学部）における学生の専攻分野を見ると、女子学生が専攻している分野の1位は社会科学（27.6％）、2位は人文科学（25.7％）、3位は教育（8.8％）である。一方男子学生の1位は社会科学（41.5％）、2位は理工学（28.9％）、3位は人文科学（8.9％）と大学の専攻分野でも男女の偏りが見られる（平成20年度学校基本調査）。

　高等学校を卒業して就職した場合にも（就職率は男子21.8％、女子16.1％）、就職先は男女によって大きく異なっている。男性は53.4％が製造業に就職し、建設業が8.5％、公務員が7.2％、サービス業（飲食、その他を含む）が7.3％となっている。女子は多様で、製造業が30.7％、卸売り小売業が20.9％、サービス業（飲食、生活関連、その他を含む）が20.9％、医療福祉が10.6％と職種に広がりがある。高校卒の女子が医療・福祉関係の仕事につく割合が高いのは、「医療・介護・福祉」は女性職として定着していることと関係があるだろう。介護施設の職員の77.8％は女性である（厚生労働省「平成16年雇用動向調査」）。

8　文部科学省「平成20年度学校基本調査」〈http://www.mext.go.jp/b_menu/toukei/001/08121201/001.pdf〉

労働市場は女性を多く受け入れている（女性の入職率21.8%）が、離職率も21.7%（厚生労働省「平成17年度雇用動向調査」）とほぼ同じ人数がやめていく。したがって、勤続年数も少なく、賃金も安く、男女の格差もある（厚生労働省「平成17年賃金構造基本調査」）。この様な統計を見ていると、学校を卒業した若者が本当に自分の好みや希望にそった仕事についているのであろうかと疑念がわく。

　就職先の決定には「隠れたカリキュラム」が潜んでいて、「男らしさ」「女らしさ」のこだわりが、すでに自分の中に形成されつつあるジェンダー観や指導にあたる教師や家族、そして受け入れ先の企業のジェンダー観を反映する。と同時に、強い経済原則が働くことも見過ごせない。正規雇用での就職が困難になっている時代にあって、雇用需給は必ずしも個人の志向や希望にそわない。女性職、男性職といわれた性別による職業の壁は低くなりつつあるが、現実には男性の保育士、看護師、福祉関係への就労は少なく、女性の建設業などへの就業率も低い。

　「隠れたカリキュラム」は他にも、男女別名簿や男女別の並び方、ロッカー・靴箱などの順序、さまざまな場面での色分けなどが男女をそれぞれ違うカテゴリーに分けていく。小さいときから学校という本来性差別がないはずの場において、「性別で分けて、分類し、価値づけをする」ことが意識のレベルに刷り込まれている。教師も自分の中にジェンダー意識を持っていて、それが子どもに伝えられているのが現状だろう。教師は注意深く子どもたちに接しないと、その言葉の端々に、ジェンダー意識が表われてしまう。たとえば、「男だろ、もっと数学がんばれ」とか、「理科が嫌いか、女子だから仕方がない」とか、「男子はきりっとしろ」といった声がけを、なにげなくしていないだろうか。ジェンダー意識が子どもたちに及ぼす影響は小さくなく、教師の意識変革と、注意深い表現が求められる。

2　男女混合名簿

　公立小学校、中学校などの男女共学の学校において、児童、生徒を、性別に関係なく、姓名の五十音順やアルファベット順などによって並べる名簿を男女混合名簿という。従来、男女は別々にそれぞれ五十音順に並べ、男子を

先にした名簿が用いられてきた。男女別名簿は、いつも「男が先、女があと」という序列をつくり、男子優先あるいは女と男は生まれながらに違う存在で区別されるもの、という強力なメッセージが織りこまれてしまう。長い間の学校慣行と教師の意識に刷り込まれたジェンダー・バイアスを、「男女混合名簿」に変更することによって、暗黙のうちに定着していた隠れたカリキュラムへの気づきが提案されてきた。「男らしく」「女らしく」ではない「自分らしく」を基盤にした男女平等教育への一つの取り組みと考えられた。

　名簿を男女混合にすれば、すべてが平等になるわけではないが、一つの試みである。1999年、男女共同参画基本法が制定された。2000年には東京都で東京都男女共同平等参画基本条例が制定され、東京都男女共同平等参画基本審議会の答申として、男女混合名簿が提案され、日常のなにげない行為の「見直し」から学校における男女平等の実践的取り組みが始まった。また、女子には「さん」男子には「君」をつけてよぶことも「普通」であったが、男女ともに「さん」に統一されるようになった。実際、名簿はパソコンの入力ができていれば、どのような並べ方にも簡単に並べ替えられるから、実践はさほど時間もかからず問題もなかった。

　全国に先駆けて男女混合名簿導入をした東京都国立市は、1998年に教育委員会発行の「国立市男女平等指導手引」を作成し、04年には小学校全8校、中学校2校のうち1校が混合名簿を使用するようになった。東京都内では、平成14（2002）年4月現在、小学校81％、中学校42％、高等学校（全日制）83％が男女混合名簿を導入していたが、平成16（2004）年8月に、男女混合名簿の導入に関して、一つの通達が東京都教育委員会から都立学校長宛に出された。

2　男女混合名簿について

　東京都教育委員会は、これまで学校における出席簿等の名簿について、望ましい男女共同参画社会の実現に向けた取組の一環として、男女混合名簿の導入を推進してきた。

　しかし、近年、「男らしさ」や「女らしさ」をすべて否定するような「ジェンダー・フリー」の考えがでてきている。それに基づき、男女混合

> 名簿を導入しようとする主張がみられ、学校において混乱を招いていると
> ころである。こうした「ジェンダー・フリー」の考え方に基づいて名簿を
> 作成することは、男女共同参画社会の実現に向けて男女混合名簿を推進し
> てきた東京都教育委員会の考え方とは相容れないものである。
>
> したがって、「男らしさ」や「女らしさ」をすべて否定するような誤っ
> た考え方としての「ジェンダー・フリー」に基づく男女混合名簿を作成す
> ることがあってはならない。

2000年から04年の間に「男女混合名簿」は望ましい男女共同参画として推進されてきたが、「男らしさ/女らしさをすべて否定するジェンダー・フリー」の考え方に基づく「男女混合名簿」は策定してはならない、という通達の内容である。このようなまったく相反する行政の指令に教育現場は混乱した。

「ジェンダー・フリー」という言葉は、90年代の初めに「ジェンダーの呪縛から解き放たれ、自由になる」という趣旨、あるいは「ジェンダーにとらわれない見かたや考え方」として女性たちが提唱した。その主張に対して、「ひな祭りや端午の節句のような伝統的行事をすべて廃止せよ」という主張と取り違えたり、「伝統はどうなる」と反論が出てきた。また、男女をすべて平等にすれば、体育の授業や修学旅行の部屋割りなど、かえって不便が起きるという強い批判をメディアなどで展開するジェンダー・バッシング(またはバックラッシュという)が起きた。それを受けた東京都教育委員会が「ジェンダー・フリー」はジェンダーとは違うという見解をもって出したのが、上記通達である。

伝統は大事であるが、自由な発想に基づいた「男女平等」を主張することに対するバッシングは多くの場合受け入れがたいものであった。この通達は行政が一方の主張のみを取り上げて対応した事例として、記憶しておきたい。

3　学校が性差をつくり出してきた歴史

日本では明治5 (1872) 年に学制 (太政官布告) が発布され、各地に小学

校が設立された。「一般の人民華士族農工商及婦女子必ず邑に不学の戸なく不学の人なからしめんことを期す」9)と謳われ、父兄が必ず子弟を学校に通わせるようにと奨励されたが、一定の教育費が徴収されること、子どもが労働力として重要な役割を果たしていたことなどから就学率は明治10（1877）年で男子30％、女子はその半分の15％であった。明治12年に学制が廃止され、教育令が公布される。そこでは「凡学校ニオイテハ男女教場ヲ同クスルコトヲエス」と男女の別学が示された。

　女子は男子の半分程度しか就学しないために、女子の就学率を上げる目的と裁縫を履修させるために女性教員が各学校に配置されるようになり、明治7年には女子師範学校が創立された。それでも「女子に学問は不要」という批判があり、明治43（1910）年には裁縫教育を重視した実業高等学校、その10年後には裁縫、手芸、割烹などを教える職業学校が女子の中等教育として制度化された。当時の女子にとって裁縫は主婦の重要な仕事であり、稼ぐ手段ともなる重要な教科で、中等教育の中心におかれた。

　中等教育は男子には明治14（1881）年に中学校5年制、女子には4年制の高等女学校が明治24（1891）年に制度化され、男女の教育格差が広がった。女子の中等教育は明治10年以降私立のミッションスクールが次々と創立され、高い水準の教育を行った。

　高等教育では、男子には大学、専門学校、高等師範があったが、女子には女子専門学校と女子高等師範だけで、明治の後半になると女子大の創立運動（成瀬仁蔵による日本女子大学など）や専門学校の門戸解放などの運動が起きたが、女子の大学入学の制度化は第二次大戦後のことになった。

　明治24年から37年にかけて小学校への女子の就学率は急激に上昇している。日本が日露戦争に勝利し、良妻賢母思想の浸透のために国家志向型の女子教育の重要性が認識され、政府が就学督促運動を展開し、女子の就学率を高める努力をしたことがその背景にある。

　近代社会は教育の場において、「男女の特性に応じた教育」か「人間として同じ教育か」で常に議論を呼んできた。日本では初期の教育から軍国時代

9　太政官布告〈http://www.geocities.jp/sybrma/index.html〉を参照。

においても、高度経済成長期にも「男女の特性」が強調されてきた[10]。そのような「特性」を強調した教育の事例として、家庭科と体育に関して見ていきたい。

1 家庭科教育の変遷

戦後の日本の教育は大きく変わった。昭和22（1947）年に教育基本法が制定され、新教育制度が発足した。教育基本法の5条には、「男女は、互いに敬重し、協力し合わなければならない」と謳われた。同年新教科「家庭」が創設され、民主的な家族関係を根底とした家庭建設者の育成がめざされた。小学校では、5・6年の男女共に必修で「家庭建設の教育は各自が家庭の有能な一員となり、自分の能力に従って、家庭に、社会に、貢献できるようにする全教育の一分野である」とされた。しかし、男子が工作を学ぶ時間に女子が被服を学び、そして男女が共に家庭科を学ぶという変則的な一部共学、一部別学で発足した。占領軍は男女の教育機会均等の推進をしており、日本政府の文部省の教育課程案にどこにも女子のみが学ぶと書いてないことから名目的な男女差別はないと判断し、日本政府のやり方を了承した。その結果、家庭科の中身は、男子の学ぶ「家庭工作」、女子の学ぶ「家庭技術」、そして男女が学ぶ「家庭」と三つに分け、それを一つの「家庭科」として「男女が学ぶ」としたのであった[11]。

女子が学ぶ「家庭技術」の中の被服は週2～2.5時間があてられ、寝巻きや襦袢などからかなり高度な内容に到達するようになっていた[12]。当時の日常着は和服であったから、普段着の用意は主婦である女性の仕事であった。そのために、女子教育に裁縫技術が重要視されたのである。

昭和22年新制中学校の発足時における家庭科の教科名「職業科」で、男女とも農業、商業、工業、水産、家庭（当初は家政）を学ぶ、となっていた。

---

10 佐藤尚子・大林正昭編『日中比較教育史』春風社、2002年。
11 朴木佳緒留「女子特性論教育からジェンダー・エクィティ教育へ」橋本紀子・逸見勝亮編『ジェンダーと教育の歴史』川島書店、2003年。
12 西之園君子・中村民恵「戦後における小・中・高等学校の家庭科の変遷」「鹿児島純真短期大学紀要」30号、2000年。

家庭は職業科の中の一分科であり、女子のみ履修であったが、これら五つの教科の中から一または二教科を選択できた。女子のみの家庭科を含んだ職業科全体は男女とも学ぶシステムとなったために、表面上職業科は「男女の教育機会は均等」を保障していた。

高校では昭和22年には大幅な選択制がしかれ、必修科目は国語、社会科、体育のみで、数学と理科は「履修が望ましい」とされた。家庭科は実業に配置され選択制ではあったが、履修時間は週10～15時間配当された大教科であった。しかし、家庭科は進学しない女子のための教科[13]と見られ、形式としては「男女共学」であったが、実際には女子を対象としたものであった。また、戦前の男子のみの中学校を前身とした新制高校は男性教師が多く、男性が優位な雰囲気があり、家庭科を普通教科と見なさなかった。一方、女学校を前身とした新制高校では女性教師が多く、家庭科の履修時間が増えたことを前向きに受け止めた。

昭和26（1951）年には、男女別「家庭」「家庭技芸」が選択となり履修時間は7時間になった。そのような状況の中で、高校は大学受験準備過程となり、家庭科の履修者は7割程度であった。「いずれ女子は主婦になるから高校では家事に関係ない学習」を望む親・本人が多く、「家庭科の危機」を訴える請願は「家庭科女子必修」を訴えた。そして昭和35（1960）年、高校の家庭科は女子のみ必修の「家庭一般」とされ週4時間になり、家庭科男女別修という方針が1963年から93年までの30年間続いた。

このように家庭科の変遷を見ると、終戦直後の占領下の「民主的家庭の建設」という理想はすぐに頓挫したことがわかる。その後、中学では昭和26（1951）年から男女は別学で「職業・家庭」となった。昭和33（1958）年からは、「技術・家庭科」は男子向き生産技術と女子向き家庭生活技術と二系列になり、必修で週3時間と決められた。ほぼ20年後の昭和53（1977）年、国際婦人年の影響などがあって、男子の家庭科と女子の職業科への乗り入れが始まると同時に、週2～3時間と時間が削減された。

13　朴木佳緒留「ジェンダーと家庭科の深い関係」斉藤弘子・鶴田敦子・朴木佳緒留・丸岡玲子・望月一枝・和田典子『ジェンダー・エクイティーを拓く家庭科』かもがわ出版、2000年。

中学・高校における家庭科の男女別修は、1979年の「女性への差別撤廃条約」の国連での採択後は、明らかな性差別と指摘され、1985年の日本政府の条約批准を期に小・中・高等学校ともに男女必修となった。しかし、「教育指導要領」[14]の改訂は10年毎であるということで、実際に改定されたのは1989年で、女性への差別撤廃条約に間に合わなかっただけではなく、実施は1994年とさらに10年近く遅れた。

　家庭科の創設は、戦後の民主化のシンボル、戦後の新しい教育理念を象徴するものであったが、上記に見たように、数年後には「男女共通部分」に加え女子のみの履修部分が組み合わさって男女の履修が区別されてきた。まさに、日本が高度経済成長を果たすのに都合よく性役割の強化に寄与した。すなわち、男子は「技術家庭」を学び、生産者の卵として中学・高校を卒業し、社会の一員となる。女子は「家庭一般」を学び、非生産者として、家庭の主婦となるというライフスタイルに合わせられた教育システムが構築され、家庭科によって、ジェンダー規範を学校がつくっていたことになる。家庭科共修が「当たり前」の時代になったが、性役割やジェンダーによる差別の解消に学校教育が積極的に寄与しているのであろうか。

2　体育

　教育の歴史を見ると、体育も家庭科以上に学校教育の中で男女別を明確にしてきた。体を動かす能力は外から明確に差異がわかる。その差異は、男＝力がある、女＝か弱いという固定概念の上に立つもので、目に見える差異と男女の性の差異に重ねることは「当たり前」であった。

　そもそも明治以来政府は「日本男子」の健康な体を兵力として必要としてきた。明治時代の武力を持って職業とする武士階級はなくなり、全国民の兵役義務を定めた。徴兵令は明治4（1871）年に始まった。軍隊で採用された運動は体操で、身体の柔軟性や敏捷性、筋力を高める基本的訓練が陸軍師範学校において士官候補生に行われた。

14　学習指導要領は教育課程の基準を示すもので、法的拘束力を持っているとされ、具体的な教育内容に影響を与える。横山文野「家庭科教育政策の変遷――教育課程における女性観の視角から――」東京大学『法政紀要』第5号、1996年参照。

当時の体操の目的は、身体能力を高めることと同時に集団秩序の形成であった。明治11（1878）年に東京女子師範学校で「身体発育、発達」を目的として、外国人教師が体操術を3年間教えた。その後、女子高等師範学校（現お茶の水女子大学）、体操伝習所（現筑波大学体育専門群）で女子の体操の専門家が養成された。明治18（1885）年森有礼が文部大臣になると、師範学校の教育には全面的に軍隊式教育が取り入れられ、小学校、中学校にも「兵式体操」が採用された。

　一方前述したように、子どもは一人前の労働力であったこと、また学費は現金で払わなければならず、就学率は上がらなかった。明治23（1890）年教育勅語が発布され、学校におけるさまざまな儀式が規定された。その中に運動会があった。レジャーの少ない時代に地域が一体化して「公認の遊ぶ日」が設定され、学校が運動会を開催し、学校の門戸を広げ、就学率上昇に寄与した[15]。

　20歳以上の男子は徴兵令によって、体の差別化が始まった。身長150センチ（5尺）以上の男子は「外部疾患内部疾患の病状を検査」を受けその体を甲乙丙と序列化された。女子は女学校に通う中・上流の女子を「優良な子どもを産む」身体を持ち、将来妻・母となることが想定された教育を受け体操を学ぶと共に、か弱い身体の保護を受け「月経の時には休む」とされた。一方、明治以降の産業革命にともなう近代化の中で安い労働力として働いていた女工は、頑強だが「野卑な」身体を持つために、月経時にも苦労しながら働き続けることが強制された。女性の中にも身体を通しての序列化があった[16]。

　歴史的に体育は男子の単位数が多く、女子には男子にないダンスなどがあり、性別による違いは「当たり前」とされてきた。1985年の女性への差別撤廃条約によって、教育上の性差別が見直され、前述のように家庭科の学習指導要領が改訂された。同時に体育も見直されたが、実際は男女が好きなように武道やダンスを選べるようにはなってはいない[17]。また、「男女が同一の

15　北澤一利『〈健康〉の日本史』平凡社新書、2000年。
16　田口理沙『生理休暇の誕生』青弓社、2003年。

時間に、同一の教師から、同一の空間で授業を受けていても、達成目標に差がつけられたり、男女別のグループで実施されたりしている」[18]。「男女の性差による運動能力や体力の違いを理解し、適切な行動を取れるようにする」(奈良女子大学付属中等教育学校「2006年指導計画書」)など、明らかに性差を体力や運動能力と結びつけている教育が未だに行われているようだ。

　ある調査では7歳児の70％が習い事をしており、男女ともに一番多いのはスイミングであるが、男子2位のサッカーは女子はほとんどしていない。また女子の36％がしているピアノなど音楽は男子の9.6％しかしていない[19]。体育の授業では、球技の経験が体育の成績に結びつき、男女の生まれつきの能力のように見られやすい。女子は男子より本当に体力がないのだろうか。体育の授業で行われる運動能力テストは、体格差や経験差が反映されたり、持久走などははじめから男女で距離が違うように設定され、「女子の運動能力は低い」というジェンダー・バイアスを再生産していると思われる。

　2007年9月中央教育審議会の専門部会は、新しく改定される学習指導要領で、中学校の保健体育の授業の中で、武道とダンスを男女とも必修とする案をまとめた。幅広い競技を授業で教え、子どもたちに生涯楽しめる運動を見つけさせるためで、武道には礼儀作法を身につけさせる狙いもある。2006年12月に改正された教育基本法で、教育の目標に「伝統と文化の尊重」が掲げられたことから、「武道は日本の伝統や文化を知るために役立つ」とされ、新指導要領は早ければ2011年度から実施される。

4　まとめ

　2005年女性の富山市議が質問として取り上げた富山市の小学校給食の男女差が注目された。富山市の教育委員会では給食制度の開始以来28年間、給食

17　井谷恵子「学校体育とジェンダー」飯田貴子・井谷恵子編『スポーツジェンダー学への招待』明石書店、2004年。
18　佐野信子「男女共修 vs 男女別修」飯田貴子・井谷恵子編『スポーツジェンダー学への招待』明石書店、2004年。
19　厚生労働省「第7回21世紀出生児縦断調査」平成21年11月30日発表。

のご飯とパンの量を男女で区別し、パンの小麦粉の量は男子120グラム、女子90グラムとしてきた。「平均所要栄養量基準」が改訂された1987年からは、パンは男子100グラム、女子70グラム、米飯は男子120グラム、女子100グラムに改定した。理由は、長年の慣行であることと、男女のエネルギー代謝が違うこと、女子には毎年差額として1000円が返還されることなどが答弁されたが、行政のジェンダー・バイアスが明らかになった事例としてメディアが取り上げた。富山市の教育委員会は、「差別ではない」という主張を崩さないままに、男女が給食の量を自由に選択できる制度に切り替えた。選択性に切り替えられたことで、差別が解消されたかのように落ち着いた。

この事例のように学校教育の場における明らかな男女差別はなくなってきているが、男女平等教育は必ずしも実質的に遂行されているとはいえない。教育がジェンダーの差別の再生産と深く関係していることを覚えておこう。

●● 参照 + 参考文献 ●●●

天野正子ほか編『新編日本のフェミニズム⑧ ジェンダーと教育』岩波書店、2009年。
飯田貴子・井谷恵子編『スポーツジェンダー学への招待』明石書店、2004年。
北澤一利『〈健康〉の日本史』平凡社新書、2000年。
木村涼子「教室におけるジェンダー形成」『教育社会学研究』第61集、1997年。
木村涼子『学校文化とジェンダー』勁草書房、1999年。
小山静子『良妻賢母という規範』勁草書房、1991年。
斉藤弘子・鶴田敦子・朴木佳緒留・丸岡玲子・望月一枝・和田典子『ジェンダー・エクイティーを拓く家庭科』かもがわ出版、2000年。
佐藤尚子・大林正昭編『日中比較教育史』春風社、2002年。
佐野信子「男女共修 vs 男女別修」飯田貴子・井谷恵子編『スポーツジェンダー学への招待』明石書店、2004年。
田口理沙『生理休暇の誕生』青弓社、2003年。
西之園君子・中村民恵「戦後における小・中・高等学校の家庭科の変遷」「鹿児島純真短期大学紀要」30号、2000年。
日本女性学会ジェンダー研究会編『男女共同参画／ジェンダーフリー・バッシング』明石書店、2006年。
橋本紀子・逸見勝亮編『ジェンダーと教育の歴史』川島書店、2003年。
朴木佳緒留「ジェンダーと家庭科の深い関係」斉藤弘子・鶴田敦子・朴木佳緒留・丸岡玲子・望月一枝・和田典子『ジェンダー・エクイティーを拓く家庭科』かもがわ出版、2000年。

朴木佳緒留「女子特性論教育からジェンダー・エクィティ教育へ」橋本紀子・逸見勝亮編『ジェンダーと教育の歴史』川島書店、2003年。
保坂郁夫『教育委員会廃止論』弘文堂、2005年。
本田由紀『教育の職業的意義——若者、学校、社会をつなぐ』ちくま新書、2009年。
横山文野「家庭科教育政策の変遷——教育課程における女性観の視角から——」東京大学『法政紀要』第5号、1996年。
マイラ&デイヴィッド・サドカー（川合あさ子訳）『「女の子」は学校でつくられる』時事通信社、1996年。

7章　地球環境とジェンダー
人口問題と貧困

1　はじめに

　私たちの生活は地球環境の恵みの上に成り立っている。人間は、ときには周囲の環境から得られる資源を獲得しながら、ときには環境と共存しながら生活を営んできた。しかし、19世紀の産業革命以来、資本主義の発展と工業・技術の発達、人口の増加、都市の形成と人口の集中などが世界中の環境を破壊してきた。

　人間の生活が環境によって決定されるという「環境決定論」は、ダーウィンの「進化論」を受けて多くの人に影響を与えてきた。実際、暑い国の人々の生活と寒い国の人々の生活とでは自然環境に影響されて、まったく違う生活様式を生み出し、異なる文化を創出してきた。一方、人間の生活は環境の影響を受けながらも、環境を利用し、挑戦してきた歴史でもある。開発・近代化というモットーの下で、多くの技術を生み出し、人間の生活を豊かにしてきたのも確かで、この考え方を「環境可能論」という。中東では、砂漠の中に海水を真水に替える装置を使ってゴルフ場をつくっている。日本では、列車・新幹線網が山々をくりぬきトンネルをつくって、東京と地方を結びつけた。また、米の生産地の北上、ダム建設による治水や道路の発達で生活が変化したなど、現代の生活は環境から得られる利益を最大化してきた。

　環境を変更することによって、私たちの都合のよい生活環境をつくったことは、本当に豊かな生活を手に入れたことになるのであろうか考えてみたい。

2 公害の歴史とその対応

1 産業革命から工業化へ

　人間の環境への挑戦を振り返れば、第一の段階は産業革命という大きな技術革新によって、人間は富を得、便利で快適な生活を手に入れた。石炭、その後は石油や天然ガスといった炭素分の多い燃料をエネルギーとして使い、環境に負荷を与えながら工業が発達した時代が第一段階である。第二の段階は先進国の工業化で、急速な環境汚染の時代といえる。四大公害病のような深刻な問題が発生していたにもかかわらず、技術の発展と経済効率を優先するために、人々の生命を奪ったり、生活を破壊した。環境汚染・環境破壊が問題となってからも、経済発展と環境保全は相反すると考えられ、環境より経済が優先されてきた。第三の段階は、人間の営みの見直しを行い、環境への配慮をした循環型社会への転換で、優れた技術による「持続可能な発展」をめざすところにある。

2 公害とは

　企業や行政の活動によって、環境の変更や環境への配慮不足から起きた人為的災害を公害という。そのような公害のために、甚大な被害を受けた周辺の住民の声は長い間、企業や政府に届かず多くの命を失うなど、人々の暮らしを破壊してきた。四大公害病、すなわち水俣病（熊本県）、新潟水俣病（新潟県）、四日市ぜんそく（三重県）、イタイイタイ病（富山県）は、高度経済成長期に確認され、70年代に次々と訴訟となった。公害の歴史は古く、明治・大正期からあり、足尾鉱毒事件（栃木県）とか土呂久ヒ素中毒公害事件（宮崎県）などが知られている。最近でも多くの建物の断熱防音に使われている建築材料のアスベストによる公害は、まだ実態の解明・解決さえできていない。

　水俣病、新潟水俣病、イタイイタイ病の原因は、工場排水の中に有機水銀が含まれたまま流され続け、周辺の海や川が汚染され、その魚を食べた人が中毒を起している。四日市ぜんそくは、四日市コンビナートの工場のばい煙による大気汚染によるものである。そのほかに公害の原因として、騒音や振

動（新幹線・飛行機・自動車・工場）、地下水の利用による地盤沈下、悪臭などがある。いずれの原因であっても、原因物質の除去装置や対策がないわけではなく、それを怠ったのは経済効率が優先されたからに他ならない。公害は多くの人の命を奪っただけではなく、いまでも苦しみ続けている人がいる中で、被害に目を向けなかった政府の姿勢にも課題が残っている。生活が破壊された人々は、政治的な手段の救済を訴えても受け入れられず、長い苦しい裁判闘争を余儀なくされ、肉体的・精神定・経済的につらいだけでなく、企業で働く普通の市民からも厳しい批判を受けた。被害は次世代にも起きている。日々の暮らしが便利になったことと、経済発展などと引き換えに奪われた人々の暮らしとその対価を忘れてはいけない[1]。

3 環境保全か、経済優先か

1970年11月に開催された第64臨時国会は、公害問題に関する法令の抜本的な整備を行ったことから「公害国会」と呼ばれた。7月に当時の首相佐藤栄作を本部長にして公害対策本部が設けられ、公害関係法制の抜本的整備と広範な内容の公害関連14法案に取り組み可決された。公害対策基本法の一部の改正、騒音規制法、廃棄物処理及び清掃に関する法、下水道法の改正、公害防止を事業者が負担する法、海洋汚染防止法、公害犯罪の処罰法、農薬取締法改正、農用地の土壌の汚染防止、水質汚濁防止法、大気汚染防止法、自然公園法の改正、毒物及び劇物取締法の改正が行われた。

なかでも注目されたのは、公害基本法の目的の変更であった。1967年に制定された公害基本法はその第1条の目的に、生活環境の保全については「経済の健全な発展との調和がはかられる」と「経済との調和条項」をおいた。しかし、70年の「公害国会」では、「経済との調和条項」は削除された。つまり、この時点で、生活環境の保全が経済発展より優先されることが明確にされたが、企業からは国際競争に勝てなくなるという批判があった。

---

1 公害を理解するために、参考文献には必ず目を通してほしい。

3　環境破壊の加害者は誰なのか？

1　パブリック・セクター（政府・国連など）

パブリック・セクターは公害防止の責任者であると同時に、環境破壊の加害者となっている。その理由は、①食料の確保のための森林破壊、②水やエネルギーの供給のためのダムや原子力発電の建設、③上・下水道・道路・空港建設などのインフラ整備、④国家を守る（軍備増大）ことと戦争、などである。特に、戦争は最大の環境破壊であることはいうまでもないが、パブリック・セクターの活動は環境破壊と繋がっていることを認識したい。

パブリック・セクターの場合、たとえば、ダムの建設のために移転しなければならない山間の村の人々の私権と公共事業の対立は「公共の福祉」（個人の利益を超える、あるいは制約する機能の公共的利益）という目的を持って行われてきた。「公共の福祉」が優先されるためには、公正な手続きと公開された決定過程、事業の評価が目的と一致するのかなどの精査が必要となる。そのために、行政側は、計画段階から情報の開示を行い、住民参加の意見交換や対話を行い、効果に関してのコンセンサスをつくる必要がある（これはパブリック・インボルブメント[2]という行政手法に反映されつつある）。

2　民間セクター（企業、個人）

経済活動によって利潤を得るのが民間セクターの活動目標である。したがって、①生産活動による利益の追究（公害防止策を有効かつ十分に行うことが必要だが、効率や利潤追求が優先されがちになる危険がある。化学物質を大量に使用してきたことへの環境への負荷はすべてが解明されているわけではない）、②消費の拡大をめざすために莫大な広告費が使われている、③モノとカネの

---

[2] パブリック・インボルブメント（public involvement）は、「市民参画」または「住民参画」と訳される。政策の立案段階や公共事業の構想・計画段階から、住民が意見を表明できる場を設け、そこでの議論を政策や事業計画に反映させる手法で、アメリカでは1991年に法制化され、日本で93年に国土交通省から「ガイドライン」が出されている。しかし、住民の意見は聞くが決定権は国にあり、住民の意見の反映に関してはまだ疑問が残っている。

大移動によるグローバリゼーションが人々に与える影響や環境負荷の大きさ、などの課題がある。過去には利益の増大が環境への負荷を見逃してきたが、近年、政府や自治体による規制が厳しくなったことと企業が「環境に配慮」する姿勢がビジネス・チャンスをつくることが認識され、エコ・ビジネスや環境マネジメントシステムの推進・発展がめざましくなってきている。

3　個人の暮し（生活）

　個人はしばしば消費者と位置づけられる。消費者の一部では環境に配慮して、生産・移送・消費・廃棄のサイクルまで考慮するライフスタイルに転換しつつある。とはいえ、個人の生活すべてを環境保全型に転換することはむずかしい。車や交通機関を使わない生活は考えにくいし、都市部以外では公共交通のサービスの減少も著しい。また、都市部では自分で食料を生産することは不可能になりつつある。よい環境は個人の生活を豊かにするが、個人はまた環境への負荷を与える生活をしてもいる。その矛盾をどのように乗り越えていくのか、さまざまな知恵や技術が結集されなければならない。

　一方、個人が環境に配慮した生き方を実践しても、周りの人すべてを巻き込むことはむずかしい。さまざまな規則を守らない人、環境問題を訴える人たちがゴミのリサイクルを展開しても、恩恵を受けるだけの「フリーライダー（ただ乗り）」の人たちの意識啓発には時間がかかる。

4　環境破壊とは

　環境破壊とは、具体的にどのような現象や要因が重なって起きているのであろうか。簡単に見ていく。

　資源の利用、移動、廃棄などによるもの（自動車の排気ガスやゴミ）を見てみると、以下のとおりである。

① 　資源の利用（消費）——森林や湿原などの自然にある財の利用によって森林が減少し、温暖化の促進や砂漠化を促している。

② 　温暖化による気候変動——人口増加、排ガスなどによるCO_2や亜硫酸ガスの影響には、フロンガスによるオゾン層の破壊などを生み温暖化

の原因といわれている。また、海面水位の上昇、氷河の衰退なども温暖化現象である。
③　廃棄――（生活）ゴミや産業廃棄物、大気汚染、海洋汚染、水質汚濁、酸性雨などにより生態系の破壊が進み野生生物・動物種の減少（足尾銅山や水俣の事例）ばかりではなく、人間の日常生活にまで危険をおよぼしている。
④　さまざまな人工的な化学物質――レイチェル・カーソンがその著書『沈黙の春』で訴えた殺虫剤のDDT、ヴェトナム戦争で撒かれた枯葉剤（ダイオキシン）、核のゴミ、環境ホルモンなど[3]は人体ばかりでなく、すべての生命体をむしばんでいる。

　一つひとつの要因は個別に起きるわけではなく、重なり合ったり、連鎖している。環境破壊の原因に関しては、科学知識も必要でここで十分に述べることはできない。個人で参考書、HPなどで学習してほしい。

　環境破壊の原因の究明はかなり進んできている。しかし、解決方法は科学や物理分野も含め、経済学、経営学、倫理学、政治学（国際政治学も含む）などさまざまなアプローチによる提案もなされてはいるが、その効果はなかなか現われてこない。

　環境経済学では、「環境はタダ」としてきた市場経済の失敗を指摘している[4]。地球温暖化、生態系破壊、廃棄物問題などは、市場が「社会的費用」を無視してきた経済活動の結果である。社会的費用とは、経済活動の通常の費用、すなわち原材料、人件費、減価償却などの「私的費用」に対応する用語で、公共施設の建築費（製品の輸送に使う道路など）、自動車が出す排ガスによる空気の汚染[5]、工場建設のために森林伐採（土地の所有権が企業にある場合には森林の伐採は自由に行える）、森林消失による動物の保護費用、生産者に対して情報の少ない消費者保護のための費用などは、経済活動の主体の企業が負担しないで国民がみんなで負担するために「社会的費用」とい

3　レイチェル・カーソン『沈黙の青』新潮文庫、1974年。
4　日引聡・有村俊秀『入門環境経済学――環境問題解決へのアプローチ』中公新書、2002年。
5　宇沢弘文『自動車の社会的費用』岩波新書、1974年。

う。

　初期の公害は、汚染物質をタレ流すことで私的費用を節約する目的があったが、環境破壊という社会的費用を無視していたのだ。また、環境破壊は企業の活動による市場の外にマイナス効果をもたらすので、「外部不経済」という概念が使われている。2009年に政権に就いたアメリカのオバマ大統領は「グリーン・ニューディール」を打ち出し、環境への配慮と経済の活性化を同時に行う意欲を見せた。環境への配慮が経済効果を生み出すのかどうかを長期的な視野で見守る必要がある。2009年8月の総選挙で政権交代し、首相となった鳩山由起夫は9月22日の国連気候変動首脳会合で温室効果ガスを2020年までに1990年比25％削減すると発表し、国際公約とした。国内では経済界で反対の姿勢を示したが国民からは高い支持を受けた。環境への取り組みは国際政治の重要課題となってきた。

　もう一つ大事なことは、環境が公共的な財であるとしたら、私たちの世代で破壊しつくし、疲弊させたままで次世代に継ぐことはできないという「公正」あるいは「正義」の問題である。たとえば、貧困やHIV／AIDSの問題は、環境問題と深く関わっているが、市場経済の視点だけでは改善しない。その意味では、環境問題には倫理的な視野が必要であると同時に男女ともに、生活者として、環境に配慮したライフスタイルを実践するという、ジェンダーの視点が必要である。また、次世代への配慮を考えれば、環境教育の必要性が明確になってくる。

5　国際社会の動き

1　国連の取り組み

　国連はグローバルな連携によって生まれた新しい考え方、「環境への配慮をしながら経済成長を期待する」という概念を「持続可能な発展」と名づけた[6]。そして、「地球は一つであるが、世界は一つではない」と訴えた。

6　環境と開発に関する世界委員会『地球の未来を守るために（*Our Common Future*）』福武書店、1987年。

「持続可能な発展」には、(1) 地球の資源には限界があること、(2) 豊かな生活は誰もが求めていること、(3) 南北格差（先進国と途上国）、(4) 人権、(5) 次世代への配慮、が必要となる。

国際社会は、1972年の民間シンクタンクのローマクラブによる「成長の限界」という衝撃的な提言を受け、1972年6月に開催された国連人間環境会議（開催地ストックホルム、114ヵ国参加）で提案された人間環境宣言の中で「人間環境を保護し改善させることがすべての政府の義務」を含む26項目を採択し、「かけがえのない地球」という概念を国際社会で共有した。環境国際行動計画が採択され、新しい国連機関として、国連環境計画（United Nations Environment Programme：UNEP）が設立され、本部はナイロビにおかれた（UNEPの活動に関してはHPを参照すること）。

まだこの時点では各国政府は、「国際競争」「経済発展」への注目度が高かったが、1992年6月3〜14日リオデジャネイロでは大きく転換した。環境と開発に関する国際連合会議はリオ・サミットとよばれ、そこでは、(1) 環境と開発に関するリオ宣言の採択、(2) 気候変動枠組み条約の署名、(3) 生物多様性条約の署名、(4) 森林に関する原則の採択、(5) アジェンダ21の採択（具体的な行動計画）と今後の国際社会の環境問題への取り組みを具体的かつ明確にした。

リオ・サミットで重要なのは、初めて環境問題と女性が結びつけられて採択されたことだ。『アジェンダ21』という行動計画には「開発への女性の積極的参加および開発からの女性の受益について十分配慮する」と明記された。多くの女性は暮らしを経営する立場として、食料や水を手に入れる責任があり、環境と問題に関して重要な役割がある。環境と開発について意志決定をする場合には、女性が男性と平等に参加することが重要であることがリオで認識されたのだ。途上国の開発と女性の問題は70年代から議論されるようになったが、女性は常に開発や経済援助などから遠ざけられてきた。地球環境の問題と社会的公平や男女平等は深く関連しているという認識が、ようやく国際的に共有化されたのであった。

リオ・サミットにおいてもう一つ重要な動きは、NGOが国際会議のメンバーとして参加できるようになったことである。これまで、国際会議は政府

間の頂上会議であり、一般市民であるNGOや女性は排除されてきた。食べ物や水を用意するのが女性の仕事である限り、開発に女性が関与し、女性の地位の向上がなければ、環境への配慮は実現できない。地球環境をどうするのか、どのように平等な社会をつくっていくのか、どのように人権を守っていくのか。ジェンダーの視点を持って環境問題を見ることは、社会の不平等を見直すことにつながるのだ。

　2002年8月には、南アフリカのヨハネスブルグで、リオ・サミットから10年目の環境サミットが開催された。リオで共有されたことがどこまで進んだかチェックをし、地球温暖化を含む地球環境問題の対策および「国連ミレニアム開発目標」を進めるという政治的意思を確認し、持続可能な開発に関するヨハネスブルグ宣言が採択された。

2　京都議定書

　1997年12月に京都で開催された気候変動枠組み条約第3回締結国会議（COP3）で採択された二酸化炭素（CO_2）など六種類の温室効果ガスに関して、2008〜12年までの排出削減義務を定めたものが京都で採択されたので、京都議定書という。議定書とは条約を補完する目的の国際法上の成文法をさす。京都議定書は採択されたときから「先進国にはできない」「途上国はそれどころではない」などの議論が噴出し、成果が心配された。当初参加していたアメリカが2001年に離脱、04年にロシアが参加してようやく議定書が発効となったなど、温暖化対策は政治的に揺さぶられた。2012年までに日本を含めて目標が達成できる見込みの国はない。2009年12月7日〜19日までコペンハーゲンで開催された締結国会議（COP15）で、13年以降の国際的な温暖化対策への合意が模索された。初の首脳級会議も設定されたが、先進国と途上国の対立で具体的削減目標のない「コペンハーゲン協定」をまとめただけで終った。「日本は鳩山イニシアティブ」を掲げて交渉をまとめようとしたが、最大の排出国となった中国や京都議定書を離脱したアメリカの態度など難問が山積し、対立軸も複雑化している中で、全会一致の国連方式の見直し論も浮上するようになった。

6　世界の人口の急速な増加と持続可能性

1　貧困と富の偏在

　これまで環境問題の所在、その解決への取り組みを概観してきたが、以下地球環境と深く関わっている人口問題と貧困問題をジェンダーの視点から見ていきたい。

　世界の人口は、2009年4月30日の統計で67億を超え、間もなく68億になろうとしている。1分に140人、1日で20万人、1年で8千万という勢いで増えている。世界中で1年に6千万人が亡くなり、1億4千万人が産まれている。貧富の拡大、温暖化・石油の枯渇、表土と森が失われ、水と食料が不足するなど問題が山積している。人間が生活するためには、酸素と水と食料を必要とし、生きていることは地球環境からの恵みの中にいることを認識したい。ここでは、日々の暮らしと地球環境との関連性、そしてジェンダーとどのように関わっているのかを考えていきたい。〈http://www.arkot.com/jinkou/〉のHPを見ると、衝撃的なスピードで人口が増加しているのを実感できる。必ず見てほしい。

　環境問題で重要なのは、人々の日々の暮らしであり、人口問題は大きなカギである。世界人口の67億人のうち、約12億人が1日1ドル以下で暮している「絶対的貧困」の状態にある。また、最貧層の少し上の1日2ドル程度の収入しかない貧困層も17億人くらいいる。つまり、現在の世界人口65億人の半分近い人々が「貧困」層にあるのだ。2002年のヨハネスブルグ・サミットで確認されたのは、リオからの10年で急速に経済のグローバリゼーションが進行し、南北の富の格差が拡大し、貧困層の増加が、特に一部の地域において顕著であること、それが一層環境破壊を進めているという事実であった。また、2008年秋からの世界同時不況が起きて、これまで中流といわれてきた先進国の労働者が職を失っている。貧困は急速にそして一層広く世界を覆い始め、環境への影響も心配されている。

　2000年、国連のミレニアム・サミットにおいて、以下の目標に数値も入れてかかげたが、2005年に検証したところ達成が難しいことがわかってきた。
（1）極度の貧困と飢餓の撲滅、（2）初等教育の完全普及の達成、（3）

ジェンダー平等推進と女性の地位向上、(4) 乳幼児死亡率の削減、(5) 妊産婦の健康の改善、(6) HIV／エイズ、マラリア、その他の疾病の蔓延の防止、(7) 環境の持続可能性確保、(8) 開発のためのグローバルなパートナーシップの推進。

　人口増加や環境破壊によって、将来的に食糧が足りるかどうかは楽観視できないが、現在の緊急な問題は食料の不足、資源の不足より、すべてが平等ではないというところに問題がある。また、近い将来水不足が起き、「水戦争」が起きると予測する人もいる。

　さらに問題なのは、途上国政府が国内で生産された穀物の流通価格をエリートである都市部の住人に有利な価格で決めたり、外国の大きな資本が独占したりしていることが起きていることである。ときには生産価格が生活コストに満たないほど低く決められてしまい、貧困からの脱出を困難にしている。つまり、貧しい人たちはもともと持っている財が少ないだけでなく、財の交換に関する決定権や情報、選択肢も持っていない。食料援助で配給された穀物が都市部の住人に無料で配給された場合（実例がパキスタンにあった）、農民は農地を捨て都市部に移住し、無料の食料を求めた。その結果、農地は荒れ、都市部では貧困が増大する。したがって、貧困解決の実現には、かなり綿密な地域ごとの農民の実態を把握し、彼ら／彼女らの声を聞かなければならない。それは効率が悪いうえに、人々との繋がりがなくてはできない仕事で、主に NGO が担っているのが現実である。

　このような飢餓問題、食料問題は同時に環境問題でもある。きれいな水、豊かな土地や森林、そして海産物など天然資源が継続的に多量に消費された結果、環境の持つ資源の許容量を超えたのである。一定の規模の人口を養うだけの自然環境が豊かな場所に人々が定着した、という歴史を思い出してみよう。資源が枯渇すれば、競争が起き、経済・政治力に乏しい貧困や飢餓に苦しむ人々はさらに厳しい状況へと追い込まれる。実際にこういった現象は、土地の分配が不均等、不平等な国々において見られ、貧困に陥った家族は荒地や人口過密化した都市への移動を余儀なくされる。

　戦争もまた飢餓問題の原因の一つである。戦争は食物の生産量や販売量を減速・停止させる。食料供給の操作は戦争の一手段としてよく利用される。

戦争は収穫期のサイクルを乱し、穀物や家畜が絶望的な状況下で消費され、子どもは食料不足が原因の病気や教育の不足、親との強制的な隔離など永続的に苦しめられる。たとえ戦争が起らなくとも、国家予算のうちに占める巨額な軍事費は、食料生産、教育や健康・福祉などへの予算を削ってしまうことが少なくない。

2　アフリカの貧困、東南アジアの離陸

　アフリカの貧困は深刻である。かつて、アフリカは豊かな自然に恵まれていたために西洋列強の植民地にされた。1960年代にアフリカは次々に独立し民主的な政権を樹立したが、独立直後に軍事クーデタが起き軍事独裁政権化したり、一党制から強権政治に移行していったりした。1989年12月のゴルバチョフとジョージ・ブッシュ（父）の米ソ首脳会談（マルタ会議）において、東西冷戦終結が宣言されると、アフリカにおける東西の戦略的価値が喪失した。その結果、アフリカへの援助が激減し、東西両陣営から援助を受けていた強権政治体制は弱体化した。

　1980年代はアフリカにおける「失われた10年」で、深刻な経済危機に陥った。多くのアフリカの国で、民主化過程で政治権力の争奪をめぐって民族・党派の対立が内戦をよび、農業は衰退し、恒常的な貧困に陥った。さらに、世界銀行、IMFなどが融資を行うにあたって「コンディショナリティ」という条件をつけたため融資が滞った。たとえば、借款を申し込む国の中央銀行体制・為替体制の強化などが、「コンディショナリティ」として求められたことにより、事実上の融資不能と同時に、他の国からの融資にも同じ条件がつけられ、アフリカは見捨てられていったのである。

　世界最大の人口を持つ中国（中華人民共和国）は1993年11月の共産党大会において、「社会主義市場経済」を目標とすることが決定され、産業における私有化、株式制度が導入された（それまでは産業はすべて国有化され、計画経済であった）。2001年の中国のGDPは1兆ドル（世界第6位）に達し、1989年の2倍近くに増加した。年平均伸び率は9.3％である。人々の生活は、全般的に衣食の問題を解決したレベルから、ゆとりのあるレベルへと飛躍した。中国は食料需給に不安があったために、1979年から一人っ子政策を採っ

ている。1949年解放後、中国の人口は5億未満であったが、60年代、対ソ関係が悪化し中国はソ連との戦争の準備に入り、毛沢東は「戦争の勝負を定める決定的な要素は人間だ」と唱え、人口膨張を促進した。その当時、子どもの多い母親は英雄ママだと励まされた。1979年前後に中国は人口爆発し8億になった。

　毛沢東後の指導者鄧小平は国の方針を政治中心から経済発展へと転換し、人口問題を重要視した。都会では「子どもは一人しか生まない」「晩婚晩育」という厳しい人口政策を打ち出した[7]。現在は、世界一人口の多い国として、安価な労働力による生産力と消費によって世界経済との結びつきが深く、08年秋以降の世界不況に影響を受けながらも回復が期待されている。

　インドの場合は、まだカースト制度（階級制度）がある。中産階級が膨らんだ理由は、知的水準が高い人が多く、特に理数系の人材が多いこと、公用語が英語であること、ITテクノロジーの発展などが上げられる。とはいえ、ITを中心とした知的労働者階級の人たちは、未だインドの人口の一握りでしかなく、十分な教育を受けられるのは、カースト制度の上位にいる国民に限られている。低いカーストの人たちを安い労働者として使うことが可能で、海外投資を誘致している。インドは公平という点から見れば、社会的な課題を抱えながら発展している国である。

3　HIV/エイズ

　2007年までにHIV/エイズ患者・感染者数は3940万人に上り、1年間で490万人が新たにHIVに感染、290万人のエイズ患者が亡くなっている[8]。患者・感染者の65％がアフリカのサハラ砂漠以南の国々に住む。1980年代東南アジア最大のエイズ感染国であったタイでは、国家的プロジェクトが成功して90年をピークに新規患者の増加は抑えられている。また、96年に新薬が登場し、先進国では「死の病」から「コントロール可能な病」になった。しかし、新薬はコストがかかるので、保険・医療制度が充実していたり、政府

7　少数民族は二番目の子どもの出産は認められている。
8　国連開発計画（UNDP）「南部アフリカの貧困とエイズ」報告書。〈http://www.undp.org/hiv/publications/issues/english/issue27e.html〉

の助成がある先進国では発症が抑えられるようになったが、貧しい途上国では治療が不可能で人口構造が大きく変わり、病と貧困が同時に起きている。

南アフリカ共和国では、若い女性の間でHIVの感染率が高い。1997年の都市部での調査では、検査を受けた妊娠中の女性のうち43％がHIVに感染していた。隣国のジンバブエでは、1995年の調査で妊婦の32％が感染していた。この数字から、エイズの感染率が女性のほうが高いように聞こえるが、一般的に血液検査を受けることを嫌がり（また、医療機関が少ない、遠いなどの理由で受けられない人もいる）、妊娠を期に血液検査が行われた結果であって、男性の統計はないのが現状である。南アフリカ共和国は長いアパルトヘイト（人種差別政策）の時代が終わり、黒人の自由な移動が可能になったことがエイズ感染の広まりと関係している。また、長引くコンゴの内戦もアフリカ南部のエイズの広がりに拍車をかけている。その理由は、軍隊でのエイズ感染率が高いからである。若者が家庭から離れ危険を冒す毎日の高いストレスや、男らしく攻撃的であるためにしばしばセックス・ワーカーと接触する機会を持ち、軍隊の移動とともに感染地域が広がっていく。家庭に戻れば、妻を感染させてしまう。妻はしばしば、望まない性行為を強要され、夫からの感染しか考えられない場合でも夫は検査を受けないために、女性に問題があるかのような扱いを受けている。

アフリカ南部の国々には平均寿命が50歳に達していない国が15ヶ国もある[9]（2008年）。なかには平均寿命が40代という国もある。ウガンダでは教育・啓発などに国家が努力することで、死亡率の低下が見られている。アフリカ諸国の貧困とHIV／AIDS撲滅に関しては、先進国からや国連などの資金的支援、国際NGO、国内NGOの連携などの人的支援が重要な鍵である。

7　環境と女性

持続可能な生活を考えたとき、長い歴史が女性を生活者、男性を生産者と

---

[9] 生まれたばかりの子どもがいくつまで生きられるかという予測余命は、比較的豊かな南アフリカ共和国で51.6歳、一番低いジンバブエでは44.1歳である（国連「世界人口推計」2008）。

してきた歴史と切り離すことはできない。そのような歴史的・社会的に構築された性別概念をジェンダーという。

ジェンダーの権力作用によって、女性は「私的な場」である家庭の責任者とされ、子産み、子育て、介護を引き受け、再生産活動を担う役目を担っている。

「持続可能な開発」に女性が大きな役割を果たすということは、1970年代まではほとんど考えられてこなかった。女性の側では、環境問題と女性とは深い関係性があることは早くから認識されていたのだが、生産＝発展＝男性、再生産＝環境＝女性という構図の中で無視されてきた。70年代になると世界中で女性解放ののろしが上がり、男女のさまざまな差別や女性のおかれている状況の改革が世界的に政治課題となった。なかでも、政治的代表に女性が少ないこと、それが女性の地位向上を妨げていること、貧困や人口問題には女性の関与が必要であり、かつ妊娠・出産などは女性に自己決定権があり、人権として確立されるようになった。

1995年に北京で開催された第4回世界女性会議（日本人女性5000人が参加した）をへて、1999年には男女共同参画基本法が制定され、2001年にはDV防止法（2004年に改正）、育児・介護休業法（2005年改正）、2003年には少子化対策基本法など、女性の生き方を支援する法律が次々にできたが、その基本にあったのは必ずしも女性の人権への配慮ではなく、少子化→人口減少→労働力不足→経済の不活性化というロジックの中で女性が見えてきたのだ。特に、2000年以降いわゆる「ジェンダー・バッシング」が起き、05年の自民党結党60周年の「50周年記念党大会」で新たな綱領が採択されたが、従来の綱領に盛り込まれていた「男女共同参画型社会をめざす」という項目を削除・変更した。「ジェンダー」や「リプロダクティブ・ライツ」への激しい攻撃が国会の議論、県議会などでの意見書の提出、またさまざまな会合などで行われている。

そのような状況の中で日本の女性、世界の女性が「持続可能」な生活を展開するためにどのような活動や運動をしているのか、女性の人権や権利をどのように保障していくのかなどについては、12章で学ぶ。

8 まとめ

　私たちは自然環境の大きな恵みの中で生きてきた。日本では20世紀になって近代化、工業化とともに、公害が日本全土を覆うようになった。環境破壊は世界的な課題となり、地球規模の環境の変化が報告されるようになり、その限界が議論されるようになった。その結果、「持続可能な発展」という概念が生まれてきた。人間の営みと環境に関する考え方は変化している。

　環境保護と経済発展は対抗するものと考えられてきたが、エコ・カーなどに見られるように、環境はビジネスの牽引車になりつつある。世界を覆う貧困が環境にどのように影響を与えるのか、まだわからない。私たちには、地球環境・次世代のことを配慮した生活が求められていることは確かだ。その基盤の中にジェンダー平等への視点が不可欠であることを理解し、実践的に環境へのやさしい生き方に取り組みたい。

●● 参照 + 参考文献 ● ● ●

飯島伸子・渡部伸一・藤川賢『公害被害放置の社会学——イタイイタイ病・カドミウム問題の歴史と現在』東信堂、2008年。
石牟礼道子『新装版　苦海浄土——わが水俣病』講談社文庫、2004年。
宇沢弘文『自動車の社会的費用』岩波新書、1974年。
環境と開発に関する世界委員会（大来佐武郎監訳）『地球の未来を守るために』福武書店、1987年。
柴田明夫『水戦争——水資源争奪の最終戦争が始まった』角川SCC選書、2007年。
立松和平『毒——風聞・田中正造』東京書籍、1997年。
原田正純編著『水俣学講義』日本評論社、2004年。
日引総・有村俊秀『入門環境経済学——環境問題解決へのアプローチ』中公新書、2002年。
宮田一雄『エイズ・デイズ——危機と闘う人びと』平凡社新書、2000年。
宮本憲一『維持可能な社会に向かって——公害は終わっていない』岩波書店、2006年。
レイチェル・カーソン（青樹簗一訳）『沈黙の春』新潮文庫、1974年。

8章 メディアとジェンダー
情報の海の中の性差別

1 はじめに

1 メディアの定義

メディアとは情報伝達の手段・媒介である。

メディア（media）の語源はラテン語で中間、中位という意味のミディアム（medium）で、メディア（media）は複数形である。つまり、情報を発信する側と情報を受け取る側を仲介する手段、道具、媒体がメディアである。情報の発信者と情報の受け取る側は直接顔を合わせているのではなく、メディアという仲介によって、またさまざまなツールを通して間接的なコミュニケーションが図られる。

2 情報伝達の方法

情報伝達の方法は以下のように分けられる。
（1）印刷情報——図書、雑誌、新聞、マンガなど
　　スーパーのチラシは元来紙媒体で、新聞に折り込まれて消費者の手に届く。消費者は生活防衛のため、少しでも安いものを買おうと丁寧にチラシをチェックする。最近はケータイなどでも見られるので、職場で見て、帰宅途中の買い物の参考になっている。この例から、伝達方法が急速に変化していることがわかる。
（2）電気通信系情報——電話、放送、パソコン、電話など
（3）口コミ情報——講演、会議、うわさ話、対話など
（4）身体表現情報——表情、しぐさ、ウェーブ、コンサートなど

3　メディア・リテラシー

　メディアをとおして情報があふれている現代社会は「情報の海」といわれる。情報の受け手は、「情報の海」でおぼれないように、情報を整理したり、判断して、必要なものだけを取り出し、理解し、利用するために、一定の技術・知識・能力が必要で、それらの力の総合をメディア・リテラシーという。

　リテラシーとは識字、読み書きの能力という意味があり、仲介されてきた情報は、そのまま受け取るのではなく批判的に受け止める必要がある。

　メディアに仲介されて自分に届いた情報に関して、
（1）正しい情報かどうか
（2）情報に偏りはないか
（3）なぜその情報が発信されたのか
をチェックする能力を持つ必要がある。

　たとえば、保険や投資などのもうけ話の CM は「保障の範囲」をよくチェックしないと思わぬ落とし穴があったり、「必ずしも儲からない」という注意書きは小さく表示されている場合が少なくない。なぜ、小さな字で注意書きがしてあるのか、しっかりと納得のいくまで、メディアをとおさず、さまざまな手段を使って、自分で直接確かめる必要がある。魅力的な笑顔のコマーシャルで多くの人をひきつけるメディアの情報だけを単純に信じることは危険だ。仕掛ける側は情報の受け手のメディア・リテラシーの間隙をぬって、ビジネスを成功させる場合があり、特に注意が必要である。

2　メディアは第四の権力

　近代国家の基本は国民主権で、憲法によって司法・立法・行政の権力を一つにまとめないで互いにチェックする機能が保障されており、それを三権分立という。ここでいう権力とは、「支配する力」である。多様なメディアから発信される多量の情報は「情報の受け手を支配する力」となったり、大きな影響力を持つのでしばしば「第四の権力」といわれる。問題は「第四の権力」にはチェック機能がないことである。

そういう例はいくつも身近にある。

たとえば、第二次大戦中、戦況は大本営発表として国民に主としてラジオと新聞というメディアで伝えられたが、軍による情報の統制によって他の情報は発信されず、国民は「日本軍は勝ち続けている」と信じていた。すべての情報は軍にコントロールされていて、偏った情報のみが送られてきて、それをチェックする機能が奪われていた時代であった。

また、身近な例であるが、昼間のテレビの情報番組で「玉ネギをたくさん食べると血液がサラサラになる」とか、「バナナがダイエットに効果的だ」という情報が発信されると、夕方のスーパーで玉ネギやバナナの売り上げが伸びる。場合によっては、仕入れが間に合わなくて品薄になると、いっそう買い物をする人の心理が煽られる。この場合、消費者は流された情報が正しいか正しくないかを判断するのではなく、情報のままに動かされているといえよう。

キャッシングやカードローンなど消費者金融業者のCMは「借りやすさ」を強調し、多重債務・自己破産に陥る人が多くなり、社会問題になった。消費者金融の貸付額をみると、1997年には43兆円であったが、2004年には34兆円に下がった一方で、クレジットカードによる買い物やキャッシングが増え、40兆を超えている。2006年には被害者団体が（財）日本広告審査機構にCMの中止や適正化の申し立てを行った。現在のCMは「計画的に」が前面に出されるようになった。同時に2000年には弁護士、01年には司法書士の広告の規制緩和があり、債務整理や違法な高金利による過払い金の返還請求などを法律家に頼れることがわかった消費者の相談件数、自己破産件数が増加している。CMに踊らされた消費者である債務者は、「一時しのぎ」の借金から逃れられなくなる怖れがあることを忘れないでいよう。

3 メディアの要素

1 メディアはすべて構成されたものである

メディアはすべてが事実をそのまま伝えるのではない。メディアが媒介する情報は事実を再構成して提示されている。

8章　メディアとジェンダー　119

以下、諸橋泰樹を参照しながらまとめてみる。

①現実の出来事が生じる、②メディアは「出来事」を取材し、テレビカメラに収めたり、関係者に聞き取りをしたり、写真を撮ったり、資料を集めて、映像や記事にする。③メディアが編集する。その場合、「出来事」が、(a) 矮小化、(b) 肥大化、(c) 断片化され、④デフォルメされる。ときには、(d)「やらせ」という演出がなされたり、(e) 情報を取り扱わないこともある[1]。

たとえば実況中継も多くなったが、事故現場などは編成しなければ映像をつくれない。事故車両などの画像が送られてくるが、映像視角や説明などは事実の重さを判断して編集していることが理解できるだろう。

2　オーディエンス（メディアの受け手）の解釈

メディアが仲介する情報をテキストという。テキストの受け手をオーディエンスという。オーディエンスが受け取るテキストはメディアが編集した上記 (a)～(e) のものであるが、オーディエンスは送られてきたテキストを自分の技術・知識・能力を使って解釈して、意味をつくり出す。情報の送り手の価値観やジェンダー観は情報に反映され、オーディエンスが解釈するので、さまざまな価値観が増幅される場合や無視される場合がある。

たとえば、さまざまな「謝罪」の場面で（食品偽装、社保庁、朝青龍、亀田興起、不祥事などで等々）頭を下げている人たちに対して、批判的、あるいは同情的な情報が送られる。受け手であるオーディエンスは、性別、年齢、人種、文化的背景や個人的資質、道徳観（宗教）、過去の経験、欲求、不安や喜び、悩み、家族の状況、ジェンダーなどで読み方は異なり、謝罪を認めたり（同情的）、あるいは、認めない（批判的）態度を形成していく。

実際、ボクシングの亀田兄弟は2004年ころから、テレビ局がつくり上げたヒーローであった（送り手の価値観は「亀田」一色であった）。弟の大毅が2007年12月にフライ級タイトルマッチで内藤大助と対戦し、反則によって「悪

1　諸橋泰樹『メディアリテラシーとジェンダー──構成された情報とつくられた性のイメージ』現代書館、2009年。

い」「ダーティー」なイメージとなったために、メディアの受け手が一斉に批判的になり、日本のボクシング界から見放されてしまった。対戦相手の内藤選手は反則を騒ぎたてず、「いい人」のイメージをメディアとオーディエンスが共有し、固定化した。

3 メディアは商業的意味を持つ

メディアが扱う情報の製作はほとんどの場合、ビジネスとして行われており、利益を生み出す必要がある。このようなシステムでは、オーディエンスは消費者と位置づけられる。

たとえば、スポーツ新聞やタブロイド版の夕刊紙は、サラリーマンが通勤の行き帰りに読むことが想定されている。男性がターゲットであり、野球、サッカー、プロレスや格闘技などが大きく取り上げられる。また、広告が大事な収入であるから、新聞社が主催するイベントの扱いは大きいし、スポーツ新聞は全国紙の新聞社の系列にあり、球団との関連が深く、特定球団の動向を集中的に掲載する場合が少なくない。スポーツ紙（『日刊スポーツ』1946年創刊）もタブロイド版夕刊紙も10年前から発行部数の減少が止まらない傾向にある。

スポーツ紙やタブロイド版の新聞の内容は、以下のとおりである。
① 〈観る〉スポーツ——野球・サッカー
② 〈賭ける〉スポーツ——競馬・競輪など
③ 〈参加する〉スポーツ——つり、ゴルフ
④ 〈風俗〉——性に関する情報、芸能、小説、マンガなど

これらの内容には家庭に持ち込めない情報も多くあり、特に性に関する情報が掲載されている新聞は駅のゴミ箱や網棚に捨てられているが、スポーツ新聞で家庭に配られる宅配版には性情報は載せていない。これらについて「非常に非生産的で消費的。職場や家庭のことは一切ない。教養を高める意図はない。最近政治や経済の記事が出るようになったのは、あくまでも〈消費される情報〉として提示されているのであって、〈意味の創出〉がない」[2]と手厳しい批判がある。

4　メディアの価値観やイデオロギーは中立・客観的ではない

新聞も社によって論調が違う（以下は Wikipedia を参照）。

（1）読売新聞（発行部数1300万、世界一）——紙面の編集方針や論調は右派・保守主義だが、かつてはリベラルだった。基本的に自民党支持、改憲支持、新自由主義経済改革支持である。

（2）朝日新聞——どちらかといえば左派リベラル。中国や北朝鮮、韓国に好意的な立場であり続ける一方、日本政府や公務員、保守的思想に対する批判では強硬である。

（3）日本経済新聞——経済紙であるため、一般紙に比べて経済や産業関係記事の比重が高い。日経の記事によって株価や業績が大きく左右されることもあるため、企業は日経の取材には神経を尖らせているといわれる。本社屋は経団連会館と上層階で繋がっており、「財界機関紙」「日本財界新聞」「ニッポン株式会社機関紙」「株屋と金貸しの新聞」と揶揄されている。

（4）毎日新聞——社内に派閥があり、さまざまな考えを持った記者を抱えているために、無理に論調を統一しようとせず、多様な見解を掲載している。マイナスの側面としては、政府の方針、政策に対して、批判するわけでも賛同するわけでもなく論評に終わる記事も少なくない。

新聞を比較することで、見出しのつけ方、記事の大きさ、写真の扱い方などでメディアの送り手の価値観が現われる。

たとえば、麻生内閣の支持率を見てみると、2008年12月6・7日の電話調査の結果は表のとおりであった。

日経新聞はこの時点での支持率を調査していないのか、11月末のコメントは「自民党の支持率は低下しているが、民主党が伸びているわけではない」（NIKKEI NET、2008年12月8日）としている。それぞれの新聞の思惑はどこにあるのだろうか。選挙予測などにも新聞社の姿勢が現われる。

ワイド・ショーでの司会者やコメンテーターの発言を聞くと、批判的立場、同情的立場、野次馬的立場などそれぞれの価値観が明確に出てくるが、

2　芹沢俊介『スポーツ新聞はなぜ面白いか』ジャプラン出版、1992年。

表　麻生内閣の支持率（2008年12月6・7日）

	支持率（落ちこみ率）	不支持率
フジサンケイグループ	25.5%（15.4%11月）	61.3%（19.1%↑）
読売新聞	20.9%（19.6%11月）	66.7%（33.3%↑）
毎日新聞	21%　（20%↓10月）	58%（22%↑10月）
朝日新聞	22%　（21%↓11月）	64%（27%↑）

立場によって発言が違うことは想定されていて、役割分担がなされている。

5　メディアによってつくられるジェンダー秩序
——少年漫画と少女漫画のジェンダー

　漫画やアニメは時代の流れをすばやく取り込むが、ジェンダー規範の再生産に寄与していることはないか、またそれらを読んだり見たりする読者が批判的に見ることができるか否か、点検してみたい。

　漫画やアニメには、男の子向けと女の子向けとがある[3]。男の子向けアニメの源流のようなウルトラマンは、60年代後半から変身ヒーローとして世代を超えて人気がある。その理由は、主人公が一人ではなくウルトラ戦士として、新たな能力を獲得しながら、地球防衛のために異次元からやってくる怪獣と戦う、という一貫したストーリーにある。ウルトラマンが属するのは、国際科学警察機構の下部組織で、正式名称は科学特別捜査隊と大げさな組織の隊員である。

　一方少女漫画というジャンルは、1952年の手塚治虫『リボンの騎士』、1972年の少女漫画の代名詞のような池田理代子『ベルサイユのバラ』も、宝塚と同じように女性が男性に扮して敵と戦い、最後は恋愛を成就する物語だ。76〜82年まで続いた和田慎二『スケ番刑事』は、学園探偵者もので武器は左手のヨーヨーであった。また、90年代のセーラー・ムーンはペンダントを使って変身する。少女漫画の世界は恋愛と身近な敵、そして身近なものが武器の世界である。男の子向けは大がかりな武器・装置や壮大な宇宙をめぐる戦いをするのと対照的である。男の子向けの漫画やアニメと女の子向けの

3　斉藤美奈子『紅一点論——アニメ・特撮・伝記のヒロイン像』ちくま文庫、2001年。

漫画やアニメとでは、敵や武器のスケールが違っているだけではなく、男の子＝科学的＝正義、女の子＝身近なもの＝愛という男の論理と女の論理が対になって浮かび上がる仕掛けになっている。そのような漫画やアニメというメディアのオーディエンスは、男の論理と女の論理を自然なものとして受け止め、ジェンダー意識がつくられていく[4]。

　少年漫画のジャンルにスポコンものがある。『巨人の星』[5]は、「汗と涙の根性」「男同士のライバル」を主題とした父親と息子の物語である。姉は脇役で「女にはわからん」とその存在は否定されている。時代背景としては、読売巨人軍の人気が非常に高い時期で、この時代は日本が敗戦の混乱期から立ち直り、高度経済成長をへて経済大国を自認し始めるころにあたっている。東京オリンピック（1964年）を前にした道路整備で、父親星一徹が仕事としている日雇い労務者も仕事が急増し、収入が増えたことが描写されている。当時高級品だったTV購入も、いわゆるお坊ちゃま学校である青雲高校への飛雄馬の入学も、こうした五輪景気の建設ラッシュ期であったことで可能であったと思われる。

　高井昌吏の研究によれば、スポコン漫画に見られる禁欲的な男同士の友情は1960年代に入ると、男らしさの価値観が「やはり外見も大切」と少しずつ変容していく。当時の人気漫画永井豪の『ハレンチ学園』[6]は、「モーレツごっこ」といわれた「スカートめくり」が登場し、過激な性や暴力表現でPTAから激しい抗議を受けた。スポコン漫画の禁欲的な男性像とハレンチな男性像が並立した時代であった[7]。そして、野球部に女子マネージャーが登場するのも60年代後半からで、「男子スポーツに女子は禁制」「女なんかマネージャーにできない」という保守的（どちらかといえば教師の言説）な女性蔑視の考え方と「女子だってマネージャーとして男子並みになる」とい

4　キャロル・ギリガン『もう一つの声——男女の道徳観のちがいと女性のアイデンティティ』川島書店、1986年。
5　梶原一騎原作、川崎のぼる画の野球漫画。1967年〜71年まで『少年マガジン』に連載後、講談社コミックスとして19巻を出版している。
6　1968〜1972年『週刊少年ジャンプ』に連載され、後テレビ化。
7　高井昌吏『女子マネージャーの誕生とメディア——スポーツ文化におけるジェンダー形成』ミネルヴァ書房、2005年。

う、どちらかといえばマネージャーを希望する女子の言説が存在している。

そして、女子が野球部マネージャーとして活躍する少女漫画が1970年代になって登場する[8]。スポコン漫画には男の論理から生まれた「ライバル関係」「男の友情」「勝利」などが大きな意味を持ち、女子マネを扱った少女漫画には、女の論理であるコミュニケーションや気遣いがあるという。漫画の中では性別による「特性」が強調され、男性＝強い＝中心、女性＝弱い＝支える周辺というジェンダー秩序が形成される。その影響は決して小さくない。

ところで世代を超え、性別を超えて愛されている「ドラえもん」（1969年）には、しばしばしずかちゃんの入浴シーンが出てくる。作者のサービス精神であろうが、明らかにセクハラではないか。そもそも小学生の雑誌に書かれた漫画に、入浴シーンは必要とは思えない。

6　メディアは社会的・政治的意味を持つ

たとえば「郵政民営化」選挙における小泉純一郎と自民党のメディア戦略を見てみよう。

「郵政民営化法案」は2009年7月5日に衆議院で可決されたが、8月8日に参議院で否決された。総理大臣小泉純一郎は、「国民に改革を支持するか否か問う」と衆議院を解散し、選挙に持ちこんだ。9月11日に行われた選挙で自民党は圧倒的な勝利を得、衆議院の与党327という議席数に支えられた小泉改革は、新自由主義に基づいた弱者切捨ての政策を次々と可能にした。小泉劇場と呼ばれた小泉のメディア戦略は、彼が2001年に自民党総裁選挙に打ってでたときから05年の選挙まで、常に「戦い」のイメージをつくり上げることで成功して来た[9]。

「戦い」のイメージの第一幕は、2001年の総裁選であった。小泉は自分を「自民党改革者」として位置づけ、対抗する橋本龍太郎は自民党旧勢力で保

8　高井は、分析対象として以下の女子マネージャーの活躍する少女漫画をあげている。庄司陽子『甲子園の空にちかえ！』（1972年）、やまさき十三・あだち充『初恋甲子園』（1976年）、まさき輝『青春プレイボール――亜子の甲子園日記』（1979年）。

9　星浩・逢坂巌『テレビ政治：国会報道からTVタックルまで』朝日新聞社、2006年。

守派という構図をつくって「自民党をぶっこわす」と訴え、田中真紀子をパートナーとして戦った。本来、自民党総裁選挙といえば、自民党の党内の選挙であって国民が直接投票できるわけではないのだが、小泉は自民党の枠を超えて、一般有権者に自分を改革者としてメディアを使って売り込むことで、前任者森喜朗によってダメージを受けていた自民党のイメージを塗り替えた。そして一般有権者の小泉への興味と改革への期待が高まる勢いに、総裁選に投票権を持つ地方の自民党党員と党友は敏感に反応し、小泉の圧勝となった。

小泉は、「私の政策を批判する者はすべて抵抗勢力」というように、そのときそのときの政治状況に対応する言葉を過激に弄して、メディアを通して発信した。自分はすべて「善」、対抗する立場は全部「悪」とわかりやすい対立構図を描き出すと同時に、大勢の有権者に向かって絶叫する姿をテレビが映す回数が多くなり、人気が高まった。小泉の街頭演説には数万の観衆が押し寄せ、閉塞した政治状況の変化を渇望していた大衆の圧倒的な支持を得た。政治腐敗に満ち、しっかりとした対応ができない森政権に代わって、経済力を失った日本を立ち上がらせると期待した有権者はメディアに煽られ、「小泉旋風」と呼ばれる現象を巻き起こして、小泉は自民党総裁に選出された。首相になってからは、朝晩の記者会見ではテレビカメラの前で「ワンフレーズ」で応答し、メディアを通して小泉政策は有権者に「わかりやすく」伝えられた。

「戦い」の第二幕の道路公団民営化では、道路関係四公団民営化推進委員である猪瀬直樹と国会議員の道路族といわれる「族議員」の対立構造をつくり、第三幕の郵政民営化では経済財政・郵政民営化担当大臣竹中平蔵と郵政族の対立構造をつくった。常に自民党内部で改革に反対する議員を「守旧派」として、戦うイメージを特にテレビメディアをとおして、わかりやすい映像として視聴者に送った。

そして「戦い」の最高潮は2005年9月11日の選挙であった。他の政策に一切ふれず、「郵政民営化の是非を問う」と、一般の有権者にわかりやすい政策のみを訴え、「国民投票的」戦いに持ち込んで、民主党を寄せつけなかった。民主党主岡田克也は「選挙は郵政民営化だけを問うのではない。年金や

社会福祉、財政再建、地方分権など問題山積だから、政権交代が必要だ」とマニフェストに政策を掲げて対抗したが、効果は上がらなかった。

　1980年代半ば、特に90年代からは「政治のワイドショー」化で、政治番組が視聴率を稼げるようになったことを背景に、小泉は明確なメディア戦略を持って、大衆に理解しやすい言葉を使い、有権者の支持を獲得した。特に2005年9月11日の選挙では自民党候補者間で「刺客」[10]などの話題があり、メディアが自民党候補者を何かと取り上げたが、話題の少ない民主党の候補者にはメディアはほとんど注目しなかった。自民党のまったく無名の新人の「知名度」やカンバンが上がったのはメディアが取り上げたからで、メディアが小泉を「改革者」のイメージにつくり上げ、彼の支持を受けたジバンがない落下傘候補であった「刺客」も、知名度がほとんどなかった若い候補者や政治の素人も多数当選できた。そして彼らは、「小泉チルドレン」と呼ばれた。実際新聞社の調査で、テレビを長く見る人ほど小泉支持率が高い、という結果が出ている[11]。

　「郵政民営化」選挙と呼ばれるこの選挙で女性は43人当選し、そのうちの26人は自民党で、女性国会議員比率を上げた。前回の2000年選挙では、自民党の女性は9人であったから、17人も増えた。一方民主党の女性は、前回15人が議席を得ていたが05年は7人で、半分以下になった。女性国会議員はこの選挙まで常に野党に多かったのが、与党に女性議員が大幅に増えるという初めての展開になった。

　自民党の女性候補者が大勢当選できたのは、自民党がすべての比例区名簿のトップに女性をおいたからである。これは政党による一種のクォータ制（quasi-quota）だと見る人もいないわけではないが[12]、小泉の選挙戦略であって、女性を支援する姿勢から出たものではない。

10　「刺客」の説明は次節を参照のこと。
11　「Yomiuri on Line」2009年8月27日、23：07配信。
12　2009年1月24日に開催されたフェミニスト議員連盟のシンポジウムにおける、元文部大臣、現ユニセフ日本代表、女性を政治選出するための資金団体 WINWIN 代表の赤松良子の見解。

7 「刺客」は女性候補者だった

　小泉は郵政民営化に反対した自民党員は公認しないで、同じ選挙区から対抗する候補者を公認した。郵政民営化に反対の議員は、郵便局を中心に地域ネットワークを形成してきた大物議員が少なくなく、その対抗馬にとして新人、特に女性候補者を送ったところから、そのような女性候補者は「刺客」と呼ばれた[13]。とはいえ、「刺客」の多くは新人で、郵政民営化反対の大物議員のしっかりしたジバンに勝つことは難しい。そこで、小泉は「刺客」となった候補者を選挙区で落選しても比例区で当選できるように比例代表リストの上位においた。

　小泉は彼女たちをあくまでも「戦いの盾」または「トークン」（お飾り）として使った。小泉が女性を「トークン」として使った例として、女性大臣の起用がある。小泉の最初の内閣（2001年）では5人の女性が大臣に任命され、総裁選で小泉に力を貸した田中真紀子は外務大臣に指名された。しかし、田中は1年足らずの翌年1月にさまざまなトラブルの後に更迭された。扇千景は国土交通大臣に2000年7月の第二次森内閣から留任し、第一次改造内閣、02年9月30日〜03年9月22日までその職にあった。連立の相手の保守党の扇の任命は、連立の強化と「戦い」の第二幕の道路公団民営化にあたって、対立のイメージを和らげるための女性の継続的な起用だろう。小泉は7回もの内閣改造を行い、くるくる変わった大臣職が多かった中で小池百合子は03年9月22日第一次小泉内閣第二次改造内閣から第三次小泉内閣改造内閣（05年10月31日）の06年9月26日までの3年間環境大臣であった（巻末資料4「日本の女性閣僚一覧」参照）。このような女性起用は小泉を「女性に対して協力的」に見せているが、小池の環境大臣の就任・留任は彼女が05年選挙に「刺客」一番乗りとして名乗りを上げたことへの報酬だろう。

　ちなみにアメリカでは、1960年の大統領選挙の際に初めて、民主党候補のケネディ（上院議員）と共和党候補のニクソン副大統領の間でテレビ討論会

13　2009年8月10日、小池百合子の東京10区への鞍替えのニュースに亀井静香（郵政民営化に反対。後に国民新党を立ち上げ、自民党を離脱）が「造反するところに刺客を放って相内にして民主党を当選させていいのか」と批判したが、メディアが「刺客」に飛びついた始まりといわれている（星・逢坂前掲）。

が行われた。メディアをとおして、若々しく力強く見えたケネディが政策通のニクソンより有権者に印象がよく、テレビ討論会が大統領選挙の結果を制したといわれている。

4　メディアとジェンダー

1　人権への配慮

メディアは「つくられた」情報である。したがって、つくり手がいて、その人たちのジェンダー意識が情報に反映される。しばしば、問題になるのは以下のことである。

（1）送り手のジェンダー・バイアスが「自然」に受け止められ、オーディエンスのジェンダー意識の形成に影響を与える。

（2）女性の人権への配慮が不足している。交通事故や事件に遭遇した女性を「老婆」「老女」などと表現する場合があったが、「老爺」とか「老男」とはいわない。

（3）女性が性的対象として扱われる。女性を性の対称として取り上げることで、ジェンダー・バイアスが発信される。

2　市民のチェック

メディアの中の性差別を考える会編『きっと変えられる差別用語』（三省堂、1996年）は、新聞雑誌などを市民が点検してガイドラインをつくり、雑誌社・新聞社に提言した、市民によるメディア・チェックである。

そこで取り上げられているのは以下の9項目である。

① とりたてて性別情報を伝えないこと——女流棋士、女医、女性宇宙飛行士、女子高生などや未亡人、寡婦（法律用語）、「男性ヘルパー」、「パパも育児」、「男の料理」など、性別を特化したい方はジェンダー平等ではない。

② 偏った表現方法を持って女性イメージをつくらない——「合計○人うち女性○人」などと特に総数が少ないときには女性に注目させ、その数に意味を持たせる。

③　順序は常に男性が先というのは、男性優位を植えつけることになる。
④　女性を紹介するときに「主婦」「若さ」「着ているもの」などを記述して、女性であることが強調される。
⑤　「美人ゴルファー」、「ママさん選手」など、女性のイメージを強調した表現はやめる。偉人伝などで「キュリー夫人」の「夫人」という言葉で性別が強調される。「白衣の天使ナイチンゲール」、天使と女性を結びつけるなどの表現にはジェンダーの問題がある[14]。
⑥　両性を平等に取り扱う――男性は「氏」、女性は「さん」と違う表記をすることはやめる。スポーツ選手は女性の場合名前で呼ばれる。男性と同じように姓で呼ぶようにするべきだ。たとえば、宮里藍は「藍」、横峯さくら「さくら」など。石川僚は子どもだから「僚」なのか？　未婚の母、内助の功、父兄会・保護者会、青少年などの用語は使わないようにしたい。
⑦　性別役割の固定化からくる偏見に気配りする――「女子大生の就職難」、「働く女性」、「男まさり」、「女性の感性を利用」など、女性の性別による役割の固定化から生まれる表現はやめる。
⑧　人権侵害に対して敏感になること――たとえば、暴行・レイプやセクシャル・ハラスメントなどの犯罪を「いたずら」「淫行（みだらな行為）」と表現することは、あたかも事件を「軽いもの」に見せかける力を持ち、肉体的・精神的屈辱とその被害の重さと、女性への権利侵害が表現されていない。
⑨　「性」を売りものにする表現（「巨乳」、「ノーパン喫茶」など）――アイ・キャッチャーとして注目を集めるために裸や裸に近い女性を使うことはやめるべきである。日本の性表現に関する規制は甘くて、週刊誌の広告など、ポルノに近いものが公衆の目に映る電車などに掲示される。この場合、表現の自由との対立がないわけではないが、女性の立場に立つ、という人権意識を優先させるべきであろう。

14　斉藤美奈子『紅一点論――アニメ・特撮・伝記のヒロイン像』ちくま文庫、2001年。

5　まとめ

　日々の暮らしの中で情報があふれ過ぎている。どの情報が正しいのか、必要なのか、整理する能力を養わなければ情報の海でおぼれてしまう。メディアをとおして受けた情報の発信者の意図、その背景を読み取り、取捨選択するには、情報の評価と選択能力が必要だ。情報の発信者のジェンダー意識が偏った情報として送り出されていないかどうか、絶えずチェックしなければならない。その理由は、メディアはしばしば偏った情報を発信するからだ。一方、インターネットを使えば、私たちは情報の受け手としてだけ終始するのではなく、自分から簡単に情報が送り出せる時代になっている。そこが個人の誹謗中傷の場になっているという現実もあるが、情報は生活を楽しくしたり、豊かにする可能性も少なくない。自分らしさを磨くために、メディア・リテラシーを高めて行きたいものだ。

●● 参照 + 参考文献 ● ● ●

天野正子ほか編『新編日本のフェミニズム⑦　表現とメディア』岩波書店、2009年。
キャロル・ギリガン（生田久美子・岩男寿美子監訳、並木美知子共訳）『もう一つの声――男女の道徳観のちがいと女性のアイデンティティ』川島書店、1986年。
国広陽子『主婦とジェンダー』尚学社、2000年。
斉藤美奈子『紅一点論――アニメ・特撮・伝記のヒロイン像』ちくま文庫、2001年。
柴山哲也『日本のジャーナリズムとは何か――情報革命下で漂流する第四の権力』ミネルヴァ書房、2004年。
芹沢俊介『スポーツ新聞はなぜ面白いか』ジャプラン出版、1992年。
高井昌吏『女子マネジャーの誕生とメディア――スポーツ文化におけるジェンダー形成』ミネルヴァ書房、2005年。
星浩・逢坂巌『テレビ政治――国会報道からTVタックルまで』朝日新聞社、2006年。
メディアの中の性差別を考える会『きっと変えられる性差別語』三省堂、1996年。
諸橋泰樹『メディアリテラシーとジェンダー――構成された情報とつくられた性のイメージ』現代書館、2009年。

9章 女性への暴力
ドメスティック・バイオレンスとデートDV

1 ドメスティック・バイオレンスとは——定義と現状

ドメスティック・バイオレンスをそのまま訳せば「家庭内暴力」であるが、日本では「家庭内暴力」は子どもの親に対する暴力をさすことが多かった。ドメスティック・バイオレンス（domestic violence＝以下、「DV」と記す）は、「配偶者（婚姻の届出をしていないが、事実上婚姻関係と同様の事情にある者を含む）からの身体に対する不法な攻撃であって生命又は身体に危害を及ぼすもの」（「配偶者からの暴力の防止及び被害者の保護に関する法律」第1条。以下、「DV防止法」と記す）と定義されていて、親密な関係にある男女の間で起きる暴力である。DVの被害者は90％が女性であり、平成21（2009）年3月の警察庁の発表によれば、20年度に警察が把握したDV被害は25,210件で、前年より20％も増えている（表1参照）。相談件数は、全国190施設で51,450件（平成20年度4月～12月、内閣府男女共同参画局）、保護施設を利用した人は、3,705人（本人1,661人、同伴家族＝子どもは2,089人）と年々DV被害の数字は増加している。それでも、相談もできないでDVに耐えている統計に表われない人はもっと多いと思われる。

ドメスティック・バイオレンス（DV）が起きる理由は、男性が暴力を使って女性を支配しようとするところにある[1]。しかも婚姻関係にある夫婦間に起きるので、「夫婦げんか」と見なされたり、あるいは家庭内のことは家族の間で解決することが望ましいと考えられて来た。警察権力は私的紛争に介入しないという「民事不介入」という原則によって、家の外で起きれ

1　戒能民江『ドメスティック・バイオレンス』不磨書房、2002年。

表1　平成18〜21年度の DV 被害者数

DV 被害者	平成18年度	平成19年度	平成20年度	平成21年度
女性	18,026（98.8%）	20,704（98.6%）	24,808（98.4%）	27,638（98.2%）
男性	210（1.2%）	288（1.4%）	402（1.6%）	520（1.8%）
合計	18,236（100%）	20,992（100%）	25,210（100%）	28,158（100%）

出典：平成22年3月、警視庁統計

ば暴行罪や傷害罪として警察が介入するような暴力であっても、家庭の中で起きたことで「見えない問題」とされ、処罰されることが少なかった。逆に、被害者である女性が「夫を怒らせるようなことをしたからだ」と責められる場合すらあった。

　DV が「女性に対する暴力」であるという認識が生まれるようになったのは、1980年代以降の女性の運動の広がりによるものであるが、実態調査が行われたのは90年代に入ってからであり、法律ができるまでにはさらに10年待たなければならなかった。実態調査では、暴力を振るう男性や女性には一つの傾向があるのではないかという推測はまったくはずれ、すべての男性が加害者に、すべての女性が被害者になる可能性があることがわかった。そして、「男性は男性らしく、強くたくましく、妻を指導する立場にある」「女性は女性らしく、夫に従い、家事育児をきちんとこなす」という「性役割」意識による「ジェンダーの問題」だということが明らかになった。

　たとえば、社会的な地位にある夫が家に戻ったときに「夕飯の支度ができていない」「子どもばかり可愛がって、自分の要求を満たさない」などの些細な理由で、暴力が起きていることも明らかになった。子どものときから性役割にこだわる意識が深く埋め込まれた結果、さまざまなストレスにさらされると、暴力で相手を支配することで自分の役割を達成しようとするのである。一方被害者は、不当な暴力に日常的にさらされることで自尊心を失い、「生きる力」をどんどん失っていく。被害届を出さなかったり、相談にもいけないでじっと耐えている場合には統計に表われないので、実際には DV 被害者はもっと多いだろうと推定されている。

　DV は婚姻関係や恋人関係の中で起きるために、しばしば、継続的、反復

的、そして周期的に暴力が起きるといわれている。専門家はこれを「DVのサイクル」と名づけている。そして「DVのサイクル」は爆発の時期と安らぎと陳謝の時期を繰り返しながら少しずつエスカレートしていくという。被害者は安らぎの時期のパートナーを「本物のパートナー」と思い込もうとしたり、思い込んでしまう。そして、爆発期は「自分が悪いから爆発が起きた」と思い込む。そのうち「DVのサイクル」の爆発期と安らぎ期の間隔が短くなり、さらには爆発期が続く状態になる。「DVのサイクル」は、加害者・被害者の関係性によって、必ずしも一定の流れにはまるものではないともいわれている。

2 DVの種類

　婚姻関係・内縁（法律婚ではなく、事実婚ともいう）恋人関係など、親しい関係の男女の間の暴力とはどのようなものなのだろうか。

(1) 身体的暴力——殴る、蹴る、押す、つねる、物を投げつける、水や熱湯をかける、髪をつかんで振り回す、首を絞める、刃物を突きつけるなど、家庭の外で起きれば、傷害罪、暴行罪、殺人未遂、殺人などの刑法上の罪となるような暴力をいう。身体的暴力はエスカレートする傾向があり、2001年のDV防止法（後述）施行後にも年間100人以上の女性がDVによって命を失っている。しかも、家庭内で起きた場合にDVと認知されないこともあり、実際にはもっと多いと推測される。

(2) 性的暴力——パートナーが望まない性行為の強要、避妊に協力しない（望まない妊娠や中絶をしなくてはならない場合が起きる）、セクハラ、ストーカーなどが性暴力に含まれ、しばしば犯罪にエスカレートする。また、ポルノ雑誌やポルノビデオなどを見ることを強要するなども性的暴力に入る。

(3) 心理的暴力——無視する（ネグレクト）、パートナーが大事にしているものを取ったり壊したりする、人権の否定（「お前はバカだ」などの過小評価、「お前が悪いから殴られても仕方ないのだ」などの責任転嫁）、「別れるなら殺す」などと脅かす。

（4）言葉の暴力——「お前に何がわかるんだ」などと説教する、「お母さんが悪いから殴られるんだ」と子どもにいう、「誰に食わせてもらっているんだ」、「死んでやる」、「離婚するなら子どもは渡さない」というなど、被害者が怯えるような言葉を使う。

（5）経済的暴力——パートナーが外で働くことを嫌がる、家事に支障のないパートしかさせない、生活費を渡さない、金の使途を細かくチェックする、大きな買い物の決定権を渡さないなど、経済的自立ができない状態に追い込む。

（6）社会的隔離——被害者が実家や友人と付き合うのを嫌がる、電話や手紙をチェックする、被害者の外出（特に夜間や休日）を有形無形に妨害するなど。

　DV防止法第25条では「国及び地方公共団体は、配偶者からの暴力の防止及び被害者の保護に資するため」に調査研究の推進を決めている。その規定に基づき内閣府男女共同参画局は、平成11年度から3年ごとに調査を行っている。平成20年度の「男女間における暴力に関する調査」では全国20歳以上の男女5,000人を対象に調査を行った。3,129人（女性1,675人、男性1,454人）から回答があった。配偶者や恋人からの被害経験から、「身体に対する暴行を受けた」は女性24.9％、男性13.6％で、明らかに前回調査より増えている。また、「精神的な嫌がらせや恐怖を感じるような脅迫を受けた」は女性16.6％、男性8.8％、「性的な行為を強要された」は女性15.8％、男性4.3％が「あった」と回答した。身体的暴行、心理的攻撃、性的強要のいずれかをこれまでに一度でも受けたことのある人は女性32.2％、男性17.7％で、女性の約三人に一人となっているが、男性の被害も増えてきて、夫婦の関係が危ういことを物語っている。

　この調査ではさらに、過去5年間に何らかの暴力をパートナーから受けたことのある人（女性185人、男性92人）に対して、相談先について調査している（複数回答）。約3割の女性が家族・親戚・友人などに相談しているが、男性では1割前後である。また、女性の53.0％、男性の77.2％がどこにも誰にも相談していない。その理由の高い順に七つあげると表2のとおりである（複数回答）。

表2　DV被害者がどこにも誰にも相談しなかった理由

理由	女性	男性
相談するほどのことではないと思ったから	50.0%	67.6%
自分にも悪いところがあると思ったから	35.7%	43.7%
自分さえがまんすれば、なんとかこのままやっていけると思ったから	22.4%	14.1%
相談してもむだだと思ったから	12.2%	19.7%
恥ずかしくてだれにも言えなかったから	17.3%	11.3%
世間体が悪いから	9.2%	9.9%
相手の行為は愛情だと思ったから	10.2%	8.5%

注：回答は複数回答。
出典：「男女間における暴力に関する調査」平成20年度。内閣府男女共同参画局

　この結果を見ると、加害者が悪いという考え方の欠如と女性への暴力は人権侵害であるという認識が加害者の男性はもちろん、被害者の女性にも薄いようだ。むしろ、被害者であっても、相談するほどのことではない、相談はムダと思っている人が3割以上いること、恥ずかしいこと、相手の愛情と取り違えている人が1割以上もいることはDVへの意識啓発の必要性を物語っている。この調査からわかるのは、DV被害者は加害者に責任があるにもかかわらず、「自分が責めを負うべき」と思い込み苦しんでいる姿だ。

　また、DVは離婚の引き金になっていることも明らかである。平成20年度の司法統計の「婚姻関係事件数——申立ての動機別・申立人別」を見ると、妻からの申立てが多いのだが、双方ともに理由の1位は「性格が合わない」である。妻の申立ての第2位の理由は「夫の暴力」であるが、夫の側からの申立ては妻からの1割で、男性は「暴力」を振るうことに対して、被害者の痛みを理解したり、認識していないことが推測できる（表3参照）。

3　DVの背景

　このような暴力が起きる背景には、以下のことが考えられる。

表3　離婚の理由

妻申立ての順位			妻に対する夫申立ての順位		
1位	性格が合わない	21,236名（44％）	1位	11,444名	（62％）
2位	暴力を振るう	14,136名（29％）	9位	1,378名	（7％）
3位	異性関係	12,546名（26％）	2位	3,352名	（18％）
4位	精神的に虐待する	12,001名（26％）	5位	2,530名	（14％）
5位	生活費を渡さない	11,294名（2％）	12位	477名	（3％）
6位	浪費する	7,688名	7位	2,392名	
7位	家庭を捨てて省みない	6,032名	10位	1,260名	
8位	性的不調和	4,598名	6位	2,505名	
合計件数		48,041件		18,436件	

注：数字は理由を3個まであげる方法で重複集計している。ちなみに夫の3位は「異常性格」（妻の9位）、4位は「家族親族と折り合いが悪い」（妻の11位）、8位は「同居に応じない」（妻の12位）である。
出典：「平成20年度裁判所司法統計」

（1）男性の経済的優位。
（2）男らしさ、女らしさの理解（男は男らしく＝暴力をふるう、女は女らしく＝耐える）にとらわれている。男は強い、女は弱い、男が支配、女が従うなどの意識が深くしみこんでいる。
（3）妻は自分の所有物（「釣った魚に餌はやらない」などの考え方、夫本位の教育を妻にするなど、妻に対し優位な立場にある）という意識を強く持っている。
（4）日本社会は男性のみに性的逸脱を認めてきた。たとえば、夫の浮気は「甲斐性」といわれ、妻の浮気は「不貞」といわれてきたように、男性の婚姻関係外の性的関係に対して社会は厳しい批判をするわけではない。つまり、日本社会は男性と女性に対する性規範は一つではなく、男性用と女性用の性規範があり、「性のダブル・スタンダード」が適用されてきた。
（5）子どもは両親が揃っていないとかわいそう、という認識が未だに共有されている。「家庭」は多様化しているし、離婚も人生の選択肢とし

て社会的に認められてきた。とはいえ、暴力を受けた被害者が離婚を決意するまでには相当の年月がかかることが少なくない。その第一の理由は経済的に自立ができないこと、第二が子どもの問題である。

このように男女の関係が、文化的・社会的・歴史的に構築されてきたジェンダーの序列に組みこまれたことがDVの背景にあり、暴力を振るう男性は年齢・職業を問わないことが明らかになっている。つまり、DVはジェンダーの問題で、「支配と服従」の関係の中で起きるのである。

4　DV防止法（配偶者からの暴力の防止及び被害者の保護に関する法律）の成立過程と特徴

1　DV防止法の成立過程

DV防止法は議員立法で成立したが、その成立にいたる過程は長い。1975年からの国連を中心とする女性の運動の成果（国連人権委員会など）、80年代からの日本のDV支援活動（東京強姦救援支援センター、83年設立）、93年12月の国連総会における「女性に対する暴力撤廃宣言」、94年3月に初めての自治体による調査（東京都）、2000年には総理府の調査などがあり、DVが決して一部の人の問題ではないこと、社会的な問題であることが共有されるようになった。

国会では、1998年に参議院に「共生社会調査会」が設置され、立法に踏み出した。99年には男女共同参画社会基本法ができ、女性への暴力が大きな課題となった。同時に、当時参議院には女性議員が33人いて、これまでになく大勢の女性議員がいたために、立法に取り組んだプロジェクトチームのほとんどが女性であった（11人中男性は1人）。また、リーダーには自民党女性議員をおくことで、超党派の女性が一丸となって立法にこぎつけた[2]。そして、2001年3月に「配偶者からの暴力の防止及び被害者の保護に関する法律」が公布された。

2　福島瑞穂『使いこなそう！ドメスティック・バイオレンス防止法』明石書店、2001年。

この法律は、被害者の生命と身体の安全を確保することが一番の目的とされてできた制度である。この法律の特徴は「保護命令」にある。被害者の保護のために、加害者に対して接近禁止命令と退去命令を裁判所が出せることになった。接近禁止命令とは被害者につきまとったり、周囲を歩き回ったりすることを禁止する命令である。退去命令は被害者と加害者が同居している家から加害者が退去しなければならないというもので、違反すれば、1年以下の懲役または100万円以下の罰金という刑事罰がつく。

　その内容に関しては次節で詳しく述べるが、法律ができた当初は、保護命令が6ヵ月、退去命令が2週間と短期間であり、保護命令の対象に子どもは含まれていないなど適用範囲が現実的ではなく批判があった。その後、被害者自身が声を上げるようになり[3]、その声を反映させながら二度の改正（2004年6月と2007年7月）が行われ、退去命令は2ヵ月に延長され、子どもや被害者の親族への保護命令も6ヵ月出されるようになった。

2　DV防止法の特徴
① 基本法以外には前例がない前文がついたこと。
　　「男女平等」「個人の尊厳」などの文言が入った。「配偶者からの暴力は、……重大な人権侵害である」（前文）ことが明記された。
② DVの認定を配偶者（事実婚や元配偶者も含まれる）に限定したこと。
　　恋人や付き合っている友人など「親しい男性」からの暴力に関しては盛りこめなかった。
③ 保護命令が被害者を守る可能性が高いこと。

3　民事不介入について
　DVは家庭の中の問題として、警察は立ち入らなかった。その原則を「民事不介入」といい、警察は犯罪とは関係のない個人間の紛争には基本的に立ち入らない。

---

[3] DV法を改正しよう全国ネットワーク『女性たちが変えたDV法——国会が門を開いた365日』新水社、2006年。

社会で起きた犯罪は国家が刑罰を与え、諸個人が罰しない、というのが近代国家の基本である。刑罰は刑法に記されており、刑法を適用する場合、警察や検察による国家権力の濫用が起きないように刑事訴訟法がある。

　日本の法体系は憲法を上位におき、「民事」と「刑事」に二分された構造になっている。近代国家の最大の価値は、個人一人ひとりが等しく人間として尊重され、その精神面、身体面での活動の自由が保障されるということである。ところが、社会の中にはお互いが勝手に行動すると利益がぶつかりあって紛争になる。それが「民事」事件である。

　たとえば、多くの人が投資をするときにはリスクも理解して契約をするのが原則だ。もし、予想されたように儲けが出なくても、契約違反の民事事件とはならない。しかし、投資を誘うにあたっての情報が故意にゆがめられていたり、人々を欺くためのものであった場合には詐欺であり、これは刑事事件となる。盗まれた物を自分で奪い返したり、復讐で犯人を殺すこともできない。警察が犯人を逮捕し、裁判という場で法に照らして刑罰を決定し、国家が刑を執行することになる。民事事件の場合には当事者同士が争うのだが、刑事事件の場合には被害者と加害者が争うのではなく、その間に司法が介入して国家が対応する。すなわち、警察が加害者を見つけ出し、逮捕する。検察が犯人であるかどうか、また相当の罪があることを証拠立て、裁判によって罪を明らかにし、刑罰を決定するというシステムである。つまり警察が取り扱うのは、「刑事」事件だけであって、個人と個人の争いである民事紛争には立ち入らない。

　DVの場合には、家の外で行われたら傷害罪や暴行罪などに相当する犯罪が、家の中で行われてきたために「個人と個人の争い」と見なされ、警察は介入しないという原則を貫いてきた。そのために、暴力がエスカレートして被害者が殺された事例も少なくなかった。DV防止法が制定されたことで、警察は暴力の防止と被害者の保護に努めなければならなくなった。また、医師や近所の人などが体のあざや日頃の行動などからDVを疑った場合、被害者の意思を尊重しながらも、警察に届ける努力義務が盛りこまれた。

　DV防止法案の策定にあたって、もっとも重要視されたのが、民事法と刑事法のドッキングであった。日本の法体系では民事法と刑事法を隔てる壁は

高い。DV 防止法では加害者に保護命令が出される場合がある。保護命令は「被害者（申立人）が、生命身体に重大な危害を受けるおそれが大きいとき」、配偶者に「接近禁止命令」「電話等による接近禁止命令」「子どもへの接近禁止命令」「被害者の親族への接近禁止命令」「退去命令」のいずれか、あるいはいくつかを裁判所が出すことをいう。保護命令はあくまでも、「民間人の紛争を事前に防止するための民事手続き」である。しかし、保護命令を守らなかった場合、たとえば、接近禁止を守らないで被害者に近づいた場合、1年以下の懲役、または100万円以下の罰金という刑事罰に処せられる。民事事件は損害賠償でつぐなわれるのであるが、この場合は刑事罰でつぐなわなければならない。

　退去命令が出た場合、加害者は自分の財産である自宅から出て行かなければならない。つまり、民事においては財産権は尊重されるのだが、退去命令を受けた DV 加害者は、その権利を一定期間放棄しなくてはならない。しかも、財産権を主張して居座れば刑罰を受ける。このように DV 防止法の成立は、民事法と刑事法の壁を取り払った法律、つまり、日本の法律体系を変更してでも必要な法律であった。DV 防止法は、制定までは非常な難産であったが、「被害者の生命身体の安全」が加害者の財産権の保護より緊急・重大であると認識ができたこと、調査により被害が顕在化したこと、外国の例が先行していた参議院に女性議員が増えたことなどの理由で、立法化への可能性が開らかれたのである。

5　DV の問題点

　DV の抱える問題は人権問題である。DV は夫婦や恋人などの親しい関係にある男女間に起きる暴力をいうが、家庭内を支配する暴力は横の関係だけではなく、縦の関係、すなわち子どもにも向かうことが明らかにされている。このような縦への暴力の連鎖を「世代間連鎖」という。

　加害者の暴力はしばしば、被害者である妻だけではなく子どもにも向かう。また、母親への父親による暴力を目撃して傷ついていたり、父親による母親への「暴力を止めさせることができない」などと自分を責めるようにな

ることもある。

　日本では実態が明らかではないが、母親の再婚相手などから子どもが性的虐待を受けることもある。また、夫から暴力を受けている母親が子どもへの暴力の加害者になる事例が相談機関から報告されている。子どもは直接、暴力を目撃しなくても、両親の対立する雰囲気を敏感に感じ取っている。DVによる子どもたちへの心理的・精神的影響は大きいが、幼ければ幼いほど言葉で訴えることは難しい。また、介入する大人に対して子どもが「親をかばう」こともあり、両親の暴力に関しても自分の身の危険をも顧みず他人に話すことは、子どもにとって容易なことではない。

　また、東京都などの調査では、暴力が子どもに及ぼした影響として、「情緒不安定」「不登校」「ひきこもり」などがわかってきた。DVによって子どもに現われた症状には、以下のようなものがあげられている。

① 父親への憎悪、恐れ
② 性格、情緒の歪み
③ 不登校
④ 嘔吐、おもらし、泣く、チック症状などが現われる
⑤ ノイローゼ、自殺企図
⑥ 子ども自身が暴力を振るうようになる（いわゆる世代間連鎖）
⑦ 無気力、無感動など（「女性への暴力に関する調査」1997年：東京都）

　これらを見てもわかるとおり、DVから女性を守るということは、子どもたちを守るということでもあり、児童虐待や老人虐待と繋がる大きな課題である。

6　DV被害を受けたら

1　対処の方法

（1）とりあえず逃げて、自分の生命・身体を守る。逃げる場所としては、次のような施設や機関がある。

① 「配偶者暴力相談支援センター」（各都道府県、DV防止法2条）、地域の相談所では加害者に見つけられる可能性が高いし、以後の手続からも

広域的な相談所に行くことが望ましい。ほかに、婦人相談所（売春防止法による）、女性センター、児童相談所との併設もある。
② 警察（保護は上記の施設へ）
③ 民間シェルター（DV防止法3条3項）への一時委託
（2）保護命令を裁判所に申立てる。DV防止法の保護命令は地方裁判所が出すので、被害者本人または本人の代理人の弁護士が申立書を提出しなければならない。その場合、警察か決められたDVセンターに相談した事実、または公証人の前で暴力の事実を述べて作成する宣誓供述書を添付しなくてはならない。
（3）離婚も一つの選択肢であるが、以下の問題がある。
①経済的な自立、②子どもの親権、③社会的偏見。また、離婚が成立するまでは時間がかかることや、家庭裁判所が和解を提案したり、両者の話し合いを提案する場合があり、被害者の立場が十分に理解されていない場合もある。弁護士の協力体制が必要となる。
（4）加害者の反省と暴力を振るうことからの回復
アメリカではカウンセリングなどがあるが、加害者更正プログラムの有効性や経済効率には疑問が持たれている。

2 相談する

各地域行政や警察には必ず相談窓口があるから、相談してみる。友人などにもしDV被害者と思われる人がいたら相談をすすめる。

内閣府男女共同参画局全国共通DVホットライン　0120-956-080
　月曜〜土曜　10：00〜15：00
配偶者からの暴力被害者支援情報　相談ナビ　0570-0-55210
（携帯電話からもかけられ、自分のいる所の近くの相談窓口の電話番号を教えてくれる）

7　デートDV

　DVは婚姻関係（事実婚も含む）にある二人の間で起きるだけではなく、中高生や大学生など結婚していない男女間にも起きている。交際相手を自分の思いどおりにするためにさまざまな暴力を複合的に使うことを、デートDVという。暴力の種類は婚姻関係にある男女間に起きる暴力と同じで、その原因は、相手を暴力によって支配しようとするところから生まれる。携帯電話のチェック、頻繁な電話連絡を求めたり、私生活への過剰な介入などがデートDVの兆候である。相手の要求に応じないと暴力的になる交際相手だったら、明確に自分の気持ちを伝え、「暴力を認めない」ことを伝える必要がある。

8　まとめ

　女性に対する暴力は、人権問題である。ジェンダーによって男女が支配と服従に序列化されて、女性は女性であるだけで暴力の被害者となる。DV、痴漢、強姦、ストーキング、セクシャル・ハラスメント、性的搾取、人身売買など、性をめぐる暴力は犯罪であるのに、法のシステムはうまく作動していない。たとえば、強姦やセクハラは「親告罪」（被害者が訴えなければ、刑事事件とはならない）である。2000年の刑事訴訟法改正まで、告訴機関は6ヵ月以内とされていたが、被害者が精神的・肉体的ショックから6ヵ月以内に告訴ができない場合があるということで、告訴期限がなくなった。また、04年までは強姦罪の罰則は2年の懲役とあまりにも軽かった（強盗罪は懲役5年）。現行刑法は懲役3年になったが、強姦は再犯率が高いといわれ、被害者は被害を受けただけにとどまらず、常に再犯の恐怖におびえていることになるので、厳罰化が求められている。

　また、2009年から始まった裁判員制度は、性犯罪も取り扱う。性犯罪を受けた被害者にとって、見知らぬ人にその事情を公開の場で訴えるのは辛すぎる。性暴力はしばしば密室で行われるために、証拠の検証も難しい。さらに、被害者はしばしば「スキがあった」とか、「派手な服装をしていた」と

デート DV チェック表

DV は、恋人や夫婦など親しい間柄の男女の間におこる暴力のことです。
質問に「自分もそう思う」、と思ったら、その番号に〇をしてください。

1．DV なんて大人の間のこと。私にはまだおこらない。
2．自分のケータイをチェックされるのは、愛されているからだ。
3．デートで暴力を振るわれたとしても、そのときだけだ。
4．DV はお酒や、イライラが原因で起こると思う。
5．暴力を振るうのは、お互いがキライになって別れそうなときだと思う。
6．かわいくない、気がきかない、いうことをきかない、などの理由で、暴力を振るわれるのは、仕方がないと思う。
7．「ダメなやつ」とか「馬鹿」とか、ひどい言葉で傷つけても、直接たたいたりしなければ暴力ではない。
8．つきあっている相手が、他の人と話したり、出かけたりするのを嫌がるのは、好きな証拠だからしかたがないと思う。
9．多少の暴力があっても、普段は仲がいいから DV ではない。
10．DV は、相手を怒らせないよう工夫すれば、なくすことができる。
11．DV があっても別れないカップルは、暴力が深刻ではないからだ。
12．暴力を振るわれたあと、あやまったら、許してあげるべき。
13．うんと親しくなったら、セックスしたくなるのは仕方がないから、応じないといけない。
14．避妊しなくてもめったに妊娠することはない。

注：「デート DV チェック表」に一つでも〇があったら自分たちのつきあい方を見直してみよう。
出典：NPO 法人 DV 防止ながさきブックレット『デート DV を知っていますか？』、性を語る会『知っていますか？デート DV』（2007年夏）などを参照にして著者が作成。

か批判されるのだが、悪いのは加害者であって、被害者ではない。

　日本は女性の性を商品化することにあまり抵抗がなく、ポルノに近い写真が掲載されている雑誌や新聞を電車などの公の場で読むことが認められている。そのような社会の状況が性的搾取や人身売買などの組織犯罪を生み出す温床になっている。実際、ストーカーの認知件数も14,823件と増加している（平成21年度警視庁）。

　性暴力禁止法を求める女性の運動が2007年に立ち上がった。法律ができれば、すぐに性暴力が減少するわけではないが、真の男女平等のために絶対に必要な法律だ。

●● 参照 + 参考文献 ●●●

遠藤智子『デートDV（ドメスティック・バイオレンス）——愛か暴力か、見抜く力があなたを救う』ベストセラーズ、2007年。
「夫（恋人）からの暴力」調査研究会『ドメスティック・新版　バイオレンス』有斐閣選書、2002年。
戒能民江『ドメスティック・バイオレンス』不磨書房、2002年。
DV法を改正しよう全国ネットワーク『女性たちが変えたDV法——国会が門を開いた365日』新水社、2006年。
日本DV防止・情報センター編著『知っていますか？ドメスティック・バイオレンス　一問一答　第4版』解放出版社、2008年。
福島瑞穂『使いこなそう！ドメスティック・バイオレンス防止法』明石書店、2001年。
吉川真美子『ドメスティック・バイオレンスとジェンダー——適正手続と被害者保護』世織書房、2007年。

10章 リプロダクティブ・ヘルス／ライツ

産む権利の保障と少子化対策

1 はじめに

　リプロダクティブ・ヘルス／ライツ（reproductive health／rights）は、「性と生殖に関する健康／権利」と訳されている。それは1994年カイロにおいて開催された国連人口開発会議（以下、「カイロ会議」と記す）で話し合われたもので、「人間の生殖システム、その機能と（活動）過程のすべての側面において、単に疾病、障害がないばかりでなく、身体的、精神的、社会的に完全に良好な状態にあること」[1]と定義された。

　本章では、子どもを産むか産まないかなどは女性及びそのパートナーの自己決定権であり、国家はリプロダクティブ・ヘルス／ライツの考えに基づき個人の選択を保障し、支援するために努力することが求められていること、そして人間の生命の起源となる性と生殖に関して、政治的な駆け引きがあることなどを学ぶ。

2 リプロダクティブ・ヘルス／ライツ

　日本では戦前・戦中「産めよ殖やせよ」と国家が子どもを産むことを奨励した。現在でも国によっては、主として宗教上の理由から妊娠中絶を違法としたり、食料問題の解決のために人口抑制政策を採っている。子どもを産む／産まないは個人の選択であるにもかかわらず、その選択は個人に全面的に委ねられているわけではなく、政治的に揺さぶられている。日本において

1　外務省『人間開発計画』1996年、35ページ。

は、少子化が問題になって結婚や子どもを持つことが政治的に期待されるようになった。「婚活」という言葉が知られるようになってきた一方で、性教育にはバッシングがなされているなど、リプロダクティブ・ヘルス／ライツにはさまざまな課題がある。

リプロダクティブ・ヘルス／ライツというわかりにくい用語を明らかにするために、リプロダクティブと同じ語源を持つ「リプロダクション」には下記のような意味があることを、フェミニズムが明らかにしてきたことを振り返ってみたい（4章参照）。

「リプロダクション」(reproduction) の対語は「プロダクション」(production) である。すでに学んだように、それぞれの意味は以下のとおりである。

プロダクション＝生産活動＝ペイド・ワーク（支払われる労働）＝収入のともなう働き方によって遂行される。中心的な担い手は男性である。

リプロダクション＝再生産活動＝アンペイド・ワーク（支払われない労働）＝収入のともなわない働き方によって遂行される。中心的な担い手は女性である。

また、リプロダクションには二つの側面がある。

① 労働力の再生産＝生産活動によって使われたエネルギーを再生産する（食事、休養、睡眠などによって可能になる）。

② 次世代労働力の再生産＝つまり、子どもを産むこと。

さて、ここで問題なのは、ジェンダー規範が社会的に構築されて、労働力の再生産活動の大きな部分は女性が遂行していることだ。①の側面である、家事・育児・介護などを女性は自分のためだけではなく、夫や家族のために遂行している。②の側面である次世代の労働力を再生産する活動は、男性にはできない女性に限定された能力に依存するが、身体的な負担が大きい活動である。

ここで説明したリプロダクションは名詞で、リプロダクティブはその形容詞であるところから、本章で扱うリプロダクティブ・ヘルス／ライツが、次世代の労働力を再生産するための健康と権利を保障するという意味になることが理解できるであろう。

カイロ会議において、リプロダクティブ・ライツは、リプロダクティブ・

ヘルスを保障する権利であると確認され、男女が共に、効果的・経済的な家族計画や出生調節方法に関する情報の獲得や利用する権利の保障、女性が妊娠や出産を安全にできる最善の機会を利用できる権利で、すでに長い間国際的な人権文書や合意で積み重ねられてきた人権の一部である。

3 少子化とリプロダクティブ・ヘルス／ライツ

1 少子化の要因

　先進国は普遍的に少子化傾向にある。1章で学んだように、日本では、「少子高齢化」という言葉に象徴されているように少子化と高齢化が同時にかつ急速に起きている。2009年9月11日現在の総務省統計局の発表によれば、日本の高齢者（65歳以上）人口は2,895万人で、総人口の22.7％であり、五人に一人以上が高齢者である。また、女性総人口の高齢者比率が25.4％で、1,657万人の女性高齢者がいることになる。これは日本の女性の平均寿命が世界で一番長く86.05歳に対して、男性は79.29歳と6.76歳の差があることによる人口構成である（平均寿命は平成20年度現在）。

　日本の高齢化について特に問題になるのは、その高齢化率のスピードが速いことである。65歳以上人口が7％から14％まで、倍になるのは1970年から1994年までの24年間であった。同じように高齢者人口が7％から14％まで倍になるのにアメリカでは71年間（1942〜2013年推定）、イギリスでは47年間（1929〜1976年）、スウェーデンでは85年（1887〜1972年）と日本に比べてゆっくりと高齢社会に向かっていて、高齢社会の到来に対して準備するのに十分な時間があった。

　少子化の問題に目を転じれば、日本の女性が一生に何人子どもを産むのかという合計特殊出生率は1950年には3.65人であったが、2008年には1.37人（2009年6月厚生労働省発表）となり、日本は先進国の中で「少子化」への勢いも速い。つまり、日本はまれに見るハイスピードで高齢化と少子化が進んでいる国なのである。したがって現在の人口構成は高齢者が多く、子どもが少ないという頭が大きく、裾野が狭いものになっている（図1参照）。

　少子化によって危ぶまれる課題としては、(1) 労働力不足、(2) 消費の縮

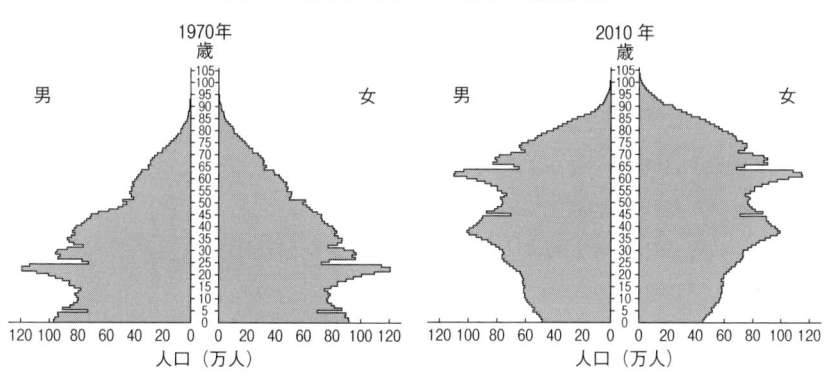

図1　1970年と2010年の人口構成比較

出典：国立社会保障・人口問題研究所〈http://www.ipss.go.jp/〉

小、(3) 社会保障制度の維持ができなくなるなどが上げられる。本来子どもを産むことは個人の選択であって、個人は社会的な課題を考えながら子どもを産むことはしない。少子化の大きな要因は第一に人口構造で、第二は出産可能な年代の男女のライフ・スタイルの変化である。その変化も社会の変化と連動している。少子化が進んだのは1970年代後半からで、女性の労働力の上昇や高学歴化と連動していることは認められている。

男女のライフ・スタイルの変化を改めてあげれば、以下のとおりである。

(1) 非婚・晩婚率の上昇

　かつて、結婚は女性にとって「永久就職」といわれた。生き方が多様になり、結婚は必ずしも人生の目的ではなくなっていて、初婚年齢が高くなっている。

(2) 働く女性の増加

　高学歴化とともに、女性は経済的独立をめざし労働力率が上がっている。とはいえ、最近の経済の悪化から5章で述べたように、女性も男性も結婚や出産をする年齢層の仕事が不安定になるとともに、収入が減少している。そのために、子どもを持つこと、育てることに経済的不安がある。

(3) 男性の働き方の変化

　最近の働き方の不安定化は男性、特に若年層に顕著である。かつて日本

の男性の働き方は、終身雇用、年功序列という「日本型雇用慣行」の中で働いてきた。1980年代半ばからのバブルとともに、日本の製造業は海外に製造拠点を持つようになり、製造業は「空洞化」した。一方で、「会社人間」を嫌い「多様な働き方」を求める労働者の側の要求があり、一方で、企業は年功序列給与体系を維持できなくなったために、90年代にバブル経済が崩壊すると雇用が一気に不安定化した。特に男性・若年層の非正規労働者が増加していて、彼らが結婚や出産を望んでもできなくなっている。女性の生き方は「自分らしくありたい」という願望や役割の変化に対応しているが、男性の生き方の変化は経済的要因が大きく影響しており、変化も速い。女性の生き方の変化の流れは緩慢で、男女の生き方とのズレが少子化に反映されているといえる。

(4) 子どもを持つ意味の変化

かつて、子どもを持つことは老後の保障であった。年金制度が確立したことで、老後の経済保障は十分とはいえないが保障されるようになり、老後を子どもに扶養される必要は少なくなった[2]。介護についても2000年以降社会的に担うことになった。一方、子どもを産む病院・医者の減少、子育て支援の不足、教育の荒廃がいわれ、子どもを持つことの負担は経済的・精神的に増大している[3]。

2　少子化対策

日本では、少子化が予想以上に急速に展開していて、特に社会保障制度の維持に困難が起きることが予測されている。そのために、少子化対策として政策的対応がなされてきた。1994年以降エンゼルプランなどが少子化対策として次々策定された。同時に決った高齢者対策の「新ゴールド・プラン」

2　政府の考え方は、高齢者で介護が必要になった場合には、在宅で介護サービスを受けるという方針である。しかし多くの場合、政府の提供する介護サービスだけでは十分ではなく、家族の支援が必要になる。2006年介護保険改定後は、「使い勝手」が悪くなり、今後も利用者の増加と共に、介護のできる家族がいない介護者の不足で、老人介護に関しては長期的に不安材料が少なくない。

3　本田由紀『女性の就業と親子関係』勁草書房、2004年。

（総事業費9兆円）に比べ少子化対策は予算が少なく、十分な対策にはならなかった。翌年に新エンゼルプランが策定されたが、年間78兆円の社会保障給付費のうち、子ども関係はわずか3％で、高齢者関係には66％配布されていた。高齢者への対応は世界の最高水準である。他の先進国は子どもに対して10％前後の予算を振り向けている中で、日本の子ども関係の予算はきわめて低水準で（「読売新聞」2002年3月4日、朝刊参照）、今後の政策転換が期待されている。

少子化対策として、子育て環境の支援、職場における出産・育児休業の推進などの政策を進めてきた。しかし、景気悪化とともに共働き世帯が増える中、保育所の空きを待つ、「待機児童」の数が急増しつつある。厚生労働省は、2008年度からの3年間を集中重点期間とした「新待機児童ゼロ作戦」を打ち出しているが、目標達成は困難で、仕事をしたい女性のニーズに十分に対応していない。「子育て支援」は必要な政策であるが、「子どもを産む」選択とは直接的には結びつかない。

少子化対策が遅れた理由を考えてみると、以下のようになる。

（1）社会的に構築されたジェンダー規範が変化しないことへの女性による抵抗。

女性を家事・育児の担い手としてきた状況は、女性の社会進出の変化と連動していない。女性が子どもを持って働き続ける環境は未だに非常に悪い。しかも、女性の廉価な労働力を基準にして「若者の貧困化」が起きている。家庭の経済が不安定であるために子どもを持てないカップルが少なくない。安い労働力として「女性」を位置づける経済界の要請は、女性には軽作業、補助的な作業と仕事と性別を結びつけてきたために、女性の収入は妊娠・出産・子育て費用に十分ではない。同時に、民間企業が利益を追求することに対して政府は政策的介入はできない。

このような状況に女性は意識下で抵抗している。男女雇用機会均等法と男女共同参画2000年プラン、これは女性の社会進出を後押しする二つの法制度だが、理想と現場の対応とのギャップは大きい。「結局、〈男は仕事、女は家事・育児〉が現在に至るまで大きく変わっていない。この変わらないことへのいら立ち、反抗が、女性の出産ストライキとして現

れ、出生率の低下を促進している」[4]という専門家がいる。
(2) 少子化予測見通しが甘かった。

国立人口問題研究所で行う人口推計は、もっとも高く見積もる「高位推計」、もっとも低く見積もる「低位推計」、両者の中間の「中位推計」と、三つの人口予測を出す。このうち中位推計は、公的年金の将来見通しを示す財政計算の前提になるなど、多く使われる。5年ごとに人口問題研究所が発表してきた合計特殊出生率(中位推計)は、発表するたびに下方修正しており、それを承知しながら制度設計に生かしてこなかった官僚の責任は重い。

(3) 官僚による社会制度の設計や運用の失敗の責任逃れを「少子化・女性」に転化し、少子化や女性の生き方の変化が制度の崩壊を招いたという言説をつくり出したのではないだろうか[5]。特に年金資産の運用の失敗による年金基金の積立金の赤字が、年金制度全体に対する不安をよび、将来への漠然とした不安と重なって希望が持てないカップルは子どもを持たない、あるいは持っても一人という選択をするのが少子化を招く大きな原因の一つになっていると思われる。

3 リプロダクティブ・ヘルス／ライツの保障

政府は少子化対策、すなわち子どもが持てるような支援と同時にリプロダクティブ・ヘルス／ライツの保障すなわち、妊娠出産に関する情報や避妊に関する情報の提供を同時行わなければならない。とはいえ、子どもを持つ／持たないは個人の生き方と関わっているので、人権に配慮するべき問題点がある。

(1) リプロダクティブ・ヘルス／ライツは人権の一部であり、女性に限らずすべての人の生き方、働き方と切り離すことはできない。

リプロダクティブ・ヘルス／ライツを保障するべき政治が「少子化対策」として行う政策は、「子どもを産む／産まない」という私的な権利

---

4 浅川澄一「プロの視点 少子化社会を斬る」2005年5月30日。Nikkei NET (〈http://www.nikkei.co.jp/neteye5/asakawa/20050527n885r000_27.html〉)。
5 岩瀬達哉『年金大崩壊』講談社、2003年参照。

の自由を侵害するものであってはならない。
（2）子どもを産むというきわめて私的なライフ・イベントは、社会システムと切り離せない。

私的な選択の結果である少子化という現象は、働き方・医療・教育や社会保障制度というような社会環境や社会システムを豊かなものにすれば、変化が起きると考えられる。したがって、子どもを産むことは「個人の問題だ」と限定することはできない。むしろ、社会の問題が先に解決されなければならないだろう。

（3）子どもは社会の宝か？　自分のものか？

子どもを産むことは私的な人権として保障されるが、社会的存在として子どもを守り、育てるのはすべて個人の責任ではなく、保育園、学校、病院などの社会的装置も子どもを守り育てている。子どもをめぐる公私の区別は単純ではない。

4　日本の人口政策の歴史と優生保護法

1　出生率と人数

戦前の「産めよ殖やせよ」[6]政策は、明治以来の「富国強兵」政策の頂点に立つもので、「良妻賢母」思想とともに女性の「産む／産まない」を決定する権利はむろん、子だくさんの貧困への対応として避妊を啓発するための運動さえ認めてこなかった。戦後は一転してベビーブームが起き、人口爆発したため食料危機を招く恐れがあり、人口抑制が必要となった。政府は「子どもを産んではいけない」と直接的に介入することはできないために、1948年人口妊娠中絶を是認する条項の入った優生保護法を制定した。

---

[6] たとえば、国民の体位向上のために1937年に設置された厚生省は39年8月に「多子家庭の表彰」要綱を発表し、9月には「結婚十訓」を発表し、結婚を急がせ、子どもを産むことを奨励した。その十訓とは次の通り。①父兄長上の指導を受けよ。②自己一生の伴侶として信頼できる人を選べ。③健康な人を選べ。④悪い遺伝子のない人を選べ。⑤盲目的な結婚を避けよ。⑥近親結婚はなるべく避けよ。⑦晩婚は避けよ。⑧迷信や因習にとらわれるな。⑨式の当日に結婚届けを。⑩生めよ殖やせよ、国のため。

優生保護法は1949年と52年に改正され、「経済条項」といわれる、経済的に困難がある人は医師会の指定の医師によって中絶が可能になり、日本は「中絶・堕胎天国」となった。その結果1947年の出生率は4.54％であったが、54年には2.48と半分近くになった。出生率の低下の大きな要因は中絶が認められるようになったからだ[7]。そして、70年代からは少子化傾向が加速し、2008年には合計特殊出生率は1.37となった。ここでは、出生率や人口問題に大きな影響を持った優生保護法（1996年に母体保護法と改正）について考えてみたい。

　人工妊娠中絶は現在でも法的には刑法堕胎罪（1907年～）で犯罪とされ、女性と医者が処罰される条文がある。しかし、1948年に優生保護法が条件つきで中絶を合法化して以来、刑法堕胎罪は実質上休眠状態となっている。優生保護法は1996年に一部改正され、「優生」という文言と条項が削除され、元の法律の6割が削除され、現在は母体保護法と呼ばれる。刑法堕胎罪が残っていることは、本来は人工妊娠中絶はできないが、いくつかの条件をクリアすれば可能という「違法性阻却」という状態にある。では、女性が望まない妊娠をしたときに人工妊娠中絶を認めてきた優生保護法とは、どのような法律であったのだろうか。

　優生保護法の第一条には、「優生保護法の目的」として、「この法律は、優生上の見地から不良な子孫の出生を防止するとともに、母性の生命健康を保護することを目的とする」となっていた。つまり、「不良な子孫」と指摘された障がい者、遺伝性の病気を持った者、なかでもハンセン病[8]の人々の子孫を残さないようにする目的で、国家が法律によって、障がい者や病人を差別してきたのである。しかも、50年もの長い年月この法律によって差別を受けてきた人たちがいた。

7　ティアナ・ノーグレン『中絶と避妊の政治学』青木書店、2008年。
8　かつては「らい病」といわれた。感染力は弱く、皮膚に結節・斑紋ができ、その部分に知覚麻痺が起きる。不治の病とされたために、患者は隔離され、一生を療養所で過ごさなければならなかった。また、さまざまな差別を受け抑圧されてきた。治療薬の発明により治療可能となり、日本では2005年以降、新たな発生はない。2005年5月時点で、国立療養所は全国に13ヵ所ある。

1994年のカイロ会議の、NGOフォーラムのイベント「人口政策による女への犯罪に関する国際公聴会」において、自らも障がいを持っている日本人女性安積遊歩が、日本では「不良な子孫の出生を予防する目的の優生保護法が未だに存在し、障害者は望まれない存在と位置づけられている」と、障がいを持った女性の子宮摘出などの現状を訴えた。安積のアピールはカイロの新聞に一面で報道され、その場にいた厚生省の役人をあわてさせたばかりか、政府間会議の場にも伝えられ、政府代表としてカイロにいた外相河野洋平が安積に面会した。

　日本の優生保護法は、1972年と1984年に少子化対策として、「経済条項」の削除が提案されたが、「優生保護法改悪」反対を訴えた女性たちが反対運動を展開したりロビー活動を熱心に行った結果、「経済条項」は残された。しかし、「優生保護法」そのものが障がい者への差別であるという障がいを持つ女性たちと、中絶は「女性の決定権」と主張するフェミニストの間には決定的な溝があった。それは、日本の女性が中絶できる根拠になっていた法律は、障がい者の権利を認めない優生保護法だったことによる悲しい対立であった。

　フェミニストが堕胎罪と優生保護法の両方を撤廃せよと訴える中、障がい者の団体には優生保護法だけの撤廃を求める声をあげた。なぜなら、堕胎罪がなくなったら、出生前診断で胎児に障がいが見つかったら中絶するだろう、と障がい者たちはフェミニストだけではなく、すべての女性に対して不信感を持った。障がい者からの告発は「産む・産まないは女性の権利」と主張するフェミニストに、「胎児の選別」があり得ることを訴えるという重い問いを投げかけた。胎児の選別はいまや「出生前診断」として、「当たり前に」行われ、「当たり前に」受け止められてきている。そこでの「胎児選別」が「産む・産まないは女性の権利」とどのように結びつくのか。障がい者全体を否定する優生保護法には与しないが、人工妊娠中絶を認める法律は手放したくないフェミニストと女性障害者の対立は長く、暗いものであった。

　カイロにおける安積のアピールから2年足らずの1996年3月には「らい予防法」が廃止され、6月には優生保護法は優生的条文を全面削除し、「母体保護法」という名称の法律に改正された。第14条に暴行や脅迫による人工妊

娠中絶とともに、「身体的又は経済的理由により母体の健康を著しく害するおそれのあるもの」が明記され、人工妊娠中絶はいままでどおり法的に認められることになった。この改正によって、優性思想の撤廃はできたが、「本人および配偶者の同意」と「胎児が、母体外において、生命を維持することのできない時期」という条件がついており、女性の自己決定権は全面的に保障されたわけではない[9]。

日本の法改正は常に漸進的であるという前例からいえば、優生保護法の改正は性急であったが、その理由の第一は上記安積のアピールであった。日本政府は国際社会の一員として、リプロダクティブ・ヘルス／ライツを承認しながら、障がい者差別をしている法律が存在することは矛盾しており、国際的に許されない。第二は1996年3月の「らい予防法」の廃止である。国会での提案理由説明や患者代表に対する謝罪の中で、厚生大臣はハンセン病患者に対する「優生手術」(不妊手術)を人権侵害的行為として明確に位置づけた。同法廃止に伴い優生保護法の「らい疾患」に関する条文は削除され、優生保護法の優生条項の一角が崩れた[10]。第三は、「障害者基本法」が1993年に公布され、国が障がい者対策を講じている一方で、優生保護法で障がい者を法律によって差別することは政策的矛盾であった。

このような障がい者をめぐる環境の大きな変化がハンセン病患者への差別を含む政府のこれまでの政策を大きく転換させた理由で、その結果、優生保護法は消滅した。

2 人工妊娠中絶と避妊

日本の人口政策は戦前の「産めよ殖やせよ」、戦後の「人口抑制」をめざした中絶の容認、そして特に1990年以降の少子化対策と幾度も大きな変更をした。政府は戦後期に人口抑制政策が必要という認識を持ちながら、避妊教育など避妊の普及政策には予算配分をほとんどしないまま、人工妊娠中絶と

---

9 優生保護法の改正に関しては、森岡正博『生命学に何ができるか：脳死・フェミニズム・優生思想』勁草書房、2001年に詳しい。
10 松原洋子「優生問題を考える（二）──優生保護法の〈削減〉」『婦人通信』464号、1997年。

いう母体に危険を及ぼし、費用もかかる方法が50年代60年代をとおして年間100万件以上もあった実態を容認した。その理由は人工妊娠中絶を指定された医者のみが施術できるという法律によって、産科医が独占的に利益を得られるシステムが構築されたからだ。

政府が避妊に関しての知識の普及に積極的でなかった理由ははっきりしていないが、1947年以降、学校教育において性教育に対する文部省の姿勢は「純潔教育」あるいは非行防止であった。当時は男女が「つきあう」ことも「不純異性交遊」などといわれ、学校で性教育に取り組む姿勢はなかった。例外は「月経教育」で、月経の手当ての方法のみを女子だけに教えてきた。1956年に出された『高等学校学習指導要領保健体育科編』の保健の内容の、「高等学校生徒の生活と性問題」という項目で、わずかに「成熟と男女の性別、月経・妊娠の生理、結婚と健康などを取り扱う」とあり、その備考では「この学習に当たっては、性の純潔に関する道徳を高めることをねらいとして指導に当たること」と記し、「身体的な成熟の問題や健康といったことよりも性道徳の強調」[11]をしていた。

1980年代半ばに学校での性教育の現場が変化したのは、1985年に国内初のエイズ患者が認定された「事件」をきっかけに、国や自治体はエイズに関する啓蒙のパンフレットを次々と発行した。その中のいくつかは中学生・高校生向けのものがあり、コンドームの使用が勧められていた。これまで国は、中学生や高校生に性教育は「早すぎる」「眠った子を起さない」という姿勢であったのに、「性行為を行うときには避妊具をつけるべし」と急に政策転換を行ったことで、現場は混乱した。とはいえ、避妊具、すなわち命をつくらない道具であるコンドームが、自らの命を守るための道具へと役割が変化し、性教育もエイズ予防教育へとシフトしていった。

1986年に文部省は『生徒指導における性に関する指導　中学校・高等学校編』を作成した。「性に関する指導」というのは、現在も文部省の正式な用語で、「性教育」という言葉の代わりに使われている。この手引きで目立つ

11　田代美江子「性教育バッシングを検証する――なぜ性教育攻撃がまかり通るのか」木村涼子編『ジェンダー・フリートラブル　バッシング現象を検証する』白澤社、2005年。

言葉が、「健全な」「望ましい」「正しい」である。たとえば、「健全な人格形成」「健全な生活態度」というように使われている。いわゆる生活指導型性教育で、この流れは「青少年白書」にも繰り返し使われている「青少年健全育成」という理念となって、文部省や各県の教育委員会の性教育指導のベースとなって生きている。

　1980年代半ばはフェミニズムが「ジェンダー概念」による性の多様性（同性愛、性同一性障害、トランスセックスなど）を示した時代であり、性に関する情報は隠されたものから一般の社会にあふれ出した時代でもあった。これまで述べてきたように、90年代になると性の問題は人権として把握しようとする流れが生まれ、性教育の実験的実践が「命の教育」として個々の教師や学校で試みられるようになった。

　2000年を越えるころ、あらゆる場面で「ジェンダー・バッシング」[12]が起こった。それは特に「過激な性教育」「性の自己決定権」への攻撃となって広がった。その頂点ともいえる事件は、2003年7月東京都立七生養護（特別支援）学校で行われた「こころとからだの学習」への攻撃であった。心身に障がいを持つ子どもは、性的事件の加害者にも被害者にもなりやすいという配慮から人形を使って性教育を行った。それが、「過激で不適切」と批判され、東京都議会議員三人が保健室に押しかけ、都教育委員会に指示して人形教材・授業記録ビデオが持ち去られる事件があった。政治による教育への介入という「大事件」であると、教師・保護者が原告になり2005年に提訴した。2009年3月12日に東京地方裁判所は「都議の行動は違法である」、「都教委の対応も違法である」という原告の勝訴を決定した。

　ジェンダー・バッシングは、保守的立場の「男は男らしく、女は女らしく」という言説に満ちた政治的意図を持ったもので、性の健康と安全な性生活をめざすリプロダクティブ・ヘルス／ライツ概念とはほど遠い。あふれる性情報に取り囲まれた子どもたちや若者の「性的な健康をめざす」権利が

12　ジェンダー・バッシングは2000年ごろから始まった。「バッシング」とは激しい非難や攻撃を意味する。保守的なメディアやネット上で誇張や歪曲した議論がジェンダー・フリー教育、性教育などをターゲットとして広がっていることをいう。注11の木村涼子編を参照。

ジェンダー・バッシングによって阻害される現実は重い。

5　アメリカの人工妊娠中絶をめぐる論争

　アメリカでは長い間人工妊娠中絶は合法ではなかったために、女性がヤミ中絶手術で命を失ったり、非常に高い処置料を求められていた。人工妊娠中絶を求める女性の運動は、1950年代からの公民権運動、60年代のベトナム反戦、女性解放運動などの社会・文化の大きな変動、70年以降の女性の職場進出などを背景にして広がった。ついに、1973年連邦最高裁のロー対ウェード判決によって、いくつかの条件はつけられたものの人工妊娠中絶は女性のプライバシー権であるとが認められた。この判決で妊娠中絶が合法化されたことで、カソリックや宗教原理派を中心とした反対派に危機感を与え、一気に中絶反対運動が広がった。人工妊娠中絶の是非はアメリカ社会を分断する論争を巻き起こし、中絶賛成はプロ・チョイス（選択派）、反対派はプロ・ライフ（生命尊重派）とよばれ、大統領選挙の争点となって浮かび上がった。

　プロ・ライフ派が中絶阻止のためにとってきた戦術は、憲法修正案として、生命は受精の瞬間から始まり、胎児は独立した人格として憲法上のすべての保護を受けると明記するように連邦議会に提出したり、死んだ胎児が紫色になっている大きな写真入りのチラシを全国に配布するなど、広がりを見せた。また、1970年代後半から80年代にかけては、より直接行動的な反中絶組織が各地につくられ、中絶を行っているクリニックや医者、患者への嫌がらせや暴力行為、爆破事件が起きるなど「中絶をめぐる文化戦争」になっていった[13]。

　保守派は中絶問題を争点として掲げる大統領候補者を支援することを活動の中心とし、1980年大統領選挙で共和党候補ロナルド・レーガン支持にまわった。このとき、共和党は戦後40年間にわたって堅持してきた憲法の男女平等条項修正（ERA）支持の立場も変更した。レーガンは選挙キャンペーン中にERA反対の立場を正式に表明、同時にいかなる堕胎にも反対する論陣

13　荻野美穂『中絶論争とアメリカ社会——身体をめぐる戦争』岩波書店、2001年。

表　中絶についてのアメリカ大統領の賛否

大統領就任（年）	大統領名	政党	中絶
1980、1984	ロナルド・レーガン	共和党	反対
1988	ジョージ・ブッシュ（父）	共和党	反対
1992、1996	ビル・クリントン	民主党	賛成
2000、2004	ジョージ・W・ブッシュ	共和党	反対
2009〜	バラク・オバマ	民主党	賛成

を張り、伝統的な共和党支持派の人々に加えて、中絶反対のニューライト、新保守主義などの勢力を取り込みに成功した。以後、これら保守派グループは、共和党の重要な勢力基盤となった。

　アメリカは二大政党制で、共和党保守、民主党リベラルと二分されていて、人工妊娠中絶に対する態度も大統領が代わると大きく政策変更される（表参照）。そのよう政策変更は人工妊娠中絶だけにとどまらず、外国への援助、特に避妊器具・薬の提供や、性教育プログラムにも現われる。

　オバマ政権の前のジョージ・W・ブッシュ政権は「思春期のリプロダクティブ・ヘルス」における包括的性教育に反対し、「禁欲主義」を導入、同性愛の否定、家族の多様性の否定などを打ち出してきた。オバマ政権はどのようなリプロダクティブ政策をとるのか、日本がどのように対応するのか、「誰もが安全で豊かな性生活を含む生活をする」権利がどのように保障されるのか、アメリカの政府の動きを注意深く見守る必要がある。

6　まとめ

　性をめぐる情報があふれているのに、保守派が「寝ている子を起す」ことになるからという理由で、性教育は学校において適切に行われているとはいえない状態にある。リプロダクティブ・ヘルス／ライツという概念を多くの人々が共有することが求められているのだが、性はしばしば命の問題であると主張する「人権派」と商業的に扱う「売り物」を主張するビジネス派が対立している。性は個人のプライバシーに属する課題であるが、政治的文脈で

揺らいできたことを学んで、自分の生き方を考えてみたい。

●● 参照 + 参考文献 ● ● ●

天野正子ほか編『新編日本のフェミニズム⑤ 母性』岩波書店、2009年。
荻野美穂『中絶論争とアメリカ社会——身体をめぐる戦争』岩波書店、2001年。
田代美江子「性教育バッシングを検証する——なぜ性教育攻撃がまかり通るのか」木村涼子編『ジェンダー・フリートラブル バッシング現象を検証する』白澤社、2005年。
谷口真由美『リプロダクティブ・ライツとリプロダクティブ・ヘルス』信山社、2007年。
ティアナ・ノーグレン（岩本美砂子監訳、塚原久美・日比野由利・猪瀬優里訳）『中絶と避妊の政治学』青木書店、2008年。
原ひろ子・根村直美編著『健康とジェンダー』明石書店、2000年。
本田由紀『女性の就学と親子関係』勁草書房、2004年。
森岡正博『生命学に何ができるか：脳死・フェミニズム・優生思想』勁草書房、2001年。

11章 世界の女性の政治参加
女性参政権・権利獲得運動

1 女性の政治活動

　多くの国で女性は参政権を男性と同時には獲得できなかった。しかし、共産主義革命が起きたソ連と中国では、革命後に男女が共に参政権を獲得した。世界で最初に国政レベルでの女性参政権が実現したのはニュージーランドで、1893年のことであった。アメリカでもイギリスでも女性参政権運動が第一波フェミニズムの大きなテーマであった。この章では女性の政治活動の初期に活動した女性たちを取り上げ、女性の権利とは何かを考えてみたい。

2 世界の女性の政治活動の事例

1 世界で最初に女性参政権を獲得したニュージーランド

　ニュージーランドの女性は1893年9月19日に、世界で初めて参政権を獲得した。しかしここで得たのは投票権だけに限定された権利で、被選挙権が認められたのは1919年、第一次世界大戦後のことであり、最初の女性国会議員が選出されたのは1933年であった。2009年12月末日の統計ではニュージーランドの女性議員比率（下院）は122議席中44人、33.6％で、世界ランキングの15位である（IPU）[1]。日本は2009年8月30日の総選挙で54人に増え11.25％になったが、世界ランキングでは最下位に近い96位である。ちなみに世界の平均は18.7％である。

　ニュージーランドの女性参政権の歴史には、本国イギリスにおける女性参

1　Inter Parliament Union 〈http://www.ipu.org/〉

表1　女性と男性はいつ参政権を獲得したか (単位＝年)

国	男性	女性	開始年差
ニュージーランド	1852	1893（世界最初）	41
イギリス	1918（男子普通選挙）	1928	10
アメリカ	1870	1920（連邦）	50
フランス	1848	1944	96
ドイツ	1871	1918	47
日本	1889（男子普通選挙は1925）	1945	56
イタリア	1912	1945	33
ロシア（旧ソ連）	1936	1936	0
中国	1953	1953	0
クウェート	1962	2006	44

注：2009年クウェート国民議会選挙で初めて女性参政権が行使され、16人立候補（50議席）、4人当選した。中東の大国サウジアラビアは、2004年に初めて国民会議選挙があり、21歳以上の男性が選挙を行った。女性参政権はまだ実現していない。
出典：〈Ref: http://www.cc.matsuyama-u.ac.jp/~tamura/sennkyokennkakudainorekisi.htm〉他

政権運動やアメリカの運動の影響が強いが、世界で最初に女性参政権を実現した理由には、先住民マオリの権利の保障が先行したことや女性人口の少ない新しい国で女性の労働力が重要であり、自由党政権でもあった（後の労働党）などの背景がある。

　女性が初めて女性の権利を主張したのは、イギリス人メアリ・ウルストンクラフト（1759～1797年）で1792年に『女性の権利の擁護』を刊行している。ウルストンクラフトは「女性は生まれながら男性に劣っているわけではない、教育の欠如が両性の格差を生んでいる、男女は共に理性的存在として扱われるべき」と、男女平等を世に宣言するという先駆的な業績を残した。1866年にはジョン・スチュワート・ミルがイギリス議会に女性参政権を提案し否決された。翌年にはミリセント・フォーセット（1847～1929年）[2]が全国女性参政権協会を設立、運動が盛り上がっていった。

2　1883年に日本でフォーセットの『政治談』が刊行されている。

イギリスの場合、産業革命による女性労働者の増加により、参政権運動は階級闘争と重なって、大規模デモやハンガー・ストライキなどで逮捕者が出るような激しい運動になっていった。中産階級のリーダーと労働者階級の女性たちの確執、第一次世界大戦への協力と参政権の付与とのせめぎあいなどがあった。結局、イギリスでは第一次世界大戦後の1928年に30歳以上の女性に参政権が認められた[3]。

ニュージーランドの宗主国イギリスは、1840年2月6日ワイタンギ条約によって先住民のマオリからニュージーランドの主権を引き継ぎ、1907年にニュージーランドは自治領となった。その間マオリの権利は移住者の思惑や都合で抑圧されてきた。1852年には財産条項の入った選挙権がマオリも含む男性に公布されたが、実際には個人財産を持たないマオリ（財産はコミュニティで管理するシステムであった）は政治的権利を利用できなかった。1867年に21歳以上のすべてのマオリの男性は、財産条項のない選挙権被選挙権を獲得した。マオリは議会のうちの4議席を優先的に与えられた。マオリ男性の参政権獲得は、イギリス本国の男子普通選挙より66年も前のことであったが、4議席というのは当時のマオリ人口からいえば過少代表で本来は14〜16議席が妥当とされた（ヨーロッパ系住民は72議席持っていた）。マオリの優先的議席が撤廃されたのは1992年であった。

ニュージーランドでは1860年に妻の財産は自身で管理できる法律ができ、女性の財産権が認められた。ニュージーランドの女性たちは、その後政治的権利の獲得をめざし努力を開始した。1869年にメアリー・アン・ミューラー（1820〜1901年）は、ペンネーム「フェミナ」で「ニュージーランドの男性へのアピール」というパンフレットを出版した。彼女がペンネームを使ったのは、市議会議員で保守的な夫への遠慮であった。1886年にアメリカから禁酒を訴える女性を迎え、ニュージーランドに女性クリスチャン禁酒同盟（WCTU）が結成された。参加した女性の中で、参政権運動のシンボルになった女性はイギリス生まれのケート・シェパード（1847〜1934年）で、「人間を人

3　今井けい『イギリス女性運動史　フェミニズムと女性労働者の結合』日本経済評論社、1992年。

種、階級、信条あるいは性で分けることを乗り越えなくてはならない」と訴え、1891年に女性参政権の請願を2万人にのぼる署名をつけて国会に提出し、男性議員からの賛同も得ることができたが、議会はとおらなかった。翌年二度目の請願を開始、前回よりもっと大勢の署名を集めた。1893年の三度目の請願は「ジャイアント請願」といわれ、当時のニュージーランドに住んでいたヨーロッパ系移民の21歳以上の女性の4分の1に当たる3万2千人の署名がつけられた。小さな紙をノリで貼りつけ、ぐるぐる巻きにした請願に添付された署名は国会のホールで開陳されたとき、広いホールの端から端まで達したという。

請願書には、「議長及び国会議員諸氏、ここにニュージーランド植民地の21歳以上の女性の署名をつけて請願いたします。非常に大勢の女性が近年参政権を求め請願を出してきました。ここに迫ってきている次期の選挙までに女性の参政権を認めてください」とあった。そして、女性参政権は9月に認められ、10週間後の11月の総選挙に間にあった。女性参政権はすべての女性（マオリの女性も含めたすべての女性の意味）に与えられた。リーダーのシェパードの肖像はいまでもニュージーランド10ドル札に残されている。

2 アメリカの女性の権利大会

1848年ニュー・ヨーク州の北の小さな町セネカ・フォールズで開催された女性の権利大会は、アメリカの独立宣言が1776年7月4日になされてから72年後のことであった。当時のアメリカはヨーロッパから移住してきた人々が新天地に理想の社会をつくろうと努力をしていた時期で、資本主義の発達とともに、さまざまな矛盾が現われてきていた。

その一つは南部と北部の対立となった奴隷問題であった。南部は奴隷を使うプランテーション農業、すなわち、大量の人手を使う綿花やタバコの栽培などが根づき、北部は工業地帯として発展していた。そして北部では労働者と資本家の貧富の差が大きくなっていた。ヨーロッパからアメリカに渡った人々はキリスト教のプロテスタントを信仰していた人々で、真面目で禁欲的、熱心に教会に通い、勤勉に働く、倫理的な生活をめざす人々であった。アメリカ独立時の13州[4]は、南北に分けると7対6で必ずしも北部の州が

多いわけではないが、ボストンやフィラデルフィアが商業、政治の中心として発展していた。したがって、ボストンやフィラデルフィアのある北部の人達がアメリカ初期の指導者となった。そのため、黒人奴隷を使って農業をしている南部の人々を非人間的な生産方法を行っていると非難し、北部を中心に「奴隷解放運動」が起きた。奴隷解放運動のリーダーは北部の男性が中心であったが、中には女性もいて、「女性らしくない」と批判されながらも活動していた。その中の一人の女性、ルクレシア・モット（1793～1880年）はフィラデルフィアに住むクエーカー教徒で、奴隷解放運動家として名が知られていた。クエーカー教徒は新教の中でも非常に禁欲的・倫理的な信者が多い宗派である。

　1840年にロンドンで世界奴隷解放会議があった。ボストンに住んでいた25歳のエリザベス・ケーディー・スタントン（1815～1902年）は奴隷解放運動家の夫と新婚旅行で出掛けていき、モットとスタントンは初めてロンドンで出会った。その大会で、モットは正式な参加者として登録されていたにもかかわらず女性という理由でスタントンとともに傍聴席に座らされ、男性のみが討議に加わった。モットとスタントンは抗議したが聴き入れられず、黒人の奴隷の権利を話し合う場なのに、白人の女性の権利が認められていないことに怒った二人は、「いつか、どこかで、女性のための権利大会を開こう」と約束した。その後、スタントンはフィラデルフィアから300キロほど離れたセネカ・フォールズで五人の子どもの子育てをしながら、政治家になった夫の留守を守る生活に忙しく、大会を開催する機会はなかなかめぐってこなかった。

　1848年、セネカ・フォールズから5キロほどのところに住んでいた姉の出産を手伝うためにフィラデルフィアから出掛けたモットは、近所のクエーカー教徒とスタントンとでお茶の会を開き、急遽、女性の権利大会に向け準備を始めた。大会宣言はスタントンが独立宣言を下敷きに書き、五人で練り

4　New Hampshire, New York, Pennsylvania, Rhode Island, Connecticut, New Jersey, Massachusetts, North Carolina, South Carolina, Maryland, Dlaware,Virginia, Georgia の13州。Virginia と Maryland は奴隷制度があったが、南北戦争になると北軍に参加した。

直した。大会の場所としてセネカ・フォールズのメソジスト教会が借りられた。当時教会の多くは奴隷解放運動に参加する女性に批判的、無理解であったが、この教会は奴隷解放運動に協力的で、女性の大会にも理解を示した。大会を開くことが地元の新聞に載ると、スタントンの父親は「娘は気が狂った」と怒り、夫は大会宣言を書く手伝いはしてくれたのに「適当にお茶を濁しておけ」と「女性の権利」に対して本気には取りあわなかった。

　大会まで準備期間がたった1週間ほどしかなかったうえに、交通の便の悪い小さな町では人が集まらないことが予想された。さらに、セネカ・フォールズの町には小さな工場が多かったが、周辺は農家が多く、7月半ばは草刈で忙しい等々の悪条件が重なっていた。ところが当日300人もの聴衆が集まり、大会は大成功であった。

　そこで採択された「所信宣言」は、アメリカの独立宣言とまったく同じ形式で書かれた。独立宣言がイギリス国王への不満を述べるときに宛名として使われた「王は……」という部分はすべて「男性は……」と書き換えられている。アメリカ独立宣言は「Declaration of Independence」というが、女性の権利宣言は、「Declaration of Sentiments」という。タイトルは違っているが、形式をそっくりまねたのである。興味深いのは、当時の慣行で女性が公の場を仕切ることはできなかったので、女性の権利大会なのに、司会はモットの夫が行ったことである。

　「Declaration of Sentiments」を直訳すると「感情宣言」となる。どうして「女性の権利宣言」とされなかったのか不思議な気がする。スタントンが老年期に書いた思い出によれば、大会は「女性の権利大会」であったが、宣言には彼女の日々の生活の中で感じていたこと、女性の生活そのものすべてを見直すものにしたかった、と述べている。そういう「気持ち」を表わすために「Sentiments」が使われたと考えられるが、女性の気持ちは「政治課題ではない」と長い間いわれてきたにもかかわらず、スタントンらは1848年に明らかに「政治課題」としていることに注目したい。この大会で参加者のほとんどが宣言に署名している。署名はいまでも、廃墟になったメソジスト教会の外壁に彫刻されて残っている。女性の名前が男性より先にあり、感動を覚えた[5]。

1848年のセネカ・フォールズで宣言され、決議されたことの中で非常に大事なことは、女性の参政権であった。特に奴隷解放運動によって黒人が解放されるとすれば、解放された黒人にも参政権が与えられることになるのに、白人の女性には参政権が与えられないのは「男女を平等につくった創造の神の意向に反する」という視点に立っている。

　セネカ・フォールズの女性の権利大会から13年後の1861年、南北戦争が起きる。アメリカ国内で約4年間も戦争状態が続き、リンカーンによって奴隷解放がなされたが、リンカーンは狙撃され命を失った。女性の参政権が全米で実現したのは1920年であったから、1848年の女性の権利大会から70年以上かかった。スタントンは女性の権利大会以後、亡くなるまで女性参政権運動に身を投じたが、参政権実現には間にあわなかった。彼女の次女が遺志をついで、女性の権利の運動に参加した。ちなみに、モット、スタントン、スタントンの盟友であったスーザン・アンソニー（1820〜1906年）の三人の胸像が、連邦議会議事堂の中に飾られている。

　また運動の後継者ともいうべきアリス・ポール（1885〜1977年）は参政権運動の成功後は、男女平等条項の憲法修正（Equal Rights Amendment ＝ ERA）を手掛けた。彼女の住んだワシントンD.C.にあるベルモントハウスは連邦議会の近くにあり、女性参政権運動やERAの資料があり、訪問者を歓迎している。

3　ジャネット・ランキン（1880〜1973年）
——アメリカの初めての女性国会議員

　アメリカの女性参政権は1920年に全米で実現した。アメリカは連邦国家で州の権限が強く、西部のモンタナ州では1920年より6年も前、1914年に女性の参政権が認められた。女性参政権運動をしていたランキンは1916年に共和党から出馬して当選し、アメリカで初めて選挙で選出された女性連邦議会議員になった。それまでの女性議員は、議員の夫が急死した場合、州知事の指

5　筆者は長年の夢であったセネカ・フォールズに2003年夏に訪ずれ、「女性の権利記念館（Hall of Fame）」やスタントンの家を見学した。

名によって残りの任期を務める場合だけであった。参政権を獲得し、被選挙権の行使によって選出された女性国会議員（連邦議会議員）はジャネット・ランキンが最初である。

1917年、ランキンが初登院したとき、第一次世界大戦でヨーロッパ戦線が拡大したために、ウィルソン大統領は参戦するか否かを連邦議会で投票によって決めることを提案した。このとき、まだ他の州では女性参政権を獲得していなかったが、参戦するか否かで、ランキンとともに参政権運動をやってきた女性たちも意見が二つに分かれた。もし参戦に賛成すれば、女性への参政権が与えられると主張する保守的なグループに対して、反対派陣営は、政治に参加する女性は「平和」の維持に努力するべきであると主張した。

結局、ランキンは平和運動家である信条を大切にして、戦争反対に投票をした（他には56人いた）。翌年の選挙では第一次世界大戦が勝利に終わったため、戦争に反対したランキンは予備選挙で負け、再選されなかった。ランキンは1940年に再度選挙で勝ち1941年の1月から国会議員になった。そして1941年、12月8日の真珠湾攻撃の翌日、日本との開戦を問う投票が連邦議会で行われ、ランキンは第二次世界大戦への参戦に再び反対投票をした。彼女は上下両院を通じて反対を投じたただ一人の国会議員で、傍聴席からは轟々たる非難をあびた。その後ランキンは二度と再び、国会議員になることはなかった。いまでは第一次、第二次両世界大戦への参戦を否決した唯一の、そして、初の女性国会議員として名を残している。ランキンは平和運動家としてその後も活躍し、1968年にはヴェトナム戦争反対のためにランキン旅団という首都ワシントンへの女性の平和行進の先頭にたち、1973年93歳で亡くなった。

3　日本の女性の政治活動——黎明期

1　楠瀬喜多（1836〜1920年）

明治の初めに日本全国で勢いよく自由民権運動が広がった。女性たちも運動に刺激を受け、積極的に参加していた。民権おばさんとして有名な楠瀬喜多は民権運動の盛んだった土佐で、演説会などに参加し、後には弾圧された

民権家を保護するなど、民権運動の支援者であった。彼女は、高知市に住んでいて夫は亡くなり、子どももいないために戸主であった。そのころは、町村議会の選挙規則は町村で決めていたので、民権運動の影響力の大きい高知市の一部の町村会では、女性の選挙権が認められていた。しかし、民権運動の波及を怖れた政府によって、明治17年に地方自治を認めた「町村会法」は改正され、議会規則の制定権は区町村から取り上げられた。その結果議員の選挙権・被選挙権を男子に限定し、高知市における女性の地方議会への参政権は4年で潰えた。

1878 (明治11) 年、楠瀬喜多が投票しようとしたところ、役人が「女には選挙資格がない」といって投票を拒否した。「民権にめざめていた」喜多は投票ができないことに不満を持ち税金を滞納した。そうすると、税金の督促が来たので、喜多は高知県庁へ書面で、税金は女性でも取り立てるのに、女性に選挙権がないのは義務と権利の関係で「男子戸主と比べてみれば権利をおとしめされたることはなはだし」と申し出た。県庁からは、男子には兵役の義務があるが、女性にはそれがないから選挙権がないといわれ、「男子でも戸主は兵役の義務をまぬがれている」と反論し、内務省にまで掛け合った。

楠瀬喜多の「一人参政権運動」は『東京日日新聞』に「奇女子あり」と報道され、全国的に有名になった。

2 岸田俊子 (1864～1901年)

女性で初めて政治活動の場で演説をした岸田俊子は、京都の呉服商の娘に生まれ、号を湘煙、または湘烟と称した。明治2 (1869) 年に新設された京都の住民組織がつくった小学校に学んだ。非常に頭がよく、明治12年15歳で、京都府知事牧村正直、山岡鉄舟の推挙で初の「平民」出身の宮中女官になり、皇后美子に孟子などの講義をした。しかし、2年たらずで女官を辞して母と旅に出て、高知で民権運動家と交遊し、その影響を受けた。

岸田は各地の民権運動の女性の会に行って講演をしていたが、後に結婚する中島信行らが組織した立憲政党が明治15年4月1日に大阪で開いた演説会に出席して「婦女の道」と題する演説をし、女性政治演説第一号として全国

に名声を轟かせた。連日新聞に掲載されるほどの人気で、当日の模様は「岸田俊子とて年も19の花盛り、白襟３枚襲ね島田髷のいでたち、以前大内へ宮仕えせし身とて上品なる動作最もしとやかに壇上に現るゝや……その頃女の演説なるもの未だ聞きしことなき聴衆は、唯々呆気にとられ、拍手喝采するばかりなりしという。世にお転婆女流の演説やなるものめずらしからざれど、能く品格を保てるレデー的演説は実に女子をもって嚆矢とすべし」と記されている[6)7)]。

その後俊子は1882（明治15年）年５月11日から岡山の女性民権家らに請われて岡山で演説会を開き、岡山女子懇親会という女性民権家グループの設立に寄与したり、各地で民権運動の広告塔として活躍した[8)]。当時政府は民権運動の弾圧をしていたので、基本的に野党の立憲政党の立場で話す岸田は政府からにらまれた。一方、民権運動の中枢にいるわけではない岸田は「いいたいことがいえる」立場だったが、明治15年６月24日の徳島の演説では「あまりに過激で」中止命令を受けた。

翌年10月12日の大津で演説中に官吏侮辱政談演説という理由で逮捕され、未決監につながれ、５円の罰金に処せられた。これが一つのきっかけで、翌年２回の演説をした後、岸田俊子は演壇に立たなくなった。その理由は、国会開設が約束され、自由民権運動が勢いを失ったからである。たとえば有名な板垣退助は1882（明治15）年に大津で暴漢に襲われ「板垣死すとも自由は死せず」と叫んだ年の秋、政府筋からの金でヨーロッパへ行くなど、民権運動が切り崩しにあい、明治17年には自由党が解党させられるなど、自由民権家男性たちが弾圧に屈していく状況にあった。俊子が書いた大津での獄中記は気丈に振る舞いながらも、体力を失い、食欲もなく、苦しい日々であったことが記されている[9)]。

6　明治32年４月19日『郵便報知新聞』「夫人の素顔　中島湘烟女史」、中島河太郎「先駆者とその回帰」『明治の群像9　明治のおんな』三一書房、1967年。
7　新潟女性史クラブ編著『光と風、野につなぐ——連譜』（野島出版、2001年）によれば、明治13年３月６日柴田ハマ（1862〜1940年）が、新潟県新発田市で300人の聴衆の前で「艱難ハ楽を得るの機」と題して演説をしている。地方の女性史発掘により女性の政治演説第一号記録が塗り変えられた。
8　総合女性史研究会編『日本女性史論集　女性と運動』吉川弘文館、1998年。

明治16年5月に発行された『自由燈』にしゅん女の名義で文章を掲載し、第二号から断続的に10回にわたる「同胞姉妹に告ぐ」という文章は、日本で最初の女性による女権論を展開したものである。明治19年、24歳の岸田は41歳で妻と死別し子どもが三人いる中島信行と結婚した。自由恋愛による結婚で、当時いろいろと取りざたされた。

　俊子は明治19（1886）年ころからは文筆活動に移り、論説・小説・漢詩・随想・日記など60編にもおよび、中には女性の権利論もある。また、明治21年から24年ころまではフェリス女学校の名誉教授になっている。夫の中島信行は明治23年の第一回衆議院議員総選挙で当選し、初代衆議院議長となった人で、そのころ俊子はすでに洗礼を受けてクリスチャンになっていた。中島も洗礼を受け、議会の始まる前には祈祷をし、議会が混乱すると祈るので無能と笑われた。このころ、俊子（湘煙）はしばしば国会傍聴に行ってその感想を日記に残している。

　女性は政治結社に入ること、政治談義を聞くことは禁止されていたのに、俊子の国会傍聴は許されているのは矛盾しているが、議長夫人を国会に入れないわけにはいかなかったのであろう。中島信行は明治25年の選挙では落選し、民権派を脱し、外務大臣陸奥宗光（中島の先妻は陸奥の妹、中島と陸奥は海援隊の仲間）の尽力でイタリア特別全権公使になり、俊子もともにイタリアに赴いたが、結核がひどくなり、明治32年、俊子は明治34年5月25日39歳で病死した[10]。

4　日本の女性の政治活動——参政権運動へ

1　「新しい女」の登場

　日本初の国会議員の選挙は明治23（1900）年の国会開設の前年に行われた。選挙権は、満25歳以上の男性で直接国税15円以上を納めている者という、性別、年齢、財産条項があり、国民の1％しか投票できなかった。その

9　石川栄司・藤生てい共編『湘烟日記』大空社、1995年。
10　西川祐子『花の妹：岸田俊子伝』新潮社、1986年。

表2　衆議院選挙制度の変遷

公布年（実施年）	選挙資格	選挙制度
1889〈明治22〉(1890) （1回〜6回）	直接国税15円以上を納付する、満25歳以上の男子	小選挙区制
1900〈明治33〉(1917) （7回〜13回）	直接国税10円以上を納付する、満25歳以上の男子	大選挙区制
	（1903〈明治36〉年北海道に選挙法施行）	
	（1912〈大正元〉年沖縄に選挙法施行）	
1919〈大正8〉(1924) （14回〜15回）	直接国税3円以上を納付する、満25歳以上の男子	小選挙区制
1925〈大正14〉(1928) （16回〜21回）	満25歳以上の男子（納付条件撤廃＝普通選挙）	中選挙区制
1945〈昭和20〉(1946) （22回）	満20歳以上のすべての男女（沖縄県は施行せず）	大選挙区制
1947〈昭和22〉 （22回〜40回）	（日本国憲法の施行）	中選挙区制
	（1950〈昭和25〉年公職選挙法制定）	
	（1953〈昭和28〉年奄美復帰法）	奄美群島区1人
	（1970〈昭和45〉年沖縄住民の国政参加特別措置法）	沖縄全県区5人
1991〈平成3〉	（公職選挙法改正案）	小選挙区・比例代表並立制
1994〈平成6〉 （41回〜45回）	（公職選挙法部分改正）	小選挙区・比例代表並立制

後、経済条項が2回変更され、1925年に25歳以上の男性には財産制限のない選挙権、「普通選挙権」（「普選」と略される）が実現した（表2参照）。女性の参政権運動は、平塚らいてう（1886〜1971年）、市川房枝（1893〜1981年）、奥むめお（1895〜1997年）らが1919年に日本初の女性団体新婦人協会を設立して、まず治安警察法第5条の撤廃、すなわち、女性の政治結社への参加の自由を求めて運動に取り組み、1922年に政治活動への参加などの改正を勝ち取り、女性参政権への道を切り開いた。その後、1924年に婦人参政権獲得期成同盟会（翌年、「婦選獲得同盟」と改称）を結成し、幅広い女性運動の連帯を

広げていき、これが日本の女性の参政権獲得運動の推進力となった。

　平塚らいてふ（本名明子、1886〜1971年）は、1911年女性による文芸雑誌『青鞜』を母からの資金援助で創刊した。「青鞜」の命名は18世紀の中頃、ロンドンの貴族モンタギュー夫人のサロンに集まった男女同権を口にする女性たちが揃って青いストッキングをはいていたことに由来する。当時の貴族の女性は一般に黒いストッキングだったから、青は抵抗を示すためであったという。

　イギリスでは女性の参政権は階級闘争的様相を呈し、激しい運動となって、多くの投獄者を出し、犠牲を払っていた。『青鞜』が日本女性による最初の雑誌で、先進的であったとしても、女性の運動は世界の女性の時代状況からは遅れていた。文学も雑誌づくりも男のものとする当時の社会に、女性の手による女性のための文芸誌が与えた波紋は大きく、『青鞜』誌上は女性の意見の発表の場となった。

　この時期、日清・日露という二つの戦争の勝利によって日本はアジアの大国になろうとしており、日本の政治状況は女性にますます厳しくなっていった。「天皇制帝国主義国家」といわれた日本にとって最大の課題は、中国・朝鮮支配をめざす侵略戦争に協力する体制、「ナショナリズム」による国家体制をつくり出すことであった。この時期には「女性」も「国家」を支える意欲と活動が求められるようになった。とはいえ、女性の役割は戸主＝「男性」を中心とする「家制度」の枠組みの中でのことであり、国家規範としての「良妻賢母」の役割の範囲を超えることは許されなかった。高等教育を受け「自我」と独立を求める「女性」の中からの反発がエネルギーとなって、政治的・イデオロギー的緊張の中で『青鞜』が誕生したのであった。

　『青鞜』第1巻第1号にらいてうが書いた巻頭言は、「元始、女性は実に太陽であった。真正の人であった。今、女性は月である。他に依って生き、他の光によって輝く、病人のやうな青白い顔の月である」という言葉で始まり、女性解放の宣言として注目され、いまでも影響力を持っている。『青鞜』は文芸運動にとどまらず、以後の女性解放運動の推進力となったが、投稿者の強い権利意識、当時の社会規範を逸脱した行動などから、性的揶揄をはらんだ「新しい女」という非難にさらされた。「新しい女」たちの主張する

「婦人解放」は「性欲」の赴くまま女たちだに行動するなどと罵声をあびせられたが、女性の連帯の場でもあった。らいてふは後に、消費組合運動にも尽力し、第二次世界大戦後は、平和運動や女性運動に積極的に関わり、終生女性運動から退くことはなかった[11]。

2　市川房枝（1893〜1981年）

　市川房枝は、愛知県の現在尾西市で農家の三女として生まれた。県立愛知女子師範学校を卒業して、1919（大正8）年平塚らいてうと新婦人協会を結成し、治安警察法第5条の改正をはかった。婦人運動・労働問題研究のため約2年半アメリカに滞在。家事の手伝いという仕事をしながら、アメリカ各地で女性運動について学んだ。女性参政権運動のリーダーの一人、アリス・ポールに会って励まされ、今後の活動の展開や女性の政治教育について示唆を受けた。

　関東大震災後の廃墟の日本に戻るとILOの東京支局が創設され、そこに4年間勤務した。その4年間に市川は数々の労働女性に関する調査を行い、ILOの出版物などをとおして、女性リーダーとして名が知られるようになっていった。彼女がILOをやめたときに、「働く女性の問題も非常に大事だが、その労働条件を改善するためにも、早く女性が政治に参加する必要がある。ILO東京支局の仕事は必ずしも私でなくてもできる」と述べている。ILO東京事務局を辞職してからの市川は女性運動に全力投球していく。

　平塚と市川が結成した新婦人協会（1919年結成、1920年発会式）は広範な女性による運動をめざしたが、21年に市川が渡米した後平塚も退き、1922年に女性の政治集会への参加の権利を獲得した後に解散した。1924（大正13）年には、市川と金子しげりは中立的組織として婦人参政権獲得期成同盟会を結成。1925年に男子普通選挙法（「普選」）が制定されたことを受け、市川は女性参政権運動を同じ読み方をする「婦選」運動と名づけ、名称も婦選獲得同盟と改称し、運動にはずみをつけた。

11　米田佐代子『平塚らいてう：近代日本のデモクラシーとジェンダー』吉川弘文館、2002年参照。

一方、国会では衆議院議員選挙法調査会（1923年6月）、臨時法制審議会（1923年10月）、野党政友本党案（1924年12月）などで女性の参政権が議論されるが、いずれも「時期尚早」などのあいまいな理由で本会議の議題になることはなかった。とはいえ次第に「婦選」は女性の権利であることが知られるようになり、議員の中にも婦選派議員が現われてくるようになった。1928年「婦選派少壮議員」の努力や市川らが集めた24,000人の婦選を求める署名によって衆議院に婦人公民権が提出され、269名の賛同者を得て、衆議院通過は確実となったが、反対派の切り崩しによって潰れた。1930年4月、政友会が婦人公民権案を衆議院に提出、民政党も同様の案を提出し、5月に衆議院は可決したが、貴族院で審議未了となった。以後、婦人選挙権獲得期成同盟は、ロビイングを重ねていくが、婦選運動の分裂もあり、市川は女性の政治教育・公民教育、運動の大衆化をめざした東京市会浄化運動、母子保護法制定など迂回した運動を展開する。

　1931年9月18日満州事変が起こり、長い15年戦争への幕開けとなった。市川は軍部を批判したことで、市川が発行してきた雑誌『婦選』は発行禁止となった。戦時体制に入っていった国会で、婦人参政権が議論されることはなく、特に1932年の5・15事件後は軍部がつくった既成事実が先行して軍国化への道を突き進み、「婦選」は議論される場を失った。1932年6月には思想弾圧を目的とした警視庁に特高警察部、各府県に特高課がおかれるようになり、「婦選」実現の望みは断たれた。

　1933年になると女性参政権を求める運動の中でも、戦争反対を表明したいグループと、「反戦決議」が政府によって禁止されたときにそのような態度を表明することは賢明ではないとするグループとに分裂した。「時局柄」「非常時」という言葉が「婦選大会」でもいわれるようになり、イギリスの参政権は第一次世界大戦に協力したから得られたという情報を自分たちの戦争協力にすりかえる、という考えもかなり有力に存在した。女性の運動の分裂は、官僚主導の「大日本国防婦人会総本部」[12]の「日本婦徳の正しき発露によって思想的に堅実なる伝統の日本婦人の姿に還元する必要がある」と結成

12　藤井忠俊『国防婦人会——日の丸とカッポウ着』岩波新書、1985年。

の意義に書かれているように、国防婦人会が各地域につくられ、全体主義への道、総力戦戦争体制に取り込まれていった。

　市川は「できる範囲」での平和への思いを伝えるようにし、国会への法案提出もあきらめずに運動を続けてきたが、「日本の軍国主義が侵略戦争の地がために、一切の民主的なものをおしつぶし、反動体制へ急ぎ、暗い足音がひしひしと感じられた」時代にあって、参政権運動は女性が戦争協力をするか、否かを問われる所に追い詰められた。市川はやむなく参政権獲得の可能性のより高い道を探し、母性保護運動、東京市会選挙粛正運動などをしながら、女性に政治的権利がないために平和への希求を表現できないもどかしさを持ち続け、女性の政治教育、政治能力の獲得をめざした。

　厳しい言論統制・言論弾圧の中で、市川は参政権獲得をめざすために、1939年ころから、大日本言論報国会理事などの政府の役職を引き受けた。実際この時期政府は「婦人登用」を政策として進めた。彼女が種々の役職を引き受けるにあたって、戦時下にあって断ることは不可能であったのだが、市川の気持ちは「婦選」のため、婦人の自己決定権確保のためであった。市川の立場は国家と密着するためではなく、批判的に利用する立場であった。男性と同じ政府の役職を引き受けることで、大衆婦人の代弁者、物資統制や動員に、一般の人々の要求を突きつけていこうと決心して政府の役職を引き受けたのである。会合を夜にはしないこと、酒を出さないこと、などを市川は提案しているが、細かい情報はない。このときの市川の政府役職への就任は「転向」といわれ批判があるが、その底には、婦選への熱い思いと女性の意見のチャンネルをつくるという意図があったと考えていいだろう。この時期、多くの男性も「転向」している[13]。

　市川は敗戦の15日後には、女性に参政権が付与されると考え、戦後対策婦人委員会を結成、女性の政治教育に乗り出した。1946年の最初の総選挙には立候補が取りざたされたが、有権者教育に専心するという理由で立候補せず、代々木に婦選会館（現在でも女性の政治教育の拠点となっている）の建設

13　市川房枝に関しては、菅原和子『市川房枝と婦人参政権獲得運動——模索と葛藤の政治史』世織書房、2002年を参照。

をめざした。1948年3月24日に、戦中に政府役職に就任していたことから市川は公職追放となった。1950（昭和25）年10月、2年半ぶりに追放解除になると、すぐに日本婦人有権者同盟会長となり、売春禁止活動を開始した。また、1950年には朝鮮戦争が始まり、日本は永久に軍隊を持たないと憲法に謳っているにもかかわらず、「警察予備隊」という名の軍隊が結成されたので、再軍備反対運動と平和運動に関わっていった。また52年には、「公明選挙連盟」（現・明るい選挙推進協議会）を組織、以後の活動の柱としていく。53年、市川が59歳のときに金を使わないで選挙活動を展開する「理想選挙」で第3回参議院選挙に当選し、以後、1981年9月に87歳で死去するまで、参議院議員として女性の権利と民主主義のために働いた（71年〜74年の3年間は落選）。

　市川が参議院議員でいた間、ちょうど55年体制が確立していく中で、自民党の議員は選挙のために「ジバン・カンバン・カバン」のシステムをつくり上げていった。その典型ともいうべき頂点に田中角栄がいて、1972年に総理大臣になり、非常な人気を得ていた。田中は小学校しか卒業していない貧しい新潟県の農家の出身で、自分の力で権力の座についた。その裏には「黒い金」が乱れ飛んでいたことが、1974年に立花隆が「田中角栄研究」として月刊誌「文芸春秋」に発表することで明らかになった。それが引き金となって、「列島改造」と「日中国交回復」の英雄として人気のあった田中角栄は、総理大臣という最高権力の座から引きずり下ろされた。

　田中はアイデア・マンで、地元には後援会を組織化し、地元の要求を吸い上げ、それを「政策」として国家の力で具体化していった。つまりは、地元利益を国の費用で可能にしたのであるが、中央・地方、太平洋側・日本海側、雪国・大都市、人口減少地域・人口増加地域、というようなさまざまな対立軸を持った自分の地元に「格差のない生活」を実現した。そのことによって地元有権者の圧倒的な支持を得ると同時に、地元の経済を農業から建設業に積極的に転換をはかり、地元の人々の生活はインフラ整備とともに飛躍的に「豊かに」なった。

　一方、市川は田中に代表されるようなカネの力がものをいうような政界の浄化に努めながら、1975年の国連世界婦人年以降は、女性団体を大きく束ね

たり、アメリカにウーマンリブを見学にいくなど、女性の地位向上に積極的に努力した。1977年に田中がロッキード事件で逮捕されたにもかかわらず、田中も、田中の仲間も次の衆議院選挙に立候補することがわかったときに市川は「ストップ・ザ・汚職議員」というキャッチ・コピーで、ネガティブ・キャンペーンを展開した。田中は落選させることはできなかったが、その仲間は落選させることができた。このキャンペーンは全国的に有権者から支持を得たもので、1980年、87歳で参議院に立候補したときには、全国で1位当選を果たした。

市川の参政権運動・政界浄化運動といい、その生涯は反権力の戦いであったが、彼女は非常に実務的な人間で、女性の政治参加は民主主義政治への最良の道で女性が政治に関わることで政治への信頼が増す、と信じて努力した人であった。その活動の核となった東京代々木の婦選会館には、市川房枝記念室がある。

5　まとめ

女性が政治権力から切り離され、参政権もない時代、女性たちは先行するさまざまな運動から学び、協力を得て、参政権運動を開始した。世界で初めて女性参政権を獲得したニュージーランドでは禁酒運動や先住民マオリの権利運動、アメリカでは奴隷解放運動、イギリスでは労働運動、日本では自由民権運動などがあげられる。

さまざまな抑圧があった歴史の中で声をあげてきた女性たちを見出し、自分の生き方の指針としたいものだ。

●● 参照＋参考文献 ● ● ●

今井けい『イギリス女性運動史　フェミニズムと女性労働者の結合』日本経済評論社、1992年。
大海篤子『ジェンダーと政治参加』世織書房、2005年。
栗原涼子『アメリカの女性参政権運動史』武蔵野書房、1993年。
進藤久美子『ジェンダーで読む日本政治——歴史と政策』有斐閣選書、2004年。
菅原和子『市川房枝と婦人参政権獲得運動——模索と葛藤の政治史』世織書房、

2002年。
総合女性史研究会編『日本女性史論集　女性と運動』吉川弘文館、1998年。
中島河太郎「先駆者とその回帰」『明治の群像9　明治のおんな』三一書房、
　　1967年。
新潟女性史クラブ編著『光と風、野につむぐ――連譜：新聞にみる新潟女性史年
　　表』野島出版、2001年。
西川祐子『花の妹：岸田俊子伝』新潮社、1986年。
宝節徳（フォーセット）（渋谷愷爾訳）『政治談』自由出版、明治16年（1883年）。
堀場清子『青鞜の時代――平塚らいてふと新しい女たち』岩波新書、1988年。
「夫人の素顔　中島湘烟女史」『郵便報知新聞』明治32年4月19日。

12章 女性への差別解消と女性の政治進出

女性政策へのまなざし

1 はじめに

　この章では、女性への差別を解消するために、国連、日本政府、地方自治体などがどのように取り組んできたかについて学ぶ。私たちの身の回りにはさまざまな差別が存在する。なかでも女性であることで、働き方や生き方に差別が起きることはこれまでの章で学んできた。そして、その差別の根源はジェンダーという社会的につくられた性別概念の作用によるものだということも学んできた。ジェンダーによる差別を解消するためには、意識改革が必要であるが、同時に深く根ざした意識によってでき上がっている社会のシステム（それは見える場合もあれば見えない場合もある）を変えることで、意識の変革をよび起こす可能性がある。意識改革とシステムの改革には、時間がかかっている。

　本章では、女性がどのような理由で政策決定の場に進出できないかについて考えてみたい。

2 女性への差別の政治化

1 1975年、国連の世界婦人年

　1975年6月19日から7月2日まで、国連はメキシコ・シティで国際婦人年世界会議を開催した。そのときのテーマは「平等（Equality）・発展（Development）・平和（Peace）」で、世界から133ヵ国の政府代表が、「世界中で女性は男性と同じに扱われてはいない。男女平等を達成するために1976〜1985年を国連婦人の10年にしよう」と宣言した。そして、10年間で各国政府（国

と地方自治体)、NGO、市民が取り組むべき女性への差別解消への課題を明らかにし、それぞれが具体的に取り組む指針として「世界行動計画」(Global Plan for Action)が採択された。このような「女性の地位向上」が政治課題となるには、世界中の国々での多様な女性の運動があり、女性の連帯が背景にあった。特に、「女性の地位向上」という中心的な議論の場では、途上国の女性たちのリーダーシップが発揮された。

女性への差別を解消することが政治課題となり、各国政府はその対策に対応しなければならなくなった。各国が取り組む「女性政策」には広義と狭義の二つの使い方がある。広義の女性政策とは、社会全体の中にある構造的な女性への差別を明らかにして、その解消は政治課題であるという主張に基づいて、解消への取り組みを行う政策である。日本の多くの法律・制度は一方の性に偏って制定されているわけではないが、「結果の平等」になっていないために、結果として女性に不利になっている現実がある。

たとえば、戸籍法では、結婚する男女が姓を決めるときどちらの姓を選んでもかまわない制度になっているが、90%以上の女性が男性の姓に変更している[1]。そのような法律・制度すべてをジェンダーの視点で見直し、どちらの姓にも偏ることのない法律や制度にしていくことが、広義の「女性政策」である。つまり、女性が「自分らしく生きる」ことを支援する政策、すなわち、女性のエンパワーメント(empowerment. 力をつけること)に資する政策すべてが広義の女性政策である[2]。

狭義の「女性政策」は、「子産み・子育て」、「女性の働き方(バブル崩壊以後の経済の悪化によって、男性の働き方も問題になってきた)」、「女性の年金」、あるいは親しい男性から暴力を受けている女性の保護(DV)」など、女性の生き方に直接的に関係する政策をいう。一般的に「女性政策」という用語は狭義に限定されて使われている。

日本政府はメキシコ・シティで開催された国連の「世界女性会議」を契機

1 　民法750条は婚姻の際に「夫又は妻の氏を称する」とどちらか一方の姓にすることを強制しているが、夫と妻が一つの姓ではなく、別の姓を名乗っても法律婚として認められる選択肢を作るべき、という「選択的夫婦別姓」を求める運動がある。
2 　村松安子・村松泰子編『エンパワーメントの女性学』有斐閣、1995年。

に早速取り組みを開始した。国連主導の「ガイアツ」に対応したともいえよう。ついでながら、日本政府の外交政策の基本は「国連中心主義」である。

「国連の取り決めに従う」という日本政府の方針は、その後の狭い意味の「女性政策」に影響を与えた。1975年6月にメキシコ会議が終わって、わずか3ヵ月後の9月には、日本政府は総理大臣橋本龍太郎を本部長として婦人問題企画推進本部を総理府に設置するというすばやい対応をとった。このように「女性対策」に対応する政府の機関を「ナショナル・マシナリー」(National Machinery)[3]と呼ぶ。しかしながら、この婦人問題企画推進本部の設置は閣議決定の口頭で決まったもので法的根拠はなかった。結局「法的な根拠をもって内閣府に男女共同参画会議とその事務局である男女共同参画局が設置されたのは2001年1月6日」[4]で、26年後のことであった。

2 ナショナル・マシナリー (National Machinery)

日本政府の「女性政策」への取り組みを追ってみたい。日本政府は1977年には、「国内行動計画」を策定し、地方自治体にも「婦人問題」の推進を要請した。婦人問題推進本部は「省庁間の調整が必要」であるために、本部長は総理大臣、女性担当大臣は官房長官がなった。とはいえ「婦人問題」という名称は印象が悪い。婦人になにか悪い問題があるから取り組もうという視点に立つように聞こえる名称である。ジェンダーの視点からいえば、性による差別によって男女がともに自分らしく生きることが抑圧される状況を変えていくことであるから、女性だけが政策の対象(ステーク・ホルダー：stake holder)ではなく、パートナーや子ども、家族、地域にまでその影響が及ぶような政策が期待されるのだ。

取り組みが始まるとさまざまな根が深い問題が浮かび上がった。たとえば、「婦人」という用語であるが、行政は長い間女性に対して「婦人」を用

3　1975年にメキシコで開催された世界女性会議で採択された世界行動計画において、女性の地位向上に向けて総合的な施策を進めるために、各国は政府内に充分な予算と職員を持った国内本部機構(ナショナル・マシナリー：National Machinery for Gender Equality)を置くことが重要とされた。日本では婦人問題推進本部がそれにあたる。

4　縫田曄子『あのとき、この人　女性行政推進機構の軌跡』ドメス出版、2002年。

いてきた。80年代後半から、「婦人」を使うことをやめようという提案が起きた。その理由は、(1)「婦人」は既婚の成人女性のイメージが強く、女性問題解決の視点から広く若い女性も含めて、女性としたほうがよい、(2) 婦人には男・女、男性・女性、男子・女子、亭主・女房、紳士・淑女等のような対語がない、(3) 漢字の由来から「婦」は「女」と「帚」(箒の象形)を表わす、との解釈があり性役割を表象するなどが上げられた。

　総理府の婦人問題企画推進有識者会議意見(1990年)では、早急に改正が困難である法令に基づく用語・固有名詞等を除き、女の人を表わす用語を使用するときは、「婦人」ではなく「女性」の用語を使用するべきと意見が出された。以後、総理府(現・内閣府)の婦人問題関係の報告書等では、法令に基づく用語・固有名詞等を除き、「女性」の用語を使用しているが、法律用語としては女性は女子、男性は男子となっている。地方公共団体では、担当組織等の名称を「婦人」から「女性」に変更したり、各地の婦人会館を女性センターに変更する動きが加速化した。用語を変えることによって人々の意識を変えるという意図があった。

　1947年にできた「労働省・婦人少年局」は、女性労働者を婦人労働者と呼び、中学を卒業してすぐ働くような若い世代の労働者を男女を問わず少年労働者と呼んだところからつけられた名称で、婦人も少年も、弱い立場の労働者として保護するための政策を実行してきた。用語の変化が問題になった後、婦人少年局は女性局を経て、2001年の省庁再編により雇用均等・児童家庭局となった。

　このような名称変更の過程で「ジェンダー」は登場してこなかった。その理由は「ジェンダー」というカタカナ語が法律用語としてなじまない、男女平等は憲法に規定されているなどで、行政は「男女共同参画」という言葉を使うようになった。英語では男女平等も男女共同参画も「gender equality」で同じである。また、参画は参加より、もっと積極的にさまざまな決定過程に関わっていくことを意味している言葉として使われてきたが、日本語としてなじめないところがある。

　日本の法律では女性をさすとき、「女子」や「婦人」を使用するが、本書ではすべて「女性」を使っていることに気づいてほしい。

3 女性への差別の是正

1 女性への差別撤廃条約

　国際連合は、その目的を「人種・性・言語又は宗教による差別なく、すべての者のために人権及び基本的自由を尊重するように、助長奨励することについて国際協力を達成すること」（国連憲章第1条3）と謳い、男女の平等は基本的人権として国際法で確立されている。国連憲章は、女性の権利やすべての民族の開発に対する権利など、重要な権利がどの国でも認められるために、中心的な役割を果たしている。また、人権委員会及び女性の地位委員会が中心となって基本的人権の尊重、男女平等の実現について積極的な取り組みを行い、両委員会が作成した男女平等に関する条約には、「経済的、社会的および文化的権利に関する国際規約」（A規約）「市民的および政治的権利に関する国際規約」（B規約）「女性の参政権に関する条約」等がある。

　女性の地位委員会は、1946年6月に、国連経済社会理事会（ECOSOC）[5]の機能委員会として、政治・市民・社会・教育分野等における女性の地位向上に関して、経済社会理事会に勧告・報告・提案等を行うために設置された。経済社会理事会はその報告等を受けて、総会（第3委員会）に対して勧告を行う。経済社会理事会の年次会合は、ニューヨークの国連本部において、毎年2～3月頃に2週間の期間で開催されている。年次会合は政府代表の話し合いの場であるが、世界中からNGOも参集し、政府による報告が「見せ掛け」になっていないかチェックしたり、マイノリティへの注目を促すなどのために声をあげている。

　人権委員会及び女性の地位委員会を中心とする努力にもかかわらず、女性に対する差別が依然として広範に存在していることから、1967年第22回国連総会において、「女性に対する差別の撤廃に関する宣言」が出された。その後、女性の地位委員会が調査、検討していく過程で、世界中の国々で依然と

5　国連の安全保障理事会と共に重要な機関の一つ。国際連合機構図は、〈http://www.unic.or.jp/know/pdf/organize.pdf〉を参照のこと。

して存在している女性に対する差別の撤廃のためには、より有効な措置をとるべきであるとの認識が強まった。1972年に女性に対する差別の撤廃のために法的拘束力を有する新たな包括的な国際文書の起草作業を開始することが決議され、女性の地位委員会はその後、5年間をかけて「女性への差別撤廃条約」の草案を練り、76年以降の国連総会において審議され、79年12月18日、第34回総会において、賛成130（日本を含む）、反対なし、棄権11で採択され、日本は85年に批准（国会の承認）した。

「女性への差別撤廃条約」前文の、「子どもを育てることは、男女、社会全体がともに責任を負う必要がある」「社会と家庭で、男性が伝統的に担ってきた役割を、女性の役割とあわせて変更することが、男女の完全な平等のために必要である」という内容は、女性の優先や女性のみに注目するわけではなく、男女の平等を社会の責任として明確にしたものである[6]。

1999年10月6日、国連総会は「女性への差別撤廃条約の選択議定書」を無投票で採択した。議定書というのは、条約の包括的な内容を具体的に規定するもので、この議定書の場合には、国による条約違反によって被害を受けた個人または集団が、利用できるすべての国内的救済措置をつくした後、自国の中では解決できないときに、女性の地位委員会に通報できるという個人通報制度が入っている。日本の女性にとって残念なことには、この選択議定書に関して2008年に自民党内で議論があったが、「そのような差別は日本にはない」などの理由で退けられ、2009年時点になっても、まだ日本の国会における議論が行われていないことだ[7]。

1985年に女性への差別撤廃条約を批准するにあたっては、日本の法律が明確に女性差別をしているということで、急遽下記の三法の改正が行われた。

（1）雇用機会均等法の制定

　　採用の際の「女子のみ」の限定、女性若年定年制（労働協約によるもの

6　「女子に対するあらゆる形態の差別の撤廃に関する条約」を Web などの資料で読むこと。
7　2010年2月6日、お茶の水女子大学で行われた講演で鳩山政権の消費者及び食品安全・少子化対策・男女共同参画大臣福島瑞穂は、この議定書に関する取り組みについて言及した。

は約8％あった)、昇進・給与差別の禁止規定を盛り込んだ（5章参照）。
（2）戸籍法の改正

国際結婚による子どもの日本国籍取得は父のみが日本国籍の場合は自動的に日本国籍の取得ができたが、母のみが日本国籍の場合には子どもは日本国籍の取得はできない、と差別的に扱われてきた。

（3）学習指導要綱の改定

文部省の学習指導要綱に家庭科の男女別修が明示され、教育の機会における性差別である。改定後、94年から家庭科は男女共修（同じカリキュラムを使う）となった（6章参照）。

2　男女共同参画社会基本法

1975年から10年後の1985年に国際婦人年の国連会議はケニアのナイロビで開催された。そして、1995年には中国の北京で第4回世界女性会議（北京会議）が開かれた。日本からは5,000人もの人達が参加し、世界中から集まったNGOのメンバーと交流した。北京会議への参加者はその後の日本全体や地域の女性の活動に積極的に参加し、さまざまな活動を展開した。北京ではNGOの会議も盛んであったが、政府会議も一定の成果をあげた。

北京会議では、ナイロビ会議で採択された「ナイロビ将来戦略」の評価と見直し、21世紀に向けて各国政府、NGOなどの取り組むべき行動指針となる「北京行動綱領」が採択された。この行動綱領では①女性と貧困、②女性の教育と訓練、③女性と健康、④女性に対する暴力、⑤女性と武力闘争、⑥女性と経済、⑦権力及び意思決定における女性、⑧女性の地位向上のための制度的な仕組み、⑨女性の人権、⑩女性とメディア、⑪女性と環境、⑫女児、と12の重大領域が定められ、女性の人権問題が議論された。同時に、女性の基本的人権の保障は人口・開発・平和などの地球規模の問題解決にもつながるという認識が共有された。それが「北京行動綱領」という文書になり、男女平等の実現を具体的に行うことを各国政府・地方自治体、市民に要請し、その後の女性の活動の基本的な指針ともなっている。

1999年6月に男女共同参画社会基本法が公布された。この法律ができた最大の理由は、国連を中心とした女性の連帯、特に外からの動きに日本の女性

たちが呼応したことである。日本でこの法律ができた過程には、どの法律でも見られるようにさまざまな駆け引きがあったが、ここでは二つ取り上げておく。

第一は名称で、「男女共同参画基本法」という名称がわかりにくいと批判があった。「男女共同参加型社会をめざす」という言葉は1987年の「西暦2000年に向けての新国内行動計画」の副題として使われた。その後、1994年に政令の中で「男女共同参画社会づくり」と使われて、政府の公用語として認知された。1997年に男女共同参画社会審議会設置法の中で初めて法律用語として使われるようになった。

第二は、「男女共同参画社会基本法」は「パブリック・コメント」と名づけた一般市民からの意見をファックスやメールで募った。この手法はその後のさまざまな法律・条例・計画などに使われるようになった。このときのパブリック・コメントも、「どうして男女平等というわかりやすく、なじみのある名称を使わないのか」とか「ジェンダーを使うように」という「男女共同参画」への反論が多かった。

パブリック・コメントなどに見られた批判を受け、男女共同参画社会基本法の第２条の１において、「男女共同参画社会の形成」の定義を「男女が、社会の対等な構成員として、自らの意思によって社会のあらゆる分野における活動に参画する機会が確保され、もって男女が均等に政治的、経済的、社会的及び文化的利益を享受することができ、かつ、ともに責任を担うべき社会を形成することをいう」と述べている。注目するべき点は、この法律では、「機会の確保」に限定していることだ。

たしかに、日本の制度はどちらかの性に不利になるようにはつくられていない。たとえば、義務教育は男女の別なく受けられる。育児・介護休業制度も男女どちらでもとることが可能だ。しかし、義務教育の中でも混合名簿といわれる名簿に変わるまで、学校では常に男子の名前が先に呼ばれ、女子の名前が後に呼ばれることで、結果として男子に優先権があるかのように刷り込まれていく（6章参照）。育児や介護で夫婦のうちのどちらかが仕事を休んだり、やめたりするとき、おおかたは男性の所得が高く女性の所得が低いので、結局女性が休業したり、退職して育児や介護を担っている。法律と現

実との間にはかなり隔たりがある。

3　地方自治体

　男女共同参画社会基本法が制定された翌年、2000年に東京都の「東京都男女平等参画基本条例」ができた。東京都の条例には「男女共同参画」ではなく、もっと直接的な表現である「男女平等」が取り入れられた。東京都の条例が施行されたのは2000年4月だが、ここに行き着くまでに長い間女性問題協議会という知事の諮問機関が、女性政策に取り組んできた経緯があった。そして、1998年に青島幸男知事が、女性問題協議会に対して「国が基本法を審議中であり、これまでの東京都の行動計画でも男女平等推進のための条例作りが記述されているので、条例の基本的考え方を協議してほしい」と依頼した。そこで女性問題協議会は都民からの意見収集をファックスや手紙によって行い、集会（「男女平等を考える都民会議」）を三回開催するなど、「美濃部都政の第一回の行動計画の時代からの手法」[8]を採用して、「男女平等」を入れた条例の素案を盛り込んだ報告書を提出したのは、1999年4月に知事に当選したばかりの石原慎太郎に対してであった。その後の石原都政において女性政策が後退しているところから考えると、東京都の条例に「男女平等」が明記されたのは、絶妙なタイミングであったといえよう。

　男女共同参画社会基本法について重要なことの一つは、この法律が国、地方公共団体、国民の責務を明らかにしていることである。法律はこのように世界の条約や宣言や確認文書が第一層にあり、国の法律が第二層に、そしてさらに地方公共団体がさまざまな施策をしていくというように多層になっている。

　都道府県では2000年の東京以後2004年までに、47都道府県のうち千葉県を除いた46都道府県と17政令都市が01年から04年までの間にすべて男女平等を推進するための条例を策定した。名称はさまざまで、46の都道府県のうち「男女平等」という名称を使っているのは、北海道の「北海道男女平等参画

8　樋口恵子「自治体の女性政策――東京都の女性政策」編集代表大沢真理『21世紀の女性政策と男女共同参画基本法』ぎょうせい、2000年。

推進条例」、東京都の「男女平等参画基本条例」と新潟県の「新潟県男女平等社会の形成の推進に関する条例」の三つである。福島県では「福島県男女平等を実現し、男女が個人として尊重される社会を形成するための男女共同参画の推進に関する条例」という両方を入れた長い名称になっている。

　条例のない唯一の都道府県である千葉県は、2001年4月に堂本暁子が知事になった県である。堂本は女性のエンパワーメントを具体的に、企業の採用・昇進などに関する報告書の提出、農家の労働時間や休日を設定する家族経営協定、男女混合名簿の推進などを盛り込んだ条例案を提出したが、いわゆる「バックラッシュ」（バックラッシュまたはジェンダー・バッシングについては6章参照）にあい、議会野党（多数派＝知事に対抗的な勢力）の反対によって、制定の機会を失った。堂本は2009年4月に知事を引退した。

　男女共同参画を推進するための行動計画は、都道府県、政令都市は100％、区市が88.5％、町村は31.9％と千葉県のように条例は制定できなくても行動計画はできている自治体が多い。条例と計画はどこが違うのか。平成12年3月21日の東京都議会文教委員会における生活文化局女性青年部長の答弁を見ると、「条例は基本理念」で、「計画は施策の具体的な項目、社会情勢に適切に対応する」と答弁している。たしかに条例は理念的で、計画は具体的なのだが、一番大事なのは条例は法的根拠となるということだ。

　計画はあくまでも「行政主体が遵守すべき行政目標であり、行政活動の基準」で、行政の目標達成と努力義務を定めたものである。したがって、計画は行政主体も国民も法的に拘束するものではない。計画の策定過程において、どれほどの住民・市民が関わって計画を策定したかが、計画の推進に反映される。「自分たちがつくったのだから、目標を達成しよう」という意識が重要なカギだからである。したがって、計画は多くの場合、公募などによる市民参加によって策定されている。市民参加で具体的でわかりやすい計画案を作成し、策定途中で経過を公表したりして、住民の意見が広く取り入れられた計画ができれば、「みんなでつくったのだから、みんなで目標を達成しよう」という住民の意識ができて、それが拘束力となり、行政に責任を求めていくものとなる。

4　男女は平等か——政策決定の場への参画とは

　1995年の北京の女性会議において大きくクローズ・アップされた課題が三つあった。
　第一は政策決定の場に女性をもっとふやそう。つまり女性政治家や政策決定に影響力を持つ上級職の官僚、審議会のメンバーを増やそうという課題、第二は10章で学んだリプロダクティブ・ヘルス／ライツ、そして第三は9章で学んだ女性への暴力であった。その後、第三の課題に関してはいわゆる「DV防止法」（「配偶者からの暴力の防止及び被害者の保護に関する法律」）が2001年4月公布され、06年に改正されている。法律が制定されれば課題が解決されるわけではなく、法律を使いこなす必要がある。ここでは、第一の政策決定の場への女性の参画についてまとめておきたい。
　政策決定には国連など「ガイアツ」が大きく影響すると5章や11章で述べた。その他に政策決定の要因はいろいろあるが、わかりやすいのは、財政状況やそのときの内閣支持率の回復をめざす「バラマキ」といわれる政策などである。少子高齢社会において、健康保険財政はますます厳しくなっている。そのために2008年度から、75歳以上の高齢者を別制度、「後期高齢者医療制度」に分割した。この制度は06年に制定されたのだが、施行されると同時に非常に強い批判が巻き起こり、一部修正されたが、基本的な部分はそのまま施行されている。後期高齢者制度の政策決定要因は、医療保険制度の破綻が予測した小泉内閣による財政問題であった。
　政策決定の要因としては、「社会の要請」ということも重要で、2009年にはいわゆる「経済対策」が大型補正予算で実施された。08年からの「100年に一度の不況」を乗り越えるためである。企業は業績回復のために財政支援を期待し、消費拡大のため「エコポイント」や「エコカー」減税が実現された。政策決定には、社会のさまざまな市民の声を政策決定の場に反映させようとする運動の力も、歴史を超えて存在している。また、近年はメディアの力が非常に大きい。それについては8章で述べた。
　政策決定に関わる人たちとは具体的にどのような人たちなのか。政策決定に関与する人のことを「政策決定のアクター」という。日本では法律をつく

るのは立法府である国会だから、国会議員が一番政策決定に関わるはずだが、日本の法律の多くは官僚が草案をつくる。官僚が草案を策定するまでに、審議会、与党などで議論が行われ、さらに法制局で妥当性や他の法律と重なる部分がないかなど細かく審査される。でき上がった法律案を閣議で決定し、国会に提出する。国会は委員会で審議し、本会議で採決されるが、草案ができ上がるまでの過程でおおかたの調整が終わっているので、国会の議論はかなり形式的なものになる。

　では、政治家と官僚とどちらのほうが影響力を持っているのか。テレビの報道を見ているといろいろと政治家と利益集団の力関係が働いているように思える。では官僚は中立的であろうか。官僚も天下り先などの利益集団との駆け引きがあるが、官僚の立場は一般の人にはわかりにくい。ともかく、日本では官僚が政策決定には大きな力があることは間違いないといわれている。最近は数としては少ないが、議員立法が出されるようになり、国会議員の本来の力が出てきているように見えるが、今後どうなっていくのだろうか。NPO法（1998年）、DV防止法（2001年）も議員立法であった。

　地方公共団体の場合もほとんど同じで、官僚にあたる行政とその長である首長の提案による議案が一番多く、地方議会では議員提案は「議員定数削減」「国・都道府県への意見書」など限られている。地方議会で多いのは陳情や請願の審査で、住民が直接議会に提案ができる制度として憲法に保障されている権利である。請願陳情は国会への提出も可能である。

　「政策決定の場に女性を」というのは、議員、官僚、審議会、委員会、また経済界の管理職登用などに、女性がもっと多く進出することへの期待である。議員は選挙で選ばれる必要があり、ジバン・カンバン・カバンといわれる選挙の資源が少ない女性は政治家として選ばれる機会が少ない。官僚では、特に政策決定にあたる上級職に女性が少ないことが課題である。では、審議会の役割は何であろうか。

　審議会（検討会、専門委員会などの名称がある）は首長や行政が政策を策定するにあたって、専門知識や広く一般の意見を知るために設置する。審議会での議論は、政策決定に直接的には関係しているわけではないが、政策を作成する過程に影響を与える。たとえば、少子化対策には、女性労働や経済に

関する専門家、経済界代表、労働界代表、公募による市民など、ときには子育て中のママやそのパートナーである男性が審議会のメンバーとなる。そのため、政策として公になったときにはかなり調整が進んでいる。その理由は、審議会の中に利害が対立する団体から代表が出てきて、議論をし、妥協点を見つける場合が少なくないからである。

　このように政策決定には、さまざまなアクターが働き、自分が代表する立場の利益を最大にするのだが、決定の場に直接関わるのは議員である。男女平等の推進は生活の場と密着している地方から発展する可能性を持っている。そのためには、地域に条例をつくり、その条例を生かしていくことが重要である。政策決定の場である地方議会、そして国の政策方針を決定する国会、特に衆議院にもっと大勢の女性が必要である。

　1990年代に入るころから、女性が「地域を大切にしよう」と仲間をつくって、地方議会の議員にする運動が日本全国で起きている。自分たちが住んでいる地域のことは、そこで生活する人が決めるという自己決定権を発揮するなら、女性の方が地域での生活時間が長くなっていることから、地域をどのような場にしたらいいのか女性の方がよく知っているといえよう。政策決定の場にもっと女性を増やしていくことの必要は、そこから生まれる。

　政策決定の場に女性をふやそうとする場合、行政ができるのはまず、審議会に女性を増やすことである。国や自治体のほとんどの男女共同参画の計画には審議会のメンバーを30％以上女性にすることが目標として書かれている。実際、多くの自治体では女性のメンバーが増加している。しかし、「女性議員を増やす」という言葉は書かれていない。その理由は、計画は行政の目標で、「行政は政治的中立を保たなければならない立場だから、議会とは距離を置かなければならない」ので、女性の議員を増やすための施策は男女共同参画の計画には謳われていない。ある地方公共団体では、男女共同参画の担当者が「女性議員を増やすための学習講座」を用意したところ、議会の大きな政党からクレームがついたという話もある。

　日本の中学・高校では、政治については制度だけ教える。政策がどのように決定されたり、市民が政治参加をする方法などは「偏った教育」とされてきた。大学でジェンダーと政治についての科目を持っているところは大変少

表　衆議院議員の党派別世襲議員の内訳

政党	2009年5月1日現在 全議員数	世襲議員	世襲率	2009年9月1日現在 全議員数	世襲議員	世襲率
自民党	304人	124人	40.8%	119人	51人	42.8%
公明党	31人	2人	6.5%	21人	0人	0.0%
民主党	113人	26人	23.0%	308人	30人	9.7%
共産党	9人	1人	11.1%	9人	0人	0.0%
社民党	7人	0人	0.0%	7人	0人	0.0%
その他	16人	9人	56.3%	16人	3人	18.8%
合計	480人	162人	33.8%	480人	103人	21.6%

出典：〈http://www.publistella.net/〉より著者が作成

ないのが現状である。そのような状況の中でどうして女性が政策決定の場、特に議会に少ないのか、議会で何をするのか、政治に何を求めていくかなどについて考えることにより、自分の生き方と密着していることを学んでみよう。

20歳になれば、国民は誰でも選挙権を行使して、政治参加ができる。自分の生きやすい社会をつくる政治をつくるために、選挙に行くことは政治参加の第一歩であることを知ってほしい。「たかが一票、されど一票」である。一票を大事にしよう。

5　どうして日本では女性国会議員が少ないのか

日本の女性国会議員は非常に少なく、世界でもほとんど最下位である。その理由は、いろいろとあげられるが、以下の5つの点について考えてみよう。

1　世襲議員が多い（表参照）

世襲議員は選挙の資源、いわゆるジバン（組織）・カンバン（知名度）・カバン（金）を多く持っている。特に政治資金団体は相続税の対象とならず、

少なからぬ資金は継承される。そのために、対抗する候補者は不利な立場となり、世襲議員はしばしば長期に議席を保有することになり、地元の人々や企業との癒着が生まれやすい。

　世襲は、一般的には直系男子がジバンを継承する。男子がいない場合、政治家の家族は娘婿への継承や弟や甥に継承してきた。1990年代以降、女性の二世議員が増加しているが、二世議員あるいは世襲議員の是非が問われている。女性の二世議員には、田中真紀子（無）、野田聖子（自）、小渕優子（自）、小宮山泰子（民）、亀井亜紀子（参議院、国）などがいる（2009年8月現在）が、わずかである。

2　候補者のプールに女性がいない

　候補者はどのような人たちかを、2005年9月11日に行われた第44回衆議院議員総選挙の候補者を例に見てみよう。

　一番多いのは156人で、政党職員・役員である（立候補を決定すると離職し、政党の職員となる場合が多い。特に共産党は122人と多い）。

　二番めは112人で、地方議員。

　三番めは64人で、国会議員秘書（政治家志望者が政治家見習いをするために秘書を経験する。また、前回の選挙で落選した地方自治体議員が国会議員秘書として勤めることもある）。

　四番め64人で、会社員。

　五番め25人で、中央官僚。

　二世議員にも政治家の秘書経験者が非常に多い（秘書の80％は政治家の身内）。政治家の秘書、特に公設秘書には女性が少ない。地方議会は全体でようやく女性議員比率が10％を超えたところである（2007年4月統一地方選挙後）。2009年8月に人事院・総務省の発表によれば、中央官僚の女性キャリアの採用は30.6％と大幅に増加した。しかし、政策決定に力のある本省課長以上の職にある女性比率は2.0％である。

　2005年の選挙は「郵政民営化」選挙で、自民党は民営化に反対した現職を公認しないために候補者不足が起き、新人そして会社員が増えたのが特徴である。女性議員も過去最高の43人になり、自民党の女性が26人と前回から17

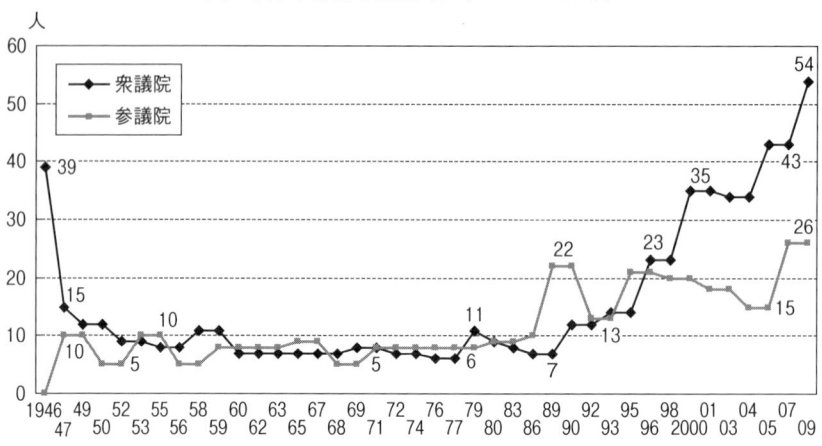

図　女性国会議員数推移（1946～2009年）

出典：総務省データ

人増えた際立った選挙であった。その記録も2009年8月30日に行われた第45回衆院選、「政権交代」選挙で塗りかえられた。54人の女性が当選し（民主党40人、自民党8人、公明党3人、社民党2人、共産党1人）、女性議員比率が初めて二桁台（11.3％）にのった。

3　政権与党に女性が少なかった

　図を見るとわかるように、女性国会議員は1946年4月10日戦後第1回（女性参政権獲得直後）に行われた選挙では39人の女性が当選した。その後、選挙制度が変更された翌年の選挙からは減少し、40年以上にわたって女性国会議員は10人以下のことが多かった。その少ない女性も野党に多く、政策に影響を与える力にはなれなかった。

　2005年9月11日の衆議院選挙はさまざまな点で特異であった。そもそも、「郵政民営化」法案が参議院で否決されたから衆議院を解散し、「民意を問う」とした小泉元首相の手法が特異であった。この選挙で当選した女性は自民党の女性が26人（小14・比12）、民主党7人（小3・比4）、社民2人（比）、公明党4人（比）、共産党2人（比）、無所属2人（小）であった。この選挙の特徴は自民党女性が増加、他党の女性が減少したことで、前回の選挙後の

自民党の女性議員は9人（小5・比4）、民主党15人（小8・比7）と女性における政党分布が大きく変化した。しかも自民党は、16人が新人で比例の12人は全員新人であった。民主党の新人は比例で1人で、自民の女性の躍進が目立った選挙であった。

　自民党の女性候補者の10人は「刺客」と呼ばれた候補者であった。「郵政民営化」に反対した自民党の大物議員への対抗馬として、女性候補者を送り込んだ。彼女たちの多くは、小泉の新保守主義、あるいはネオリベラルといわれる、「小さい政府」政策に乗った保守的な立場の女性であり、女性政策をサポートするわけではなかった。政権与党の女性議員が増加したものの少子化傾向は止まらないし、高齢者福祉を含む、労働者福祉、特に女性の労働への支援は充実というより、切り捨てに近い政策が行われた。女性の政策決定の場への進出は、量より質が問われる時代に入ってきたといえよう。

4　財界との結びつきが薄い

　これまで学んできたように、歴史的に、多くの女性は私的な場、特に家庭の責任者として社会的におかれてきたために、職場への進出あるいは経済的な自立さえ困難な人が少なくなかった。数少ない女性の中で経済界で活躍する人であっても、財界の中心的なリーダーになる機会はほとんどなかった。そのために、女性が政治的進出をしようとしても、財界からの経済的支援が得られにくく、選挙の大事な資源である資金の調達が難しかった。たとえば、田中真紀子は父親の時代から地域の中核的な企業に関わっており、その企業体が中心となって選挙活動を担っているのは、特殊な例である。

5　性役割で求められる「女性らしさ」との葛藤

　2008年11月にアメリカ大統領選挙で、民主党のバラク・オバマが当選した。民主党の大統領候補は7月の党大会までの1年以上の長い期間、黒人のオバマと女性のヒラリー・クリントンとの厳しい民主党大統領候補者指名争いがあった。一方共和党は、8月の党大会で副大統領候補に中央政界にほとんど知られていない、アラスカ州知事のサラ・ペイリンを選んだ。アメリカの大統領選挙において、これほど重要な地位に女性が挑戦することは初めて

であった。

　ヒラリー・クリントンは元大統領夫人であったときから政治的手腕が知られていた。大統領候補として、知名度は抜群で、政治的能力も高く評価され、「男性並み」の候補者として知られていた。一方、サラ・ペイリンは四人の子どもの母親で、長女は妊娠中、長男は数週間のうちにイラクに初年兵として行くことが決まっていた。保守的な「ホッケー・ママ」（アラスカで人気のあるスポーツのアイス・ホッケーを子どもが習うために、送り迎えをするような「普通の母」というイメージ）で、「女性らしさ」が売り物であった。

　女性が政界に進出することは珍しいことではなくなったアメリカでも[9]、女性が副大統領に指名されたのは1984年以来、もう25年も前のことで[10]あった。ペイリンは女性票を獲得するために、「自分がガラスの天井[11]を打ち破る」と演説した。クリントンは、政治能力はあるが「冷たい女性」「家庭的でない女性」という評価を打ち壊そうとして、自分の母親や娘と一緒に遊説に回った。ペイリンは「男性並み」であることを強調するために、ライフル協会の強力な支援者であることなどをアピールした。両者共に、求めていた地位にはつけなかったが、二人の女性は有権者の求める政治家としての「男性並み」の政治能力と、「女性らしさ」という「二重の性役割の要求」に苦しんだといえよう。

　日本でも女性が選挙に立候補するとき、ピンクや黄色の派手なスーツを着て「女性らしさ」を強調する。しかし日本では、選挙といえば、業界団体のつながりや地域密着の利益誘導が先行して、男性にも女性にも政治的に高い能力を求められていないように思える。有権者も高い政治意識を持つ必要がある。

9　2009年11月の選挙後のアメリカの政界の女性比率は、連邦議会上院17.0％、下院16.8％、州議会24.3％、州知事が6人、副知事が8人いる（ラトガース大学、女性と政治センター〈CAWP〉の資料による）。
10　1984年民主党の大統領候補、モンデールは副大統領に女性の下院議員、ジュラルディン・フェラーロを選んだが、レーガンに大敗した。
11　「ガラスの天井」とは女性が高い地位や職を得ようとするときに目に見えない壁があることを表わす。

6　まとめ

　民主党は2009年8月30日の選挙で308議席を獲得し、政権交代が起きた。「小沢ガールズ」と呼ばれる民主党の女性が40人当選し、女性は全体で54人となり史上最高の当選者数で女性比率は11.3％となった。民主党の女性議員数は「小泉チルドレン」の1.5倍以上であり、小泉チルドレンが平均年齢51.2歳であったのに対して平均年齢45.6歳と若い。

　「小沢ガールズ」の前歴は、副知事経験者を含め地方議会を経験した女性が13人、議員秘書経験者は、「森を伐採（森喜朗元首相への対抗の意味）」のキャッチフレーズで一躍有名になった田中美絵子など5人、C型肝炎訴訟原告団のように患者団体など市民活動の経歴のある女性が6人、労組や大きな団体役員が4人、小沢塾生が2人と30人は何らかの政治経験・政治に志を持って活動してきた。また、大学教師・検事・海上自衛官など女性比率が低い特異なキャリアの女性が5人、テレビキャスターなどメディア出身が5人、「小泉チルドレン」のより政治との接点を持つ女性が多く、それぞれに特化した政策への取り組みを自ら宣言している。

　一方、民主党幹事長小沢は新人議員には政策的取り組みより「次回の選挙で勝つ」ことを最大の課題としている。有権者は一人ひとりの国会議員に政策面で期待しているのとはズレがみえる。C型肝炎訴訟の原告で実名公表し長崎2区から当選した福田衣里子（28歳）は小沢に直談判をして、C型肝炎患者救済法改正に年内に取り組みを約束させたという。このような活動が他の女性議員のさきがけとなってくれることを期待したい。

●● 参照＋参考文献 ●●●

大沢真理編集代表『21世紀の女性政策と男女共同参画基本法』ぎょうせい、2000年。
国際女性の地位協会編『女子差別撤廃条約：国際化の中の女性の地位』三省堂、1990年。
縫田曄子編『あのとき、この人　女性行政推進機構の軌跡』ドメス出版、2002年。

樋口恵子「自治体の女性政策――東京都の女性政策」大沢真理編集代表『21世紀の女性政策と男女共同参画社会基本法』ぎょうせい、2000年。
牟田和恵『ジェンダー家族を超えて――近現代の生／性の政治とフェミニズム』新曜社、2006年。
村松安子・村松泰子編『エンパワーメントの女性学』有斐閣、1995。

13章 私たちの暮らしと政治
政治への参加を

1 はじめに

　2009年8月30日の衆議院選挙の結果、民主党が308議席と大勝し、自民党は与党から野党になった。自民党は1947年5月からの約1年半（当時は自由党）と1993年8月からの8ヵ月の二つの短い時期を除いて、戦後60年以上政権党であり続けた。政権交代をした民主党は1996年に結党した若い党で[1]、2009年8月の選挙で当選した議員も新人が46.4％で、平均年齢は49.4歳と若い。政治がどう変わっていくのか、有権者は見守っていく必要がある。

　私たちが「政治」という言葉を聞くと、具体的には選挙を思い浮かべる。なぜなら、選挙のときにはどの党も、どの政治家も有権者に気を使う。有権者に自分の党や自分の実績、将来に関してのヴィジョン、あるいは「選挙公約」（これを2003年11月に行われた選挙から民主党は「マニフェスト」と呼んでいる）を示し、さまざまなメディアを通して訴える。日ごろは有権者と政治家との間にはあまりコミュニケーションが成立していないが、「選挙のときだけ」有権者として大事にされる。政治は国会議事堂の中や永田町周辺の出来事で、有権者である普通の人には縁が薄く、メディアを通して語られる遠いところの話として受け止めている。多額の政治資金がスキャンダルとして表ざたになったときには、私たちと政治家の金銭感覚や政治と暮らしの距離が遠いことに驚き、政治家がきちんと責任をとらずにウヤムヤにされてしまう

1　民主党は1996年9月に旧社会党と旧新党さきがけの一部が合流して結成した第一期「旧民主党」時代、98年4月に旧民主党へ民政党、新党友愛、民主改革連合が合流して結成された「新民主党」時代、第三期03年9月24日小沢一郎党主の自由党が合流した「現民主党」と三期に分かれている。伊藤2008年参照。

経過が報道されると、政治は「汚い」と思ってしまう。

自民党政権末期には、内閣の支持率がどんどん下がる中で、「景気対策が必要」と企業に多額な税金を投入した。この施策に対し市民は、厳しい労働市場の現実や職の不安定が身近に迫ってきている状況に「政治は何をやっているのか」と不信感を持ち、政権交代へとつながった。

この章では、まとめとして、私たちの暮らしと政治の関係について考えてみたい。社会をジェンダーで見てみようという意図で本書はでき上がっている。社会の中には複雑な組織や仕組みがたくさんある。なかでも政治が私たちの生活を支配する力を持っていることに気づき、「暮らしと政治」をジェンダーで見ていくことが自分の暮らしにとって重要であることを学ぼう。政治を見る目を養い、自分らしく生きていくための力にし、「政治への参加」が必要なことを理解してほしい。

2 政治はわかりやすくない

1 政治がわかりにくい理由

政治はわかりにくいし、政治の仕組みや用語は難しい。衆議院、参議院、内閣総理大臣、官房長官、そして13の省庁を全部書けるだろうか。司法制度も私たちのよく知っている最高裁判所のほかに国会に属する裁判官弾劾裁判所、裁判官訴追委員会などはほとんど聞いたこともない。「弾劾」という漢字以外は、小学校で習う漢字であるが、どれも自分で使う機会がなく、身近な言葉ではない。

用語が難しいから政治を身近に感じないのであろうか。たとえば、環境関係の用語も難しい。温暖化現象、絶滅種、酸性雨、環境影響評価、京都議定書、二酸化炭素排出量など漢字は難しいが、最近メディアに取り上げられることが多く、知っている人が多くなったし、環境の分野に興味のある人にはわかるだろう。私たちはあまり政治について勉強する機会がないから、政治用語にも興味がわかないし、政治を身近に感じないのではないだろうか。

政治については小学校から学ぶ。現在の学習指導要領（平成10年告示）は小学校六年生で歴史と政治を「日常生活における政治の働きと我が国の政治

の考え方及び我が国と関係の深い国の生活や国際社会における我が国の役割を理解できるよう」と目標がたてられ、内容の（ア）として一番めにあげられているのは「政治の働きと国民生活との関係を具体的に指導する際には、国民の祝日に関心をもち、その意義を考えさせるよう配慮すること」となっている。内容の二番め（イ）には、「国会などの議会政治や選挙の意味、租税の役割などについても扱うようにすること。その際、政治の制度や機構に深入りしないよう配慮すること」と、政府（文部科学省）がわざわざ政治に「深入りするな」、つまり、あまり勉強しないように指示している。これはどういうことなのだろうか。

たしかに、衆議院は任期が4年で、解散や任期満了時には、選挙で新しい議員が生まれるので、総選挙という。参議院の任期は6年で半数が選挙で3年ごとに入れ替わる（参議院の最初の選挙は1947年に行われた＝戦前は貴族院。その選挙の得票数で6年議員と3年議員に分けられた）。内閣総理大臣は衆議院の多数党の党首が指名されるが、参議院の指名と異なった場合には両院協議会が開催されたあと、「衆議院の優越」（参議院より決定権がある）により衆議院で指名された人が選ばれる。これらのキマリごとはどこかで習うが、「深入りしてはいけない」という政府の意図は、私たちと政治の結びつきがわからないようにして、政治への興味を失わせる結果となっている。特に問題は若年層の投票率がどの選挙においても低いことだ。

政府が政治に「深入りしてはいけない」と指示を出した理由の一つとして、日本教職員組合（1947年6月8日結成。以下、「日教組」と記す）の問題が考えられる。日教組は50年代には50万人もの組合員を擁し、教員の組織率は80％を越えていた（2007年の組織率は28.9％）。教師の組合は戦後のGHQの指導で「民主化」政策として結成されたが、内部には社会党と共産党支持による抗争が常にあった。さらに、1950年の朝鮮戦争勃発後、ソ連（共産主義）とアメリカ（資本主義）の冷戦構造が明確に構築されたことによって、教育政策を保守に転じ、自衛隊の設立をめざした政府と「子どもを戦争に送らない」というスローガンを掲げた日教組は対立を続けた。

1995年社会党が政権を担うと、日教組は政府（文部省）との協調路線を取るようになったが、政府の方針として「日の丸」「君が代」の強制、新教育

基本法の制定などは協調できず課題を残したままである。政府と組合、そして組合内の対立の歴史の中で、政治教育は制度だけを教えるという形骸化していくより他なく、「暮らしと政治」を考える機会が生まれなかった。2009年8月に民主党政権となって、高校の無償化、全国学力テストの縮小、教員免許更新性の見直しなど、教育政策の転換が起きている。政治教育の内容を「暮らしと政治」に変更されることを期待したい。

2 政治とカネ

2009年8月に政権交代した民主党は国民の期待を集めたのだが、党首と幹事長の「政治とカネ」の問題が浮上して、急速に支持率が落ちた。

「政治はキライだ」という人がの多くがあげる理由は、「汚い」「信用できない」「ドロドロ」「政治家には品格がない」など「政治とカネ」の不透明さにつながっている。昔代議士は「井戸塀」といわれ、政治活動に先祖伝来の財産を注ぎ込み、井戸と塀しか残らない、といわれたものであった。現在の議員すべてとはいえないが、金のにおいがする人がいる。なぜなのか。選挙には「ジバン・カンバン・カバン」が必要といわれ、当選しようとすると相当の人手とお金がかかる。親から受け継いだジバン（国会議員は二世・三世比率が高い職業である。12章参照）という地元の組織が選挙の手足になる。また、テレビなどで顔と名前が知られている人が当選しやすいのを「カンバン」という。二世・三世はジバンだけでなく、親の世代からの地元との付き合いがあり「カンバン」もある。そして、選挙にはお金を意味するカバンも必要だといわれる。さすがに最近は、自分に投票してもらうために、直接カネを配ることはなくなったと思われるが、いろいろな方法で国会議員が「儲かる仕組み」を政治的につくってきて、それが選挙と結びついた「利益誘導」が潜んでいるようだ。

「利益誘導」とはたとえば、情報の多い議員が国や自治体の、工事の受注を選挙区に回す。選挙区に大型工事の契約ができれば、工事関係者に仕事が発注されたり、地域の商売に役にたつので、選挙のときに支持してくれるという仕組みができ上がるのだ。もちろん、お金を使わないで選挙をして当選する人がいないわけではない。しかし、比例区となれば、いくつかの県をま

表1　2005年～2009年に支払われた政党交付金

(単位：億円)

年度＼党	自由民主党	民主党	公明党	社会民主党	国民新党	新党日本	その他	交付金総額
2005(平成17)	157.8	117.7	29.4	10.2	0.6	0.4	1.2	317.3
2006(平成18)	168.5	104.8	28.6	10.1	2.7	1.6	1.0	317.3
2007(平成19)	166.0	110.6	28.1	9.7	3.3	1.8	0.0	319.5
2008(平成20)	158.4	118.8	27.3	9.0	3.8	2.0	0.0	319.3
2009(平成21)	139.8	136.6	26.2	8.9	4.2	1.8	1.9	319.4
合計	790.5	588.5	139.6	47.9	14.6	7.6	4.1	1592.8

注1：数値は百万の単位を四捨五入している。
注2：その他には、2005～6年は自由連合、2009年はみんなの党と改革クラブが入っている。
出典：総務省HPより

　たがった選挙区になるので、選挙のために自分の選挙区を回る費用も大きくなる。また供託金というあらかじめ選挙管理委員会に収めるお金が必要で、その額は国政は比例が600万円、選挙区が300万円、知事300万円、指定都市首長240万円、指定都市議員50万円、その他の議会は30万円であり、不要なのは町村議会議員だけである。地方議会議員になろうと思えば、まず最低30万円が必要になるのである。供託金は一定の票数が獲得できない場合には、没収される。それは面白半分に「泡沫候補」として立候補する人を防ぐ目的がある。国会レベルになると、多くの票を集めなければならないために、選挙用のビラやポスターの量も相当多く、印刷費やビラを配布する人手や費用も多くなる。

　政治家の「政治とカネ」は政治資金規正法によって詳しい報告が求められている。政治資金規正法は、「民主主義の健全な発展のために、政党や政治団体などの政治資金の収支の公開や授受等の規正等を定め」(総務庁HP)ている。ところが政治家は政治資金報告書を自分の持っている政治団体の名称

表2　政党交付金——2007年と2009年との比較

政党名	2007年	(配分率%)	2009年	(配分率%)	増減
自由民主党	165億9千万円	(52.0)	139億8千万円	(43.8)	-26億1千万円
民主党	110億6千万円	(34.6)	136億6千万円	(42.6)	+26億円
公明党	28億1千万円	(8.8)	26億2千万円	(8.2)	-1億9千万円
社会民主党	9億7千万円	(3.0)	8億9千万円	(2.8)	-8千万円
国民新党	3億3千万円	(1.0)	4億2千万円	(1.3)	+9千万円
新党日本	1億8千万円	(0.6)	1億8千万円	(0.6)	0
みんなの党			1億1千万円	(0.4)	1億1千万円
改革クラブ			8千万円	(0.3)	8千万円
合計	319億4千万円	(100.0)	319億4千万円	(100.0)	0

注：政党交付金は4半期ごとに払われるので、09年は8月30日の選挙結果は、第四4半期のみに反映している。
出典：総務省 HP より

　で提出しているので、だれがどのような政治資金団体を持っているのかシロウトにはわからない上に、政治資金団体の報告書は総務庁に行かなければ見られなかった。田中角栄（1918～1993年、1972年7月～73年11月まで総理大臣）の「金脈問題」を調査したジャーナリスト立花隆は、大勢のアルバイトを雇って政治資金報告書を書き写して資料にしたという。平成18年から総務庁の HP で政治資金報告書が見られるようになったのは、「政治改革」の第一歩だが、5万円以下の支出に関しては領収書をつけなくてもよいと決めた（2007年7月6日）。あやしい政治資金問題が起きると、政治家は「法律にのっとって報告をしているから法律違反ではない」と言い逃れてきた。ようやく、平成21年度の報告書から1円以上の支出すべてを報告書に記載することになった。

　政治活動の資金としては、上記政治資金規正法によって認められる寄付やパーティー収入のほかに、政党に対する国からの助成がある。「政党助成法」（1994年制定）による政党助成金は税金から支払われていて、直近の国勢調査に基づき、すべての国民一人あたり250円分の資金が税金から払われている。国勢調査が基礎資料だから赤ん坊も子どもも寝たきりの人も頭数に含まれ

る。この資金は、正式には政党交付金というが、日常の政治活動にはお金がかかり、そのお金が企業や個人と結びついたり、流れがわからないお金が政治に流入することを防ぐために、国民の税金から助成金として約320億円という大きな資金が議員数と得票数で割り振って、政党に公布される（表1参照）。

　2009年の政党助成金を2007年と対比し、詳しく見ると表2のとおりであるが、共産党は政党交付金（助成金）の受け取りを拒否している。政治に税金がこれほど使われていることを知らない人が少なくない。政権が交代し、2009年11月には、予算の内容のムダを洗い出す事業仕分けを内閣府行政刷新会議がスタートさせ、公開の場でチェックが行われるようになった。今後は自治体にもこの手法が使われていくだろう。政党交付金がどのように使われているかについて、いつか事業仕分けの対象になるであろうか。

3　政治と暮らしの結びつき

　2007年春に社保庁のミスで年金が「5000万件消えた」ことが、国会で明らかにされた。日本の総人口の半分の年金に問題が起きていることがわかり、自分の年金がどうなっているのか心配にならない人はいない。このとき、自分の暮らしと政治との関わりが重要なものだと気づき、信頼した政治システムと年金制度が有権者を裏切ったと思い、不安を感じた人がどっと増えた。

　私たちの生活は朝起きてから寝るまで、そして生まれてから死ぬまで、政治と関わりを持たないでは生きてはいけない。朝起きれば顔を洗う。しばしば夏の水不足が心配されるが、水の供給は政治の仕事である。八ツ場ダムに象徴されるように、水の供給は政治の仕事であるという理由で、ダム建設という公共工事が推進されてきた。水需要が減っても当初の計画が推進され、無駄なダム建設のために多額の税金が使われていることが政権交代によって、ようやく明るみに出てきた。

　食事をするためにガスや電気を使う。エネルギーの供給も経済産業省や国土交通省が担う政治の仕事である。震災が起きたときにいわゆる「ライフ・ライン」の補修は緊急を要する政治の仕事であることが、テレビで報道され

る。朝食のパンの原料の小麦はアメリカ・カナダ・オーストラリアから輸入している。日本の食料自給率は40％で、「食糧安保」という食料の安定供給の確保を目的とした外交政策・農業政策が展開されている。

　食事が終われば子どもは幼稚園・保育園・学校へ行く。ここにも文部科学省の政策が関わっている。通勤や通学に使う公共交通も政治とつながっている。多くの男性はフル・タイマーとして、正規雇用者として働き、多くの女性はパートタイマーや派遣などの非正規雇用者として働いている。この問題は、男女共同参画の実現や少子化問題と深く結びついているが、政治的に解決ができていない大きな問題の一つである。

　また、私たちはいつも健康に恵まれているわけではない。ときには、病院へ行く。健康保険や診療報酬も政治的な駆け引きの中で決まっている。政治的な決定で健康保険の負担がすべて3割になり、診療報酬の引き下げが行われた結果、医師不足、看護師不足が起きている。リハビリが必要な患者が適正な処置が受けられなかったり、自宅に適当な介護者がいなくても3ヵ月で入院は打ち切られるという問題が起きている。病院まで歩いて行っても道路行政と関わりがあるし、車に乗って行けばガソリン税を払うし、タクシーやバスは国土交通省の許認可事業である。

　さらに、生まれてから死ぬまでの生活の中での政治との関わりを出産と老いについて見ていこう。

　10章で学んだように、「産む・産まないは女性が決める」という自己決定権が広く認識されるようになったが、本当に「産みたいときに産める」環境になっているのであろうか。日本の合計特殊出生率は2008年は1.37でやや上昇傾向にある。その理由を、厚労省は、（1）第三子以降の出生率が12年ぶりに増えるなど、第二、三子以降の増加、（2）71～74年生まれの団塊ジュニア世代女性が出産期を迎え、出生率が増加した、（3）結婚数（73万973件）の5年ぶりの増加による第一子の誕生、などをあげた。その背景には、「景気の回復が一因」（「毎日新聞」2007年6月7日）としてある。1994年以降、政府はエンゼルプラン・新エンゼルプランなどに加え、少子化社会対策基本法、次世代育成法、育児休業法など法律によって「子育て支援」をしてきたが、出生率の向上は見られなかった。結局、景気の回復という実体経済の変化と団

塊ジュニアの結婚増と出産増という人口構成の枠組みが合計特殊出生率を上昇させたのだ。

　出生率の上昇が経済的要因に大きく左右される具体例は愛知県に見られる。2006年の出生率の上昇は愛知県が最高であり、それは愛知県の経済発展（トヨタとその関連企業による雇用状況のよさ）が寄与していると考えられる。つまり、雇用の安定が出生率の上昇に寄与しているのだ。08年の合計特殊出生率は1.37まで上がったものの、08年秋以降の不景気が一層少子化を進めるだろうと思われる。

　一方高齢者問題であるが、高齢になれば体力・気力が衰え、さまざまな支援が必要となる。介護を家族の負担から解放するためにできた介護保険制度は2000年4月から施行された。制度が開始されるとあまりに利用者が多く、内容が低下し、2006年に改定された。改定にあたって「高齢者の〈自立支援〉〈尊厳の保持〉を基本とし、〈明るく活力ある超高齢化社会〉を築く観点から、〈予防重視型システム〉への転換を図った」が、実際には利用料の値上げ、介護ヘルパーやケアマネジャーの労働強化など、政府が目的とする「明るく活力ある超高齢化社会」とはいえないのが実情だ。また介護保険制度は介護を担う女性から悲鳴が上がり、その負担を社会全体で分ちあっていこうと2000年に制度化されたのだが、たった数年で介護の社会化を通り過ぎて、介護の商業化という、介護を商売とする業者が現われている。介護というのは「心」の問題で、ビジネスや効率にはなじまない。だからこそ自治体や政府が直接に関わるべきなのだが、なぜか政府は責任を逃れ、民間に委託する方向に向いている。民間でできることは民間にという「民営化」路線である。郵政民営化はすでに施行されたが、政権交代によって、また大きく変化が起きている。社会保険庁も07年6月に自公政権により民営化が強行採決された。社会保険庁の民営化は2010年1月から始まる。5000万件の消えた年金はどうなるのであろう。

　ここまで見てきたように、私たちの暮らしは政治と深く結びついている。したがって、もっと政治を学び、政治の中身や質を吟味できる自立した有権者として、政治に関わる必要があるのだ。

4　日本の社会保障制度——年金を中心に

1　日本の社会保障制度

　日本国憲法25条の第1項には、「すべて国民は、健康で文化的な最低限度の生活を営む権利を有する」と「生存権」が権利として明記されている。第2項には「国は、すべての生活部面について、社会福祉、社会保障及び公衆衛生の向上及び増進に努めなければならない」と、国には生存権を守る責任があると記している。憲法史によれば、「生存権」は資本主義の発達によって失業、貧困、労働条件の悪化など、個人の努力では覆すことができない環境にある人を社会全体で支えるという考えから出てきたもので、「社会権」という権利の一つである。社会権を保障するための制度である社会保障制度は、病気やけが、出産、障がい、死亡、加齢、失業などによる生活が困窮したときに救済する目的で、国民からの所得移転を国家が保障し、給付する。「最低限度の生活ができるように、働いて収入があるときに、また、収入がある人がない人を支えるために、保険料とか税金によって備えよう」という互助的な制度で、国にはどの程度の支援をするかについての裁量権があるが、「積極的に支援するという裁量権の行使が期待されている」ことが判例によって求められている（堀木訴訟、1983年最高裁）。

　日本では、以下のような社会保障制度が確立している。

（1）社会保険として、医療保険、年金保健、労災保険、雇用保険、介護保険の5種類の公的保険がある。原資は個人、あるいは保険の種類によっては個人と企業の両者が保険料を払い、各種リスクの保障をするというシステムである。原則として強制加入の相互扶助制度である。

（2）公的扶助として、生活保護がある。生活に困窮する者（一定の条件を課す）に対して国が生活の保障をし、自立を助けるシステムである。

（3）社会福祉制度として、老人福祉、障がい者福祉、児童福祉、母子福祉がそれぞれ、制度化されている。社会生活において、ハンディキャップを持っている人を援助する。

（4）公衆衛生及び医療として、感染症対策、食品衛生、水道、廃棄物処理などがあり、国民の健康を守る制度である。

図1　年金制度

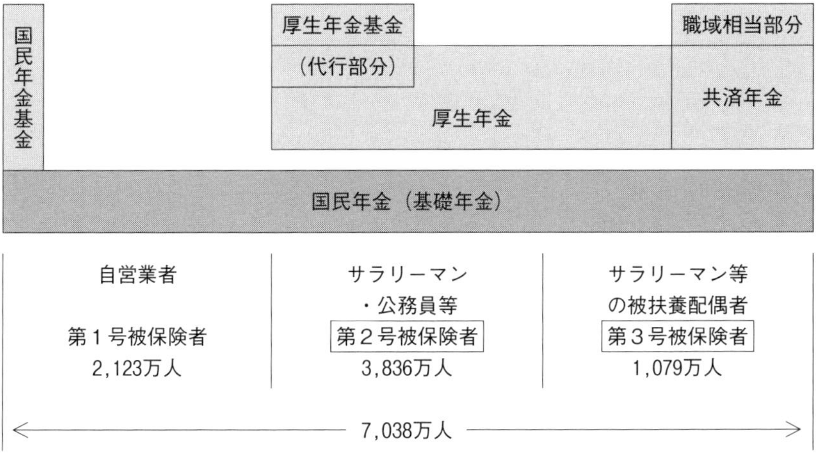

国民年金基金	厚生年金基金（代行部分）		職域相当部分
		厚生年金	共済年金
国民年金（基礎年金）			

自営業者	サラリーマン・公務員等	サラリーマン等の被扶養配偶者
第1号被保険者	第2号被保険者	第3号被保険者
2,123万人	3,836万人	1,079万人

←――――――――― 7,038万人 ―――――――――→

注：員数は平成18年度末現在の加入者数。
出典：日本年金機構HPより

2　年金制度

（1）年金の仕組み

日本の年金制度には、公的年金制度と私的年金制度がある。

公的年金制度には国民年金、厚生年金、共済年金があるが、それぞれ加入者は（被保険者という）1号2号と呼ばれる。そして3号加入者として2号加入者の妻がこの制度に入っている。どうして、2号の妻が3号として加入者になったのかといえば、サラリーマンの妻は無職のために「無年金者」が生じる可能性が高かった（現行制度が完成したのは1986年）からである。

（2）年金加入のパターン

年金は夫の職業（自営業、サラリーマン、公務員）と妻の職業の組み合わせと加入年限で決まる。基礎年金といわれる25年以上の加入期間を満たしていれば、すべての人がもらえる月額6.5万円ぐらいの年金になるか、厚生年金・共済年金が上乗せされるか（報酬に比例するが、10万円〜15万円程度）は、職業によって違うのだ。その仕組みは複雑で簡単には理解できないが、職業

生活のあり方が年金と深く関連していることは知っておくべきだ。また、夫が亡くなった場合も、年金の種類と妻の年齢によって、妻に支払われる年金額が変わる。年金などあまり考えない若いときに結婚しようと思うとき、誰も「あなたの年金はどのような年金ですか」と老後の保障を尋ねる人はいない。しかし、実際には、結婚する相手の年金の加入制度によって、自分の年金にも影響があるのだ。

このような年金制度には、以下のような問題がある。

① 働き方が選べなくなっている時代になって、この制度のままでいいのか。なぜなら、雇用者なら企業、官庁（自治体）などと働き方によって年金の保険料が違うが、将来受け取り額も大きく違ってくる。パートやアルバイト、派遣という非正規雇用者には、国民年金しか適用されない。

② 専業主婦は保険料を支払わないのに、年金権をもつ。サラリーマンの妻の保険料は夫が払うわけではなく、制度全体で年金保険料をカバーしている。収入のない学生が国民年金の保険料を払っているのに、収入がある（バイトなどの収入が103万円を超えないことが条件で）サラリーマンの妻が払わないのはおかしい。

③ 夫の死亡後の年金（寡婦年金）は、夫の加入していた年金制度によって違う。

④ 働き続けた女性、専業主婦、自営業者で寡婦年金が違う仕組みになっている。

（3）世代間不公平

世代間不公平はないという意見もあるが[2]。たしかに現在の高齢者には自分が支払った保険金より多くの年金が支払われている。現在の高齢者世代の時代には、年金制度がなかったから、優遇されているように見える。とはいえ、現在の子ども世代は親が年金を受けているので、自身で扶養しなくて

---

2 吉富勝・細谷祐二「年金制度に関する二つの誤解」REITI, *Policy Analysis Paper* No.2、2005年4月

表3　モデル世帯での世代間における厚生年金（基礎年金を含む）の給付と負担

(単位＝万円)

年度	1935年生 (2005年 70歳) [2000年 度時点で 換算]	1945年生 (2005年 60歳) [2010年 度時点で 換算]	1955年生 (2005年 50歳) [2020年 度時点で 換算]	1965年生 (2005年 40歳) [2030年 度時点で 換算]	1975年生 (2005年 30歳) [2040年 度時点で 換算]	1985年生 (2005年 20歳) [2050年 度時点で 換算]	1995年生 (2005年 10歳) [2060年 度時点で 換算]	2005年生 (2005年 0歳) [2070年 度時点で 換算]
保険料負担額	1,360	2,400	3,800	5,600	7,800	10,200	13,000	16,000
年金給付額	4,400	4,500	5,600	7,600	9,600	12,000	14,900	18,300
給付／拠出の比率	3.24倍	1.88倍	1.47倍	1.36倍	1.23倍	1.18倍	1.15倍	1.14倍

注1：表は平成16年国民年金及び厚生年金の制度改正に基づいた財政再計算の結果をまとめたものである。
注2：比率は少数第3位を四捨五入している。
出典：三菱総研（MRI, 'Monthly Review', in *Economics and Finace*, October 2004）

もよくなったというメリットがある。年金は高齢者を社会全体で支える仕組みと考えるべきで、それは高齢者にとって経済的に重要な柱である。

（4）将来、年金が給付されるかどうか不安

現在のシステムは「賦課方式」といい、「積み立て方式」ではない。つまり、個人が積み立て金を国家に預けて将来もらうのではない。賦課方式は、全体の年金会計が不足する場合には「税金」から投入する。過去の膨大な保険料を国が野放図にムダに使ってきたことが明らかになり（社会保険庁はグリーンピアなどの保養施設を公共工事として建設したが、利用者が少なく非常に安い値段で売却したなど）、官僚の無責任さが問われている。どの程度の年金が受け取れるのか決定するのは、政策的課題で、現代の若者世代が自分が支払った保険金より少ない金額しかもらえない可能性はないわけではない（表3参照）。とはいえ、自分の命の長さは誰にもわからない。年金を老後の経済的よりどころとして、老後の最低の収入源として、働いているときにはきちんと積み立てるべきである。何らかの理由で支払いができないときには（たとえば学生である場合）、届け出をして、受け取るときになって期限不足などのトラブルを防ぐことが必要だ。

民主党政権は税方式で、すべての人に対して、一定程度の年金を保証するシステムをつくるとマニフェストを掲げた。誰もが安心して暮らせるための年金制度の早い再構築が待たれる。

（5）その他の問題点、特にジェンダーの視点から
① 年金制度は「モデル世帯」を想定しており、その家族構成は夫はサラリーマンとして40年働き、妻は10年間働いた後は専業主婦、というものである。しかし、政府の想定した「モデル世帯」は減少している。他の形態、たとえば妻が働き続けている世帯、夫が企業で働き続けられないなど、世帯の変化と制度にミスマッチが起きている。
② 他に、寡婦年金と遺族厚生年金がある。寡婦年金とは、国民年金の保険料納付済期間と免除期間とを合わせて25年以上ある夫が年金をもらわずに死亡したとき、その妻へ支給される年金である。要件は、故人と生計をともにしていて、かつ10年以上結婚していた妻、というのが条件となっている。

遺族厚生年金は、厚生年金の受給者に該当する夫が死亡した場合に、その3分の2を妻が受け取ることができる年金であるが、共働きの女性は自分の年金か夫の年金の3分の2か、どちらかを選ぶ（夫のほうが収入が多かった女性が多く、自分が掛けてきた年金を捨てなくてはならないために制度として欠陥があるといえよう）。

5 貧困とジェンダー

1 年末派遣村

2008年12月31日〜09年1月5日朝まで、派遣契約の打ち切りや解雇で企業から寮の退去を迫られ、年末年始に行き場がない人たちのために、生活相談、食事の提供、宿泊場所を紹介する緊急避難所「年越し派遣村」が東京・日比谷公園に開設された。実行委員会が約20の労働組合や市民団体などで組織され、31日午後6時、支援を求める人が約130人訪れ、ボランティアは350人を超えた。そして、2009年元日には200人、2日には300人になり、テント

が足りなくなった。実行委員会と厚生労働省が協議した結果、同省の講堂が5日までの期限付きで開放された。派遣村を訪れた人の中には、東海地方で仕事を失ったあと、東京の方が新たな仕事が見つけやすいと考えて移ってきた派遣労働者や期間従業員が多く、目立った。そして年明けに多数が生活保護を受け、解散した。

このニュースは日本の貧困の現実を明らかにする力を持っており、人びとに衝撃を与えた。年越し派遣村に登場していたのは、お金も職も住む場所もない人であった。不思議なことには、男性がほとんどであった。なぜだろうか。

たしかに、2000年を越えるころから「若者が社会的弱者」に転落した[3]。「ワーキング・プア」（働いているのに年収200万円以下という人が2006年には22万人になっている）が急速に増加、社会の不安定化（自殺、犯罪などの引き金になる）の大きな要因となっている。さまざまな統計を探ってみると、若年男性の非正規雇用比率が急速に高くなってきている。正規雇用から非正規への切り崩しも始まっている。特に、2008年末からの100年に一度といわれる「世界同時不況」が口実となっているようだ。

2009年10月20日、厚生労働省は初めて日本の貧困率を2006年の国民生活基礎調査を基に15.7％であることを発表した。貧困率の発表はこれまでになかったことで、政権交代の一つの意義として捉えられる。子どもの貧困は14.2％（17歳以下の子どもの貧困の割合）で、06年には、OECD（民主主義と市場経済を支持する先進的な30ヵ国が加入）が日本の貧困率を13.5％で、アメリカ（13.7％）に次いで相対的貧困率が高いと報告している。その後の世界同時不況が起きたという経済の動向をみれば、数字はもっと悪いほうに動いているだろう。実際平成20年の厚生労働省の統計では、200万以下の所得層が18.5％いるので、貧困率が高くなることはまちがいない（図2参照）。

OECDや今回厚生労働省が発表した、相対的貧困とは絶対的貧困に対する言葉であるが、絶対的貧困の定義については8章を参照してほしい。相対的貧困とは、税金や社会保障の負担などを差し引いた「可処分所得」が、国

3　宮本みち子『若者が「社会的弱者」に転落する』洋泉社、2002年。

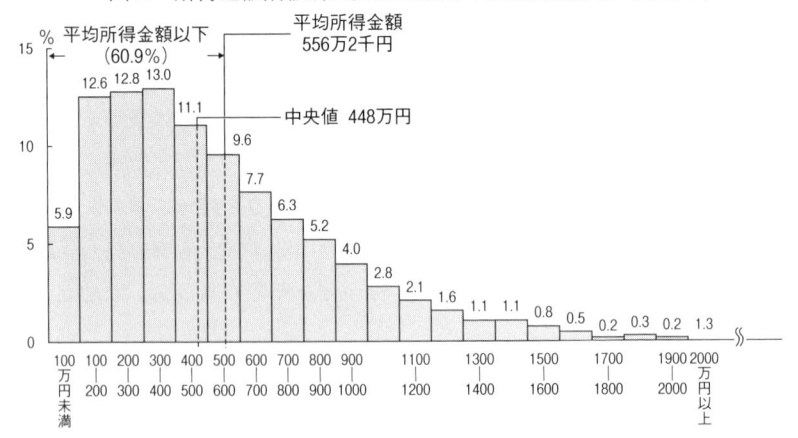

図2 所得金額階級別に見た世帯数の相対度数分布 (2008年)

平均所得金額以下 (60.9%)
平均所得金額 556万2千円
中央値 448万円

所得階級	%
100万円未満	5.9
100-200	12.6
200-300	12.8
300-400	13.0
400-500	11.1
500-600	9.6
600-700	7.7
700-800	6.3
800-900	5.2
900-1000	4.0
1000-1100	2.8
1100-1200	2.1
1200-1300	1.6
1300-1400	1.1
1400-1500	1.1
1500-1600	0.8
1600-1700	0.5
1700-1800	0.2
1800-1900	0.3
1900-2000	0.2
2000万円以上	1.3

出典：厚生労働省「平成20年国民基礎調査の概況」

民全体の所得分布の中間の位置の半分以下の所得しか得られない人の割り合いである。

2 非正規雇用の増大と派遣という働き方

非正規雇用者の増加（5章・図2のグラフ参照）と貧困率の上昇の背景として、「雇用の流動化」がある。5章で述べたが、バブル経済がはじけた1995年、経団連は「新時代の〈日本的経営〉」を発表した。その中で労働者を、「長期蓄積能力活用型」、「高度専門能力活用型」「雇用柔軟型」に三分し、一部の主力正社員以外は非正規雇用でまかない、人件費の軽減を提唱した。そして、「厳しい雇用状況」と「多様な働き方」の実現をめざして、2004年3月に労働者派遣法が改正された。改正の大きな点は、①特殊な技能者以外の派遣の受け入れが可能に（つまりどんな仕事でも派遣という働き方を認めた）、②①の条件の派遣労働者は基本的に1年、最長3年。特殊技能者は制限なし、③3年以上同一所で働く場合には、正社員にする[4]、の三点である。

1986年に労働者派遣法が施行されるまで、「派遣」という働き方はなかっ

---

4 2005年12月キヤノンは3年以上の派遣労働者を正社員にしなかったことで行政指導を受けた。2006年キヤノンの社長御手洗富志夫が経団連会長になっている。

た。派遣労働者は労働契約を結ぶ派遣先企業の指揮命令を受けて仕事をするが、仕事の指揮命令は派遣先の企業である（契約先と労働現場が違う）。2004年に労働者派遣法が改正され、どのような職種でも「派遣」で働くことが可能になり、企業は労働者への分配を減らし、収益を上げてきた。労働分配率が低くなっているのであるから、労働者には還元されない企業の利益があるはずで、企業に有利な法律を作る政治（政治家と官僚）との結びつきは、高度経済成長時代から変わっていない。

3　日本の貧困対策

4節で述べたように、日本には社会保障制度がある。日本の貧困対策としては雇用保険・社会保険・生活保護などのセーフティー・ネットが構築されている（5章参照）。

とはいえ、雇用保険や健康保険などの保障は正規雇用者に限定されている。雇用者が保険料を折半するという負担があるので（労働コストの増加になる）、企業はコストのかからない非正規雇用者を増やしてきた。そのためにセーフティー・ネットを持たない労働者が増加している。

セーフティー・ネットが構築されていても、さまざまな運用における「穴」があり、セーフティー・ネットの穴から落ちると這い上がるのが難しい社会になり、「すべり台社会」[5]となっている。セーフティー・ネットから落ちれば、生活が困窮し、実際にカネがなく、児童虐待や自殺の大きな要因になったりしているのが現状である。

年齢、性別、世代を超えて「すべり台」を落ちて貧困状態に陥っている人が多くなった。ここでは、シングルマザーの貧困について見ていく。貧困が彼女たちの責任ではなく、家父長制の社会構造、すなわちジェンダーの問題であることは明らかである。

4　シングルマザーと貧困

母子家庭・シングルマザーの母について厚生労働省「全国母子世帯等調

5　湯浅誠『反貧困』岩波新書、2008年。

査」を見ると、年間平均収入額は、2002（平成14）年で212万円、05年は213万円（父子家庭は421万円）となっている。就業しているシングルマザーがアメリカやドイツなどでは60％位であるのに対して、日本のシングルマザーは84.5％が働いている。つまり、必死で働いてもシングルマザーたちは、圧倒的に非正規雇用という働き方であるがために収入が低く、非常に苦しい生活をしている。

　母子世帯数は、平成18（2006）年には78万8千世帯と、5年前の58万7千世帯に対し、25.5％増加している。また、母子世帯の母の平均年齢は39.4歳、末子の平均年齢は10.5歳である。母子世帯となった理由は、離婚（89.6％）、死別（0.7％）、未婚時の出産（6.7％）等である。離婚理由の第一位は「性格の不一致」で48.6％、第二位は24.9％の「異性関係」、第三位は23.5％の「暴力」である。理由の第一位は双方に責任があるとしても、暴力が理由で離婚して母子家庭になった世帯が20％を越えているのは、社会的に救済が必要なシングルマザーが増えていることを明らかにしている（厚生労働省雇用均等・児童家庭局「全国母子世帯等調査」平成18年度）。

　DVや夫の経済的な力が下がったために離婚した母子家庭も増加している。シングルマザーは必ずしも自分の選択の結果ではなく、社会全体で子育てや彼女自身の自立を支援しなければならない状況にある。一方政府は、この生活が苦しい時代の中で、生活保護の上乗せである母子加算を2009年3月いっぱいで廃止した。その廃止は小泉改革の一環で、彼が辞任する直前の2006年に社会保障費が自然増、つまり高齢者が増加するために、社会保障費は毎年7700億円以上増加するのを2200億削減するという政策を「骨太の方針」によって決定したのだ。支援が必要な立場の方々への支援を削減してきた「骨太の方針」という政策は、社会保障制度全体に貫かれている方針で、社会保障で支援していかなければならない人を見捨て、社会保障のセーフティー・ネットからすべり落とし、うつや自殺の増加にも繋がっている。

　民主党政権はこの生活保護の母子加算制度の復活をマニフェストで見直すと宣言した。2009年に母子加算手当は復活したが財源が厳しく、2010年度以降の行く方は不透明である。新しい政権も問題が山積している。以前の政権の弱者切捨てから、弱者救済に政策転換が行われようとしているが財源が不

足している。何から手がつけられるであろうか。

この数年の特徴としては、母子世帯が増加する理由として男性の貧困化が問題になってきた。父子世帯も増加していて、貧困がひたひたと日本社会に押し寄せている。女性の生涯賃金は男性を100とした場合、70%以下であったが、一層賃金格差は開いている。女性の寿命が長いために（本当はめでたいことなのだが）、高齢者には女性が多く、年金も男性より少ない人が多い。とはいえ貧困は女性だけの問題とはいえなくなってきて、男性にも襲い掛かってきている。

5　貧困は自己責任か

貧困は「自己責任」なのだろうか。母子加算手当てが削減されて、就労支援に力を入れているとはいえ、失業率が上がっている昨今、シングルマザーである女性を雇用する企業は多くはないだろう。

「年末派遣村」の報道には、女性は見えなかったが、女性の収入は生涯賃金で男性より低いことはよく知られている。その理由として、以下の三つを上げておく。

（1）学歴・勤務年数などによるもの。

日本の女性はM字型の働き方をするといわれており、結婚・出産で労働市場から出ていくことが明らかだ。

（2）職域や産業などによってジェンダー格差が構造的に存在する。

いわゆる女性職、男性職という「職域分離（occupational segregation）」産業別に男性・女性が分断されている（たとえば、建設業・運輸通信関係は男性が多い、サービス業、服飾関係は女性が多いなど）、また事務系職や福祉関係職に女性が多く、管理業務には少ないなど、構造的にジェンダー格差が存在する。

(1)(2)は男女差に変化が起きているが、産業や企業規模によって、賃金格差がある。その結果、男女の賃金格差が生産性以上に大きいために、女性比率の高い企業は利益率が高くなるといわれている[6]。とすれば、女性の社

6　川口大司〈http://www.rieti.go.jp/jp/publications/rd/009.html〉

会貢献はもっと評価されなければならない。
　(3) 家庭責任の遂行のために仕事時間の短縮や勤務年数が少ない。
　　女性は子育てや家事を担っているために、仕事の両立には困難がある。そのために、多くの女性は結婚・出産を期に労働市場からの撤退、パート労働者への転換などを選択する。そして、仕事時間の短縮や勤務年数の減少が起きる。その場合、「自分の選択でパートを選んでいる」(短時間である、通勤距離が短い、責任が軽い仕事を女性が選ぶ) というより、家庭責任を遂行しながら男性並みに働くことは不可能なのだ。

　2007年から、「ワーク・ライフ・バランス」が提唱されているが、その意図は当時増え続ける残業を抑えるためではないだろうか。男性の正社員は長期間労働をし、男性非正規労働者は、女性が甘んじて受けてきた低い賃金体系・厳しい働き方に下方修正され、「低位の平等社会」が現われている。本当の「ワーク・ライフ・バランス」は生き生きと働き、家族がゆったりと過ごせることをいうはずだ。

6　日本の経済・政治の仕組みとその基本的な考え方

1　経済の基本

　ここで改めて基本から、私たちの経済・社会・政治体制をその根本から考えてみよう。日本の経済体制は共産主義ではなく、資本主義である。資本主義というのは、資本を社会に投下して、市場といわれる場において人々が自由に競争し、利潤を得ることが基本である。市場における自由な競争は私人間で行われ、政治が介入することはできない。それが自由主義で、すべてを自由競争に任せた場合、国家の役目は「外交と安全」に限定されるので、そのような国家を「夜警国家」という。

　自由な競争は強い人、あるいは資本を多く持っている人がより強くなる。自分の肉体以外に資本を持たない人は労働者として、資本家に雇用される。だからマルクスは「搾取され続ける労働者はいつの日にか革命を起し、労働者中心の社会がつくられるだろう」と予言した。

　一方、古典派経済学 (アダム・スミス) では、「神の見えざる手によって、

需要と供給は必ずバランスする」と考え、労働者の賃金に関してもその考えが適用されてきた。しかし、その後資本主義が発展し市場化が進むと、自分の肉体しか資本を持たない人が労働力を再生産できなくなったときや、競争に参加できない人、脱落した弱者（高齢者、病人、子ども、障がい者）に対しては政治が介入することが必要となってきた。その政治の介入を「福祉」とよぶ。

たとえば、生活保護のように税金によって弱者の生活を経済的に支え所得の平均化を行ったり、健康保険や介護保険などさまざまな生活リスクへの対応をして、弱者の生命を守ることが福祉である。そういう意味で「福祉」は市場の競争に参加できない弱者の「砦」である。とはいえ、福祉を実施するためにはその受け手である「弱者」が誰であるかを認定したり（すべての人を同じに保護する場合には共産主義になってしまう）、国家の保護の限度や方法を決定する必要があり、福祉の手続きや運営には多くの行政（政治）が関わることになる。つまり、自由主義国家、あるいは「夜警国家」から福祉国家へと移行することは、必然的に行政が肥大する行政国家となるのだ。

政治が経済に介入するのは、福祉だけではない。特にグローバル化が進む世界の市場で、日本の景気が悪くなれば政府が介入して「需要」をつくったり、物価の安定など、さまざまな方法を用いて市場の強化を行うなどの政治介入もある。2002年には銀行が不良債権で苦しみ、70兆円もの税金が「公的資金として投入」された。銀行は弱者ではないが、バブル崩壊後に銀行が多くの不良債権を抱え込んだので、「金融システム」の不安を防止し、「デフレ対策」としてこの政策が行われたのだ。

第二次世界大戦後、イギリスを先頭に多くの自由主義国家は福祉国家として社会保障の充実を図ってきた。そして、1980年代のサッチャー（イギリス・首相）・レーガン（アメリカ・大統領）・中曽根（日本・首相）時代から、政府が福祉の増大をおさえ、政府の役割を小さくする方針に転換した。自由主義への回帰が始まり、民間の自由な競争を推進することが国境を超え、グローバルに進められてきた。そして小泉政権下で、「小さい政府」志向が「新自由主義」あるいはネオ・リベラルと呼ばれる方針を用いて一層強化された。その結果、「民間の活力を生かす」という名目の下で能力主義がとら

れ、弱者の救済は後退した。強いものはより強く、弱いものはより弱くなっていく方向に政治が後押しした。

「格差社会」の構造は、経済の自由主義の強化と政治の福祉からの撤退という、経済と政治のからんだところに根ざしている。とはいえ日本の場合、経済においても社会においても、「機会の平等」はかなり進められてきたことは確かだろう。「機会の平等」が阻まれているとしたら、政治的に「平等」をつくらなければいけないが、結果の平等は個人の努力に任せるというのがネオ・リベラルの考え方である。実は、教育も親の資金の多少によってその成果が変わってくるというのが常識になりつつあり、ネオ・リベ政策によって「機会の平等」の原点、教育を受ける権利も危うくなっているように思われる。

2 政治の基本

政治制度についていえば、日本の政治は「民主主義」を基本にしている。民主主義というのは、主権は国民一人ひとりが持っているということで、決定権はすべての人々の手にあると考える。しかし、すべての人が一堂に集まって決定をすることは難しいから（スイスはいまでも全員主義を採用している）、選挙で一定の人々を選び出し、その選ばれた人が決定をしていくという「代表制（間接）民主主義」が現在の日本の、そして多くの国の政治制度である。たしかに政治家は選挙というシステムで選ばれた代表だ。しかし、彼らは私たちの代表として、国会や地方議会で議論をしてくれているのであろうか。私たち「選んでくれた人」に対して、「選ばれた人」はどれほどの配慮をしているだろうか。政治家の資質が問われるのは、「選んだ人」への配慮を持っているかどうかだ。

一般有権者の気持ちを「民意」という。選挙で「選ばれた人」である代表は「民意」をどうやって知り、政策決定に反映させているのであろうか。政治学の理論では、政党がその役割を担っているとしてきたが、日本の場合、仮に政党が民意を吸い取る仕組みを持っているにしても、一つの政党が長期的に政権を担っていたから、結局のところ政権党である自民党に集約された「民意」が政策決定に影響力を持ってきた。2007年の夏の参議院議員選挙で

は当時の自民党総裁であった安部晋三は、「あなたの年金は大丈夫です!!自民党が守ります」と叫んだが、信用できなかった有権者は民主党に傾いた。長い間の一党支配は、多様な民意が反映されない仕組みになっていたのだ。

では、政権交代が起きれば民意は反映されるのであろうか。アメリカやイギリスの例を見ると、二つの大政党の間にさほどの差異はないが、企業中心の保守政党と労働者中心のリベラル政党が拮抗して、しばしば大きな政策交代があるのは事実である。日本の場合、自民党の多数派は企業中心の政策、つまりネオ・リベラル路線で、介護福祉でさえ「民間に委託するほうが安く・広くサービスが行き届く」という視点で行われた。自民党、改めて見れば自民党は自由民主党である。長い間民主の部分は吹っ飛んで、自由に「勝ち組」の民意を代表したことになる。

「政党が民意を代表」する機能を持つという政治学の理論が、民主党政権になって、現実の分析に役に立つのであろうか。選ばれたあとは有権者に「自分の代表」と思われない多数の政治家、民意を集約できない政党、さらにいえば、社保庁に見られたような「まじめに働かない」行政・官僚によって政治的な決定が行われていくことは、ここでキッパリとなくしてほしいものだ。

7　政治と関わっていこう

選挙の投票率は1969年の衆議院選挙以来、ずっと女性の投票率が男性を上回っている。参議院は1968年から同じように女性の投票率が高かったが、1995年以降の4回の選挙のうち3回はわずかながら男性が上回っている。80年代の研究では女性の政治参画率が世界的に見ても低いのは、教育で得た資源が政治に転化されていないことで、将来的に問題になるだろうと予測された。しかし、その後の研究でも女性は投票率こそ高いが、政治活動は不活発だといわれている。その理由は、性役割意識と実際の家事・育児に追われて時間がないこと、職場と政治がつながっていないなどが上げられている。

女性が政治を嫌う理由には「父性を行使する人」への嫌悪感がある。この

場合、「父性を行使する人」は必ずしも男性に特化するものではなく、女性でも特に、国会議員には多くいる。ここでいう「父性を行使する人」、つまり政治に関わる人たちの多く（すべてではない）には権力性がまとわりついていて、それに対して女性が嫌悪感を持つということだ。フェミニズムは男性の持つ権力性（男性と同じような地位・態度・行動をする女性も含まれる）に対して、戦ってきた。

　キャロル・ハニッシュがいったように、「個人的なことは政治的なこと」（4章参照）という認識を国民が持たないほうが都合がいいと考える政治家がいたと考えたい。その結果、「利益」でつながっている一部の政治家と一部の国民やある企業、外郭団体とが共存を図るときにだけ、政治が使われてきたように思う。これまでの日本の政治の意図は「個人的なことは政治的なこと」と考える人を増やさないことで、その意図は教育の中にも埋めこまれていた。政治的決定が常に上からの決定であるなら、時間もかからず効率的だ。請願・陳情など国民・有権者の声を政治に生かそうという仕組みは憲法によって用意されているが、実際にその仕組みを知って、使いこなし、政治参加できる人は多くはない。政治への関心は低い方が政治家にとって都合がよかったのではないだろうか。

　近年このさまざまな問題解決に明るい展望が見られるのは、これまで政治や社会に対して声をあげてこなかった人たちが、「自分の問題として」関わる傾向が出てきたことだ。当事者が声を上げるようになり、しばしば「政策変更」を可能にしている。特記したい活動が以下のように展開され始めている。

（1）C型肝炎訴訟
　　輸血によってC型肝炎にかかった患者（出産のときの輸血が原因というケースが多く、患者代表は女性）が、製薬会社と政府の責任を追及した事件。2007年福田政権支持率が低迷する中で、政府が全面的に和解に持ち込んだ。

（2）セクハラ
　　2007年男女雇用機会均等法が改正され、職場におけるセクハラ対策を講

じることが義務となった（それまでは「配慮」が求められるだけであった）。対策が講じられず、是正指導にも応じない場合、企業名公表、個別紛争解決の援助が求められるようになった。

1996年米国三菱自動車製造は、製造ラインにいた女性（アメリカ人）からセクハラは公民権違反であると訴えられ、48億円の和解金を支払った。

2006年北米トヨタ社長元秘書（日本人）が、社長のセクハラに会社が対応しなかったことで、本人と会社に対して損害賠償請求訴訟が起され、50億円ぐらいの和解金を支払った。

(3) 反貧困ネットワーク

多様な市民団体・労働組合・法律家・学者諸個人が集まり、人間らしい生活と労働の保障を実現し、貧困問題を社会的・政治的に解決することを目的として2007年10月に発足。「休業たすけあい金」「生活助け合い金」、相談サポートなどを行っている。

(4) 個人で入れる組合

首都圏青年ユニオン、パート労働者ユニオン、グッドウィルやフルキャストなど派遣会社のピンハネを訴えるユニオンなど、最近は個人で加入して、団体交渉ができるようになってきた。派遣会社のマージンの規制などを含めた労働者派遣法の改正が2009年1月になって、ようやく国会の中で議論になってきた。

(5) DV

全国シェルターネットワーク、DV支援のさまざまな組織がDV被害者を実質的に支援しているし、DV法改正にも声をあげた。

私たちが政治に対して関心を高めるのはよいが、その関係を選挙だけにとどめておいてはいけないことは確かである。政治に対し関心を高めるというのは、メディアの情報にだけ動かされるのではなく、「政治を見る目を養う」ことだ。日本の学校では「政治」を自分の暮らしに必要不可欠なものであるという理解を深める教育はしてこなかった。つまり、生きていくための知恵としての法律や政治の仕組みがどのようにしてつくられるのかをしっかり身

に着けないまま、大人になってしまっている。女性の生き方も男性の生き方も大きく変化していく中で、私たちはもっと「暮らしと政治」を見つめていかなければならない。そういう大事な知恵をもっと磨いてほしいと心から願っている。

　現代社会をジェンダーで解くことで、私たちは性差別が構造的に存在すること、そして差別にはさまざまな分断線をもって私たちを取り囲んでいることを知った。本書で学んだ知識や理解を人生に生かしてほしい。

●● 参照 + 参考文献 ●●●

阿部彩『子どもの貧困：日本の不公平を考える』岩波新書、2008年。
伊藤惇夫『民主党：野望と野合のメカニズム』新潮新書、2008年。
川口大司「男女間の賃金と生産性格差——日本企業のパネルデータを用いた構造分析」REITI、*Research Digest*、No.9、2009年。〈http://www.rieti.go.jp/jp/publications/rd/009.html〉
北山俊哉・久米郁男・真渕勝『はじめて出会う政治学——構造改革の向こうに 第3版』有斐閣、2009年。
橋本健司『階級社会　現代日本の格差を問う』講談社選書メチエ、2006年。
長谷川陽子『1億人必携年金ハンドブック』新日本出版社、2008年。
宮本みち子『若者が「社会的弱者」に転落する』洋泉社、2002年。
山口二郎『若者のための政治マニュアル　民主主義を使いこなすための10のルール』講談社新書、2008年。
湯浅誠『反貧困』岩波新書、2008年。
吉富勝・細谷祐二「年金制度に関する二つの誤解」REITI、*Policy Analysis Paper*、No.2、2005年4月。

〔資料１〕　　歴代内閣総理大臣一覧

歴代	氏　名	在　職　期　間
1	伊藤博文（第１次）	明治18（1885）年12月22日～21年４月30日
2	黒田清隆	明治21年４月30日～22年10月25日
	三條實美〈内大臣〉（兼任）	明治22年10月25日～22年12月24日
3	山縣有朋（第１次）	明治22年12月24日～24年５月６日
4	松方正義（第１次）	明治24年５月６日～25年８月８日
5	伊藤博文（第２次）	明治25年８月８日～29年８月31日
	黒田清隆〈枢密院議長〉（臨時兼任）	明治29年８月31日～29年９月18日
6	松方正義（第２次）	明治29年９月18日～31年１月12日
7	伊藤博文（第３次）	明治31年１月12日～31年６月30日
8	大隈重信（第１次）	明治31年６月30日～31年11月８日
9	山縣有朋（第２次）	明治31年11月８日～33年10月19日
10	伊藤博文（第４次）	明治33年10月19日～34年５月10日
	西園寺公望〈枢密院議長〉（臨時兼任）	明治34年５月10日～34年６月２日
11	桂　太郎（第１次）	明治34年６月２日～39年１月７日
12	西園寺公望（第１次）	明治39年１月７日～41年７月14日
13	桂　太郎（第２次）	明治41年７月14日～44年８月30日
14	西園寺公望（第２次）	明治44年８月30日～大正元（1912）年12月21日
15	桂　太郎（第３次）	大正元年12月21日～２年２月20日
16	山本權兵衞（第１次）	大正２年２月20日～３年４月16日
17	大隈重信（第２次）	大正３年４月16日～５年10月９日
18	寺内正毅	大正５年10月９日～７年９月29日
19	原　敬	大正７年９月29日～10年11月４日
	内田康哉〈外務大臣〉（臨時兼任）	大正10年11月４日～10年11月13日
20	高橋是清	大正10年11月13日～11年６月２日
21	加藤友三郎	大正11年６月２日～12年８月24日
	内田康哉〈外務大臣〉（臨時兼任）	大正12年８月25日～12年９月２日
22	山本權兵衞（第２次）	大正12年９月２日～13年１月７日
23	清浦奎吾	大正13年１月７日～13年６月11日
24	加藤高明	大正13年６月11日～15年１月28日
	若槻禮次郎〈内務大臣〉（臨時兼任）	大正15年１月28日～15年１月30日
25	若槻禮次郎（第１次）	大正15年１月30日～昭和２（1927）年４月20日
26	田中義一	昭和２年４月20日～４年７月２日

27	濱口雄幸	昭和4年7月2日〜6年4月14日
28	若槻禮次郎（第2次）	昭和6年4月14日〜6年12月13日
29	犬養　毅	昭和6年12月13日〜7年5月16日
	高橋是清〈大蔵大臣〉（臨時兼任）	昭和7年5月16日〜7年5月26日
30	齋藤　實	昭和7年5月26日〜9年7月8日
31	岡田啓介	昭和9年7月8日〜11年3月9日
32	廣田弘毅	昭和11年3月9日〜12年2月2日
33	林　銑十郎	昭和12年2月2日〜12年6月4日
34	近衞文麿（第1次）	昭和12年6月4日〜14年1月5日
35	平沼騏一郎	昭和14年1月5日〜14年8月30日
36	阿部信行	昭和14年8月30日〜15年1月16日
37	米内光政	昭和15年1月16日〜15年7月22日
38	近衞文麿（第2次）	昭和15年7月22日〜16年7月18日
39	近衞文麿（第3次）	昭和16年7月18日〜16年10月18日
40	東條英機	昭和16年10月18日〜19年7月22日
41	小磯國昭	昭和19年7月22日〜20年4月7日
42	鈴木貫太郎	昭和20（1945）年4月7日〜20年8月17日
43	東久邇宮稔彦王	昭和20年8月17日〜20年10月9日
44	幣原喜重郎	昭和20年10月9日〜21年5月22日
45	吉田　茂（第1次）	昭和21年5月22日〜22年5月24日
46	片山　哲	昭和22年5月24日〜23年3月10日
47	芦田　均	昭和23年3月10日〜23年10月15日
48	吉田　茂（第2次）	昭和23年10月15日〜24年2月16日
49	吉田　茂（第3次）	昭和24年2月16日〜27年10月30日
50	吉田　茂（第4次）	昭和27年10月30日〜28年5月21日
51	吉田　茂（第5次）	昭和28年5月21日〜29年12月10日
52	鳩山一郎（第1次）	昭和29年12月10日〜30年3月19日
53	鳩山一郎（第2次）	昭和30年3月19日〜30年11月22日
54	鳩山一郎（第3次）	昭和30年11月22日〜31年12月23日
55	石橋湛山	昭和31年12月23日〜32年2月25日
56	岸　信介（第1次）	昭和32年2月25日〜33年6月12日
57	岸　信介（第2次）	昭和33年6月12日〜35年7月19日
58	池田勇人（第1次）	昭和35年7月19日〜35年12月8日
59	池田勇人（第2次）	昭和35年12月8日〜38年12月9日
60	池田勇人（第3次）	昭和38年12月9日〜39年11月9日
61	佐藤榮作（第1次）	昭和39年11月9日〜42年2月17日
62	佐藤榮作（第2次）	昭和42年2月17日〜45年1月14日
63	佐藤榮作（第3次）	昭和45年1月14日〜47年7月7日
64	田中角榮（第1次）	昭和47年7月7日〜47年12月22日
65	田中角榮（第2次）	昭和47年12月22日〜49年12月9日

66	三木武夫	昭和49年12月9日～51年12月24日
67	福田赳夫	昭和51年12月24日～53年12月7日
68	大平正芳（第1次）	昭和53年12月7日～54年11月9日
69	大平正芳（第2次）	昭和54年11月9日～55年6月12日
	伊藤正義〈内閣官房長官〉（臨時代理）	昭和55年6月12日～55年7月17日
70	鈴木善幸	昭和55年7月17日～57年11月27日
71	中曽根康弘（第1次）	昭和57年11月27日～58年12月27日
72	中曽根康弘（第2次）	昭和58年12月27日～61年7月22日
73	中曽根康弘（第3次）	昭和61年7月22日～62年11月6日
74	竹下　登	昭和62年11月6日～平成元（1989）年6月3日
75	宇野宗佑	平成元年6月3日～元年8月10日
76	海部俊樹（第1次）	平成元年8月10日～2年2月28日
77	海部俊樹（第2次）	平成2年2月28日～3年11月5日
78	宮澤喜一	平成3年11月5日～5年8月9日
79	細川護熙	平成5年8月9日～6年4月28日
80	羽田　孜	平成6年4月28日～6年6月30日
81	村山富市	平成6年6月30日～8年1月11日
82	橋本龍太郎（第1次）	平成8年8月11日～8年11月7日
83	橋本龍太郎（第2次）	平成8年11月7日～10年7月30日
84	小渕恵三	平成10年7月30日～12年4月5日
85	森　喜朗（第1次）	平成12年4月5日～12年7月4日
86	森　喜朗（第2次）	平成12年7月4日～13年4月26日
87	小泉純一郎（第1次）	平成13年4月26日～15年11月19日
88	小泉純一郎（第2次）	平成15年11月19日～17年9月21日
89	小泉純一郎（第3次）	平成17年9月21日～18年9月26日
90	安倍晋三	平成18年9月26日～19年9月26日
91	福田康夫	平成19年9月26日～20年9月24日
92	麻生太郎	平成20年9月24日～21年9月16日
93	鳩山由起夫	平成21年9月17日～

出典：首相官邸 HP 〈http://www.kantei.go.jp/〉

〔資料２〕　　女性政策関係年表

年	世　界	日　本
1946		第22回衆議院選挙（４月10日。20歳以上のすべての国民に参政権。選挙制度は大選挙区制）。女性は初めて参政権を行使、女性は39人当選。
1947	国連婦人の地位委員会第１回会合開催	第１回統一地方選挙。女性の当選者は町村長５人、都道府県議会議員23人、市区町村議員771人。 第１回参議院選挙。女性は10人当選。 第23回衆議院選挙（選挙制度は中選挙区に変更）。女性は15人当選。 憲法発布（11月３日）。14条にて、性別による差別の禁止。
1948		優生保護法施行。
1956	日本、国連に加盟	売春禁止法制定、58年に施行。
1960	バンダラナイケが世界初の女性首相に（スリランカ）	中山マサ初の女性大臣（第一次池田内閣の厚生大臣）。
1966	インディラ・ガンジーがインド首相に	
1969	ゴルダー・メイヤーがイスラエル首相に	労働省が「国際婦人年国内連絡会議」を開催。外務省が各省庁連絡会議を設置。
1970		日本のウーマン・リブ初めての街頭行動。
1971	スイス連邦レベルの女性参政権実現	
1974	イザベル・ペロンがアルゼンチン大統領に	
1975	国際婦人年世界会議（メキシコ・シティ）「メキシコ宣言」「世界行動計画」の採択	婦人問題企画推進本部（総理府）が閣議決定によって設置。 「国際婦人年にあたり、婦人の社会的地位の向上を図る決議」が衆参両院で採択。
1976	「国連婦人の10年」宣言（国連総会）	
1977		「国内行動計画」決定。国立女性教育会館開館。
1979	女子差別撤廃条約採択（国連総会） マーガレット・サッチャーがイギリス首相に	
1980	女子差別撤廃条約署名式（コペンハーゲン）「国連婦人の10年後半期行動プログ	

	ラム」国連婦人の10年中間年世界会議にて採択	
1981	グロ・ハルレム・ブルントラントがノルウェー首相に	
1984		国籍法・戸籍法改正。労働省は婦人少年局を廃止、婦人局を設置。
1985	国連婦人の10年ナイロビ世界会議において「ナイロビ将来戦略」採択	女子差別撤廃条約を批准。男女雇用機会均等法公布（募集、採用から定年、退職、解雇に至る雇用管理における男女の均等な機会及び待遇の確保）。労働基準法改正（女子の時間外労働などの保護措置の廃止又は緩和、産前産後休業などの母性保護の拡充）。年金法改正により、専業主婦は第3号被保険者に。
1986	コラソン・アキノがフィリピン大統領に	土井たか子、社会党委員長に。
1987		「西暦2000年に向けての新国内行動計画」（婦人問題企画推進本部決定）。
1989		中学校の家庭科の男女共修決定（実施は94年から）。参議院女性23人当選。マドンナブーム。
1990	ナイロビ将来戦略の見直しと評価	合計特殊出生率1.57となる。
1991		西暦2000年に向けての新国内行動計画（第一次改定)」を決定、「男女共同参画」という用語を公式に使用。法令用語の「婦人」を「女性」に改める。
1992	環境と開発に関する国連会議（リオ・デ・ジャネイロ）	パートタイム労働法、男女どちらも取得できる育児休業法施行。
1993	世界人権会議（ウィーン）「女性に対する暴力の撤廃に関する宣言」	自民党分裂で細川内閣成立。3人の女性が閣僚となる。
1994		自・社・さ内閣成立。内閣総理大臣官房に男女共同参画室設置。
1995	第4回世界女性会議（北京）「北京宣言および行動綱領」採択	民主党結成。
1996		「男女共同参画2000年プラン」（男女共同参画推進本部決定）。10月2日、第41回衆議院選挙（初めての小選挙区・比例代表並立制）。女性は25人当選。

1997		優生保護法が改正され、母体保護法に。雇用機会均等法、労働基準法一部改正、介護保険法成立。
1999		男女共同参画社会基本法公布、児童買春、児童ポルノ禁止法施行。ピルが承認される。
2000	国連特別総会「女性2000年会議」(NY)で「政治宣言」「北京宣言及び行動綱領実施のための更なる行動とイニシアティブ」採択	「男女共同参画基本計画」策定（閣議決定）。介護保険制度発足。太田房江、大阪知事に当選（初の女性知事）。
2001		内閣府男女共同参画局設置。省庁再編にともない、厚生省児童家庭局と労働省婦人局が厚生労働省雇用均等・児童家庭局に統合される。第1次小泉内閣発足。5人の女性が閣僚になる。DV防止法成立。
2002		第1次小泉内閣第1次改造内閣。4人の女性が閣僚となる。
2003		少子化社会対策基本法、次世代育成支援対策推進法公布。第1次小泉内閣第2次改造内閣。3人の女性が閣僚となる。第2次小泉内閣。3人の女性が閣僚となる。
2004	ワンガリ・マータイがアフリカ人女性として初めてノーベル平和賞受賞	DV防止法改正（保護命令の拡充、地方自治体の計画策定など）。第2次小泉改造内閣。2人の女性が閣僚となる。
2005		9月11日、第44回衆議院選挙（「郵政民営化選挙」）。女性は43人当選。「男女共同参画基本計画」（第二次）策定。合計特殊出生率1.26、介護保険法改正、障がい者自立支援法成立。第3次小泉内閣。2人の女性が閣僚となる。第3次小泉内閣改造内閣。2人の女性が閣僚となる。
2006		教育基本法改正。安倍内閣。2人の女性が閣僚となる。
2007		「消えた年金」問題浮上。参議院選。女性は26人当選。安倍改造内閣。2人の女性が閣僚となる。7月29日、第21回参議院選挙で民主大勝、ねじれ国

2008	アメリカ大統領選でオバマが当選（民主党大統領候補・ヒラリークリントン、共和党女性副大統領候補・サラ・ペイリン）	会に。 ワークライフバランス（仕事と生活の調和）憲章策定（官民トップ会議）。 統一地方選挙で、女性比率は10.6%になる。 C型肝炎救済特別措置法。後期高齢者医療法実施。 福田改造内閣。2人の女性が閣僚となる。 麻生内閣。2人の女性が閣僚となる。
2009		8月30日、第45回衆議院選挙。民主党308議席、自民党119議席。女性は54人当選。 4月以降、母子加算手当て廃止（06）。 鳩山内閣。2人の女性が閣僚となる。

出典：『あのとき、この人　女性行政推進機構の軌跡』（ドメス出版、2002年）、男女共同参画局『男女共同参画白書』平成20年度、日本婦人有権者同盟『日本婦人有権者同盟年表』1985年、総理府男女参画局、男女共同参画社会基本制度など（世界行動計画、国内行動計画なども同局HP参照）をもとに著者が作成。

〔資料3〕　世界の女性ナショナル・リーダー

国　　名	氏　　名（生年）	職名	期間（年）
アイスランド	ヴィグディス・フィンボガドゥティル（1930）	大統領	1980〜1996
	ヨハンナ・シグルザルドッティル（1941）	首相	2009〜
アイルランド	メアリー・ロビンソン（1944）	大統領	1990〜1997
	メアリー・マッカリース（1951）	大統領	1997〜
アルゼンチン	イザベル・ペロン（1931）	大統領	1974〜1976
	クリスティーナ・キルチネル（1953）	大統領	2007〜
イギリス	マーガレット・サッチャー（1925）	首相	1979〜1990
イスラエル	ゴルダ・メイヤー（1898）	首相	1969〜1974
インド	インディラ・ガンジー（1917）	首相	1966〜77、80〜84
	プラティバ・パティール（1934）	大統領	2007〜
インドネシア	メガワティ・スカルノプトリ（1946）	大統領	2001〜2004
ウクライナ	ユーリヤ・ティモシェンコ（1961）	首相	2007〜2010（3月）
ガイアナ	ジャネット・ジェーガン（1920）	大統領	1997〜1999
カナダ	キム・キャンベル（1947）	首相	1996（6月〜9月）
韓国	ハン・ミョンスク〈韓明淑〉（1944）	首相	2006〜2007
クロアチア	ジャドランカ・コーサー（1953）	首相	2009〜
コスタ・リカ	ラウラ・チンチジャ（1959）	大統領	2010（5月〜）
サントメ・プリンシペ	マリア・ダスネヴェス（1958）	首相	2002〜03、03〜04
	マリア・ド・シルヴェイラ（1961）	首相	2005〜2006
ジャマイカ	ポーシャ・シンプソン＝ミラー（1946）	首相	2006〜2007
スイス	ルース・ドライフス（1939）	大統領	1999
	ミシェル・カルミ＝レイ（1945）	大統領	2007
	ドリス・ロータード（1963）	大統領	2010
スリランカ	シリマヴォ・バンダラナイケ（1916）	首相	1960〜66、70〜77 1994〜2000
	チャンドリカ・クラマトゥンガ（1945）	大統領	1994〜2005
セネガル	メーム・メディオール・ボワイエ（1940）	首相	2001〜2002
中央アフリカ共和国	エリザベス・ドミティエン（1925）	首相	1975〜1976
チリ	ミシェル・バチェレ・ヘリア（1952）	大統領	2006〜2010
ドイツ連邦共和国	アンゲラ・メルケル（1954）	首相	2000〜
ドミニカ国	ユージェニア・チャールス（1916）	首相	1980〜1995
トルコ	ダンス・チルレル（1946）	首相	1993〜1995
ニカラグア	ビオレッタ・チャロモ（1929）	大統領	1990〜1997
ニュージーランド	ジェニー・シップリー（1952）	首相	1997〜1999
	ヘレン・クラーク（1950）	首相	1999〜2008

ノルウェー	グロ・ハールレム・ブルントラント（1939）	首相	81、86～89、90～96
ハイチ	クローデット・ワーリー（1946）	首相	1995～1996
	ミシェル・ピエール―ルイス（1956）	首相	2008～2009
パナマ	ミレイヤ・モスコソ（1946）	大統領	1999～2004
バミューダ	ジェニファー・スミス	首相	1998～2003
パキスタン	ベナジル・ブトー	首相	1998～90、93～96
バングラデシュ	カレダ・ジア	首相	1991～1996
	シェイク・ハシュナ・ワセド	首相	1996～2001
ポーランド	ハンナ・スコースカ	首相	1992～1993
フィリピン	コラソン・アキノ	大統領	1986～1992
	グロリア・アロヨ	大統領	2001～2010（5月）
フィンランド	タロヤ・ハロネン	大統領	2000～
	アネリ・ヤーティーンマキ	首相	2003（4月～6月）
フランス	エディット・クレッソン	首相	1991～1992
ブルンジ	シルビア・キニギ	首相	1993～1994
ペルー	ベアトリス・ルチェロ	首相	2003（6月～12月）
ポルトガル	マリア・デ・ルーディス・ピテシルグ	首相	1975～1976
マルタ	アガサ・バーバラ	首相	1982～1987
モルドヴァ	ジナイダ・グレチアンリ	首相	2008～2009
モザンビーク	ルイザ・ディオゴ	首相	2004～2010（1月）
ラトビア	ヴァイラ・ヴィーチェ＝フライベルガ	大統領	1999～2007
ルワンダ	アガサ・ウィリンギィマナ	首相	1993～1994
リベリア	ルース・ペリー	国家評議会議長	1996～1997
	エレン・ジョンソン・サーリーフ	大統領	2005～
リトアニア	カシミエラ・プルシェキエネ	首相	1990～1991
	ドリア・グリボースカイテ	大統領	2009～
ユーゴスラビア	ミルカ・プラニンク	首相	1982～1986

注：一部氏名の読み方及び職名は筆者によるもの。
出典：世界の女性リーダー（Worldwide Guide to Women Leadership）女性首相、女性大統領
　　〈http://www.guide2womenleaders.com、http://womenshistory.about.com〉、Wikipedia
　　（日本語）〈http://ja.wikipedia.org/wiki/%E7%8F%BE%E4%BB%A3%E3%81%AE%E5%
　　A5%B3%E6%80%A7%E9%A6%96%E7%9B%B8%E3%83%BB%E5%85%83%E9%A6%96
　　E3%81%AE%E4%B8%80%E8%A6%A7/od/rulers20th/Women_Prime_Ministers_and_
　　Presidents_20th_Century_Heads_of_State.htm〉、AllAbout（英語版）〈http://www.guide2
　　womenleaders.com/Premier_Ministers.htm〉など参照。

〔資料４〕　日本の女性閣僚一覧

大臣名	氏　名	所属	期　　間	内　閣　名
厚　生	中山マサ	衆自	1960（昭35）.7.19〜1960.12.8	第１次池田内閣
科学技術	近藤鶴代	参自	1962（昭37）.7.18〜1963.7.18	第２次池田改造内閣
環　境	石本茂	参自	1984（昭59）.11.1〜1985.12.28	第１次中曽根改造内閣
経済企画	高原須美子	民間	1989（平元）.8.10〜1990.2.28	第１次海部内閣
環　境	森山眞弓	参自	1989（平元）.8.10〜1989.8.25	
内閣官房	森山眞弓	参自	1989（平元）.8.25〜1990.2.28	
科学技術	山東昭子	参自	1990（平２）.12.29〜1991.11.5	第２次海部改造内閣
文　部	森山眞弓	参自	1992（平４）.12.12〜1993.8.9	宮沢改造内閣
経済企画	久保田真苗	参社	1993（平５）.8.9〜1994.4.28	細川内閣
環　境	広中和歌子	参公		
文　部	赤松良子	民間		
環　境	浜四津敏子	参公	1994（平６）.4.28〜1994.6.30	羽田内閣
文　部	赤松良子	民間		
科学技術	田中眞紀子	衆自	1994（平６）.6.30〜1995.8.8	村山内閣
法　務	長尾立子	民間	1996（平８）.8.11〜1996.11.7	第１次橋本内閣
環　境	石井道子	参自	1996（平８）.11.7〜1997.9.11	第２次橋本内閣
郵　政	野田聖子	衆自	1998（平10）.7.30〜1999.10.5	小渕内閣
環　境	清水嘉与子	参自	1999（平11）.11.5〜2000.4.5	第２次小渕改造内閣
環　境	清水嘉与子	参自	2000（平12）.4.5〜2000.7.4	第１次森内閣
国　土	扇　千景	参保	2000（平12）.7.4〜2001.4.26	第２次森内閣
環　境	川口順子	民間		
法　務	森山眞弓	衆自	2001（平13）.4.26〜2002.9.29	第１次小泉内閣
外　務	田中眞紀子（※）	衆自	（＊田中眞紀子の外務大臣の任期は	
国土交通	扇　千景	参保	2001.4.26〜2002.1.30。2002.2.	
環　境	川口順子（※）	民間	１〜2002.9.29は川口順子が務めた。	
文部科学	遠山敦子	民間	川口環境大臣の任期は2001.4.	
			26〜2008.2.8）	
法　務	森山眞弓	衆自	2002（平14）.9.30〜2003.9.22	第１次小泉改造内閣
外　務	川口順子	民間		
文部科学	遠山敦子	民間		
国土交通	扇　千景	参保		
外　務	川口順子	民間	2003（平15）.9.22〜2003.11.19	第１次小泉内閣第２次
環　境	小池百合子	衆自		改造内閣
国家公安	小野清子	参自		
外　務	川口順子	民間	2003（平15）.11.19〜2004.9.27	第２次小泉内閣
環　境	小池百合子	衆自		
国家公安	小野清子	参自		

法　務 環　境	南野知惠子 小池百合子	参自 衆自	2004（平16）.9.27〜2005.9.21	第2次小泉改造内閣
法　務 環　境	南野知惠子 小池百合子	参自 衆自	2005（平17）.9.21〜2005.10.30	第3次小泉内閣
環　境 少子化・男女共同参画	小池百合子 猪口邦子	衆自 衆自	2005（平17）.10.31〜2006.9.26	第3次小泉改造内閣
沖縄・少子化・男女共同参画など	高市早苗	衆自	2006（平18）.9.26〜2007.9.26	安倍内閣
経済財政 防　衛	大田弘子 小池百合子	民間 衆自	2007（平19）.7.4〜2007.9.26	
経済財政 少子化・男女共同参画	大田弘子 上川陽子	民間 衆自	2007（平19）.9.26〜2008.9.24	福田内閣
科学技術・食品安全 消費者 少子化・男女共同参画	野田聖子 小渕優子	衆自 衆自	2008（平20）.9.24〜2009.9.16	麻生内閣
法　務 消費者食品安全・少子化・男女共同参画	千葉景子 福島瑞穂	参民 参社	2009（平21）.9.17〜	鳩山内閣

出典：〈http://www.cc.matsuyama-u.ac.jp/~tamura/jyouseidaijinn.htm〉、〈http://www.kantei.go.jp/jp/rekidainaikaku.html〉から筆者作成。

〈著者プロフィール〉
大海篤子（おおがい・とくこ）
子育てを終えてから立教大学法学部に学び、大学院へ進学。2000年お茶の水女子大学、大学院後期課程、人間文化研究科修了（博士、社会科学、Ph. D. Political Science）。2000年4月より、立教大学、法政大学、放送大学、武蔵大学、武蔵工業大学（現東京都市大学）などで非常勤講師。
2004年秋。アメリカ、ブリガム・ヤング大学客員教授。
1979年より、生活クラブ、東京生活者・ネットワーク、「女政のえん」連絡委員、2000年より、日米女性政治学研究者交流シンポジウム（JAWS）事務局長など研究と実践活動に参加している。
著書に『ジェンダーと政治参加』（世織書房、2005年）、共著に『ジェンダー研究が拓く地平』（文化書房博文社）ほか、論文に「女性模擬議会という女性政策」（日本政治学会『年報政治学「性」と政治』2003年所収）、"Japanese Women and Institutions：Why are Women Politically Underrepresented？"（American Political Science Association ed., *Political Science and Politics,* June, 2001, Volume XXXIV, No.2 所収）などがある。

ジェンダーで学ぶ政治社会学入門——男女平等の未来のために

2010年4月15日　第1刷発行Ⓒ		
2010年9月21日　第2刷発行		
	著　者	大海篤子
	装　画	金子知子
	装幀者	M. 冠着
	発行者	伊藤晶宣
	発行所	（株）世織書房
	印刷所	三協印刷（株）
	製本所	協栄製本（株）

〒220-0042　神奈川県横浜市西区戸部町7丁目240番地　文教堂ビル
電話045(317)3176　振替00250-2-18694

落丁本・乱丁本はお取替いたします　Printed in Japan
ISBN978-4-902163-51-3

ジェンダーと政治参加
〈「女性市民」を発見し、その政治参加を促す〉
大海篤子
〈2200円〉

市川房枝と婦人参政権獲得運動
模索と葛藤の政治史
菅原和子
〈6000円〉

ドメスティック・バイオレンスとジェンダー
適正手続と被害者保護
吉川真美子
〈2800円〉

植民地期朝鮮の教育とジェンダー
就学・不就学をめぐる権力関係
金　富子
〈4000円〉

近代日本の「手芸」とジェンダー
〈「女の手仕事」を初めて浮き彫りにした手芸論〉
山崎明子
〈3800円〉

世織書房
〈価格は税別〉